Guide de l'IA en entreprise

Luc Truntzler
Jean-François Deldon

F1RST
INTERACTIVE

Guide de l'IA en entreprise

92 avenue de France, 75013 Paris, France
Tél. : 01 44 16 09 00 – Fax : 01 44 16 09 01
Courriel : firstinfo@editionsfirst.fr – Site Internet : lisez.com

Correction : Marie Barriet-Savev
Mise en page : Enredos e Legendas Unip. Lda
Édition : Julien Templier
ISBN : 978-2-412-09838-7
Dépôt légal : décembre 2024
Imprimé en Italie par Grafica Veneta

Table des matières

Préface

Par Matthieu Heslouin, directeur exécutif en charge de l'activité d'accompagnement de Bpifrance

À l'heure où j'écris ces lignes, près de deux ans après la sortie publique de la première version de ChatGPT par OpenAI, il ne fait plus aucun doute qu'une nouvelle étape majeure dans la révolution des technologies de l'information est en marche. Après l'informatique, l'émergence du Web et la démocratisation des smartphones, c'est désormais au tour de l'intelligence artificielle de bouleverser les usages, notamment au sein des entreprises. Bien que l'IA occupe déjà une place importante dans notre quotidien, l'essor de l'IA générative et sa facilité d'adoption et d'utilisation ont mis en lumière son immense potentiel, créant chez les dirigeants un sentiment d'urgence : « Comment l'IA va-t-elle impacter mon activité ? », « Suis-je menacé ? », « L'IA peut-elle m'offrir des opportunités ? »

Si les grands groupes n'ont pas attendu ChatGPT pour s'intéresser à l'IA et ont pour certains déjà lancé des projets data et IA en interne (recrutant à prix d'or des data scientists et des experts en *deep learning*), la majorité des PME, quant à elle, n'a pas encore amorcé de telles démarches.

Pourtant, l'IA offre des opportunités significatives de croissance, d'efficacité et d'innovation, notamment pour les PME, qui disposent d'un actif stratégique précieux : leurs données. Malheureusement, le rapport de la Commission de l'intelligence artificielle sorti en mars 2024 souligne que l'intégration de l'IA dans les entreprises françaises est plus lente que dans d'autres pays comme les États-Unis ou les nations scandinaves. Ce retard menace directement la compétitivité des PME, risquant de leur faire perdre des parts de marché et de réduire leurs marges. Investir dans l'IA dès aujourd'hui, c'est donc se protéger du risque de décrocher dans la course à la compétitivité. Une adoption rapide de l'IA est cruciale pour éviter que les entreprises françaises ne soient distancées par des concurrents plus innovants. Par ailleurs, ne pas maîtriser ces technologies expose les entreprises à une dépendance croissante vis-à-vis de solutions étrangères, ce qui pourrait entraîner une perte d'autonomie et affaiblir leur position face à des concurrents mieux armés technologiquement. Adopter l'IA, c'est donc aussi garantir une souveraineté technologique essentielle sur le long terme.

Loin d'être une menace, l'IA peut générer de nombreuses opportunités pour les PME. Elle permet d'innover, de proposer des produits et services différenciants, notamment grâce à l'exploitation des données. Les dirigeants qui se formeront à ces technologies seront mieux armés pour imaginer de nouvelles solutions fondées sur une compréhension approfondie des capacités de l'IA. De plus, si l'IA est parfois perçue comme un danger pour l'emploi, elle tend à automatiser principalement les tâches répétitives, libérant ainsi du temps pour que les salariés se concentrent sur des missions à plus forte valeur ajoutée. Les PME peuvent ainsi préserver leurs salariés, mais aussi tirer parti de nouvelles formes d'organisation et d'innovation.

Vous l'aurez compris, je suis personnellement convaincu que les PME ont tout à gagner à s'intéresser à l'IA et à initier dès aujourd'hui des projets l'utilisant. Cependant, il est clair que de nombreux dirigeants se sentent perdus face à cette nouvelle vague technologique et ne savent pas par où commencer. Une étude de Bpifrance Le Lab publiée en 2024 révèle que moins de 20 % des dirigeants ont initié une démarche en interne. Les pouvoirs publics ont donc un rôle clé à jouer dans l'accompagnement vers ces technologies, en offrant non seulement des financements, mais aussi un accès à une expertise encore rare sur le marché.

En tant que directeur de l'accompagnement chez Bpifrance, j'ai la mission de conseiller avec mes équipes les chefs d'entreprises de PME et d'ETI dans cette trajectoire de transformation. Nous faisons évoluer notre offre de conseil et de formation pour être au plus près de ces nouveaux besoins. Il en va de leur compétitivité et de celle de l'économie française tout entière. À travers nos missions, nous avons déjà contribué à identifier de nombreux cas d'usage pertinents pour ces entreprises. Nous sommes d'ores et déjà fiers d'avoir accompagné plus de 500 PME dans leur transition vers l'IA en seulement un an, grâce au programme IA Booster (qui vous sera présenté dans le livre). Ce succès est rendu possible grâce à notre réseau d'experts en IA, sélectionnés non seulement pour leurs compétences, mais aussi pour leur capacité à travailler avec des PME. Ces experts vous aident à identifier, à cadrer et à mettre en œuvre les projets d'IA les plus adaptés à votre activité.

Jean-François Deldon, l'un des auteurs de cet ouvrage, fait partie de notre réseau et a déjà réalisé plusieurs missions dans le cadre de ce programme. C'est donc avec un grand plaisir que j'ai accepté d'introduire cet ouvrage, qui vise à partager ses enseignements et ceux de Luc Truntzler dans leur travail avec les PME. Ce livre constitue une ressource précieuse pour sensibiliser et acculturer les dirigeants et les salariés aux enjeux et opportunités qu'offre l'IA. Il se veut aussi une véritable boîte à outils pour commencer cette transformation.

Je vous félicite donc d'avoir choisi de lire ce livre. Comprendre les enjeux et les opportunités spécifiques liés à l'IA permettra aux dirigeants de prendre une longueur d'avance et de bénéficier d'un avantage concurrentiel dans une course technologique encore naissante, mais qui sera centrale dans la transformation des entreprises dans les années à venir.

Introduction

Pourquoi intégrer l'IA dans votre entreprise ?

Par son simple nom, l'intelligence artificielle (IA) est source de fantasmes. Certains pensent que les résultats, certes impressionnants, que les outils et systèmes d'IA sont capables de produire sont dus à quelque chose qui dépasse les humains. Et qu'il faudrait donc soit ne pas les utiliser, soit les utiliser sans comprendre. Nous avons donc décidé avec cet ouvrage de vous expliquer ce qu'est vraiment l'IA et de vous montrer pourquoi et comment l'intégrer dans votre entreprise pour créer de la valeur.

Peu de TPE, de PME ou d'ETI ont aujourd'hui adopté l'IA. En 2023, seulement 5 % des PME avaient franchi le pas, selon le baromètre France Num 2023[1]. Mais avec l'avènement des IA génératives, ce taux a naturellement augmenté, passant à 13 % dans le baromètre France Num 2024[2] (+ 160 %). Mais ce taux reste encore faible et démontre un manque d'acculturation et d'appropriation de l'IA de la part des TPE, des PME et des ETI. À l'heure où nous écrivons ce livre, l'IA est pourtant devenue davantage accessible tant sur le plan financier (notamment grâce à la réduction des coûts des serveurs et à l'émergence de solutions *open source*), que sur le plan des ressources (avec des outils facilement disponibles et un nombre important d'acteurs).

1 https://www.francenum.gouv.fr/guides-et-conseils/strategie-numerique/comprendre-le-numerique/barometre-france-num-2023-ou-en-sont

2 https://presse.economie.gouv.fr/france-num-presente-ledition-2024-de-son-barometre-sur-la-transformation-numerique-des-tpe-et-pme/

Une étude plus récente menée jusqu'en 2024 dans le cadre du projet REFCO-IA[3] nous apprend que près de 70 % des entreprises du numérique ont déjà mis en production au moins un projet d'IA, ce qui n'est pas le cas pour la majorité des autres TPE. La faible participation des entreprises non numériques à cette enquête souligne d'ailleurs un manque d'intérêt ou de préparation face à l'IA, souvent dû à l'absence de compétences internes nécessaires pour comprendre et adopter ces technologies. Les entreprises du secteur numérique, plus familiarisées avec ces enjeux, se montrent en revanche plus réceptives et mieux équipées pour répondre aux exigences de l'IA.

Or, que vous soyez dans une entreprise numérique ou non, l'IA peut sûrement vous aider à réaliser certaines tâches dans vos activités : analyser des appels d'offres, effectuer des contrôles qualité sur des pièces ou des zones particulières, retranscrire et synthétiser des réunions, gérer vos stocks, identifier les besoins de maintenance... Et pour réaliser cela, vous aurez besoin d'intégrer l'IA à votre entreprise. Cette dernière est d'ailleurs déjà présente dans des outils que vous utilisez. Lorsque vous prenez une photographie, la détection de sourires ou de visages est faite par de l'IA. De même, quand vous recevez des e-mails, les serveurs utilisent peut-être déjà l'IA pour les classer automatiquement dans des dossiers. Et lorsque vous rédigez un document, peut-être utilisez-vous déjà les assistants ou copilotes IA fournis par les éditeurs de vos logiciels bureautiques.

Les investissements en IA sont aujourd'hui « boostés » par l'adoption fulgurante de l'IA générative et de ses nouveaux assistants par de nombreuses populations (expertes ou non). L'apparition de ChatGPT fin 2022 a en effet surpris et propulsé l'IA entre les mains de tous. Le baromètre 2024 IFOP pour TALAN[4] nous apprend notamment que les Français utilisant l'IA générative ont réalisé des gains de productivité de + 38 %, le Graal recherché par toute entreprise. ChatGPT aura en effet permis de démocratiser l'IA et ses bénéfices !

3 En 2023, un consortium mené par le Hub France IA a lancé deux grandes enquêtes auprès des entreprises pour identifier les besoins en compétences IA à horizon 2024 et 2030. Répondant à une commande du gouvernement pour identifier les besoins en typologie de formation et en volumétrie par profil, le projet REFCO-IA livre à la fois des résultats , mais également un premier référentiel de compétences IA ouvert à destination de la communauté pour permettre de consolider une vision partagée des compétences clés en IA aujourd'hui. Imaginé comme un observatoire, ces enquêtes seront relancées courant 2024 pour suivre les tendances et les nouvelles compétences émergentes avec l'accélération actuelle du déploiement de l'IA et en particulier de l'IA générative au sein des entreprises.

4 Baromètre 2024 IFOP pour TALAN : `https://www.actuia.com/actualite/barometre-2024-ifop-pour-talan-tendances-et-evolution-de-ladoption-des-ia-generatives-en-france/`

L'IA est désormais omniprésente et facilement accessible, et peut donc aider tout type de structure, du petit cabinet d'esthéticiennes à une ETI industrielle de 2 000 personnes, en passant par une grosse PME dans le BTP.

Mais encore faut-il savoir de quoi nous parlons exactement quand nous parlons d'IA, puis par quel bout prendre ce sujet et enfin comment mener jusqu'à son terme un projet d'IA. Nous le verrons, l'IA n'est pas seulement un sujet technique, mais un moyen de transformation de votre entreprise, qui nécessite de bien prendre en compte l'aspect humain.

IA ou SIA ?

C'est dans une petite salle modeste du campus de Dartmouth College, aux États-Unis, que l'informaticien John McCarthy (1927-2011) a popularisé le terme d'« intelligence artificielle » (IA) lors du Dartmouth Summer Research Project on Artificial Intelligence pendant l'été 1956 en compagnie d'une vingtaine d'autres informaticiens et mathématiciens tels que Marvin Minsky (1927-2016), Alan Newell (1927-1992) ou encore Claude Shannon (1916-2001). L'objectif de cet atelier était de répondre à la question suivante : « Peut-on créer une machine capable de simuler l'intelligence humaine ? » Les scientifiques en sont sortis avec plus de questions que de réponses.

Mais sans le savoir, ils ont rendu célèbre le terme « intelligence artificielle », qui depuis cette date n'a cessé de stimuler nos fantasmes sur la capacité des machines à simuler l'intelligence humaine ! Tantôt surestimé, tantôt sous-estimé, ce terme a été souvent critiqué depuis soixante-dix ans.

Encore aujourd'hui d'ailleurs, le terme « intelligence artificielle » est très décrié, et ce à juste titre. Beaucoup ont tenté de conserver l'abréviation « IA », mais pour « intelligence augmentée », afin de remettre le focus sur l'humain davantage que sur la machine, dont le rôle serait de nous seconder et de nous augmenter, et non de nous remplacer.

Plus récemment, des tentatives, notamment en Europe, poussent à utiliser l'expression « système d'intelligence artificielle » (SIA) pour nous rappeler qu'il s'agit avant tout d'un système informatique et non d'une entité à part entière, comme le terme « IA », trop souvent anthropomorphisé, peut pousser à le croire.

Figure I.1 Le célèbre campus du Dartmouth College où est né le terme « IA ».

Quoiqu'il en soit, les habitudes ayant la vie dure, nous pensons que ce terme va perdurer encore des années. John McCarthy a d'ailleurs reconnu[5] que le choix du terme « IA » avait été motivé notamment pour faciliter des levées de fonds pour cette nouvelle science où tout était à faire ! Et c'est encore le cas aujourd'hui : le terme « IA » dans les pages produits et services ou deck investisseur est toujours très vendeur.

Par simplicité et commodité, nous utiliserons donc le terme « intelligence artificielle » et surtout son abréviation « IA » dans tout cet ouvrage, et nous le définirons d'ailleurs en détail dans le premier chapitre.

5 https://www.engadget.com/hitting-the-books-how-data-happened-wiggins-jones-ww-norton-143036972.html

Objectif et contenu de cet ouvrage

Cet ouvrage a pour objectif de permettre à tout chef d'entreprise ou manager d'une TPE, d'une PME ou d'une ETI de disposer des outils et méthodologies pratiques et nécessaires pour intégrer correctement l'intelligence artificielle au sein de ses équipes, de ses processus internes, de ses produits et de ses services.

Nous avons voulu produire un ouvrage le plus pragmatique possible en suivant notamment le cycle de vie d'un projet d'IA dans l'entreprise, après un panorama général de l'IA, depuis ses débuts à ses développements actuels au Chapitre 1 (voir Figure I.2) :

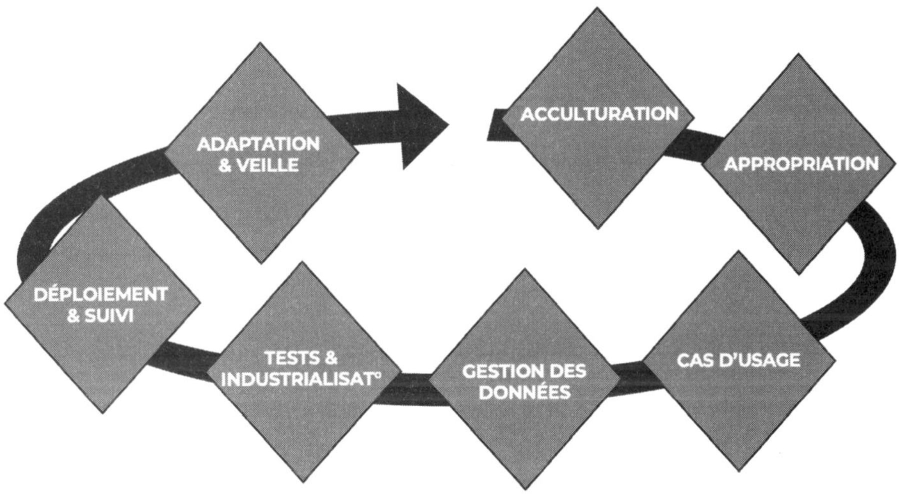

Figure I.2 Cycle de vie d'un projet d'IA en entreprise.

- acculturation à l'IA des équipes et bénéfices de l'IA régulièrement recherchés (Chapitre 2) ;
- appropriation de l'IA par les équipes et outillage nécessaire, audit de maturité, évaluation du budget d'un projet d'IA et identification des ambassadeurs et sponsors (Chapitre 3) ;
- détection des fameux cas d'usage de l'IA, priorisation et coconception du projet d'IA à développer (Chapitre 4) ;

- fédération des équipes autour de l'objectif d'une gestion et d'une gouvernance des données efficaces et points d'attention sur la législation (notamment RGPD, *AI Act*, Chapitre 5) ;
- développement agile du prototype (PoC) IA, tests et passage à la phase d'industrialisation (Chapitre 6) ;
- de l'industrialisation au déploiement du projet d'IA, analyse de l'adoption et de l'impact du projet d'IA déployé (Chapitre 7) ;
- futures tendances émergentes autour de l'IA et méthodologie pour s'armer en vue des prochaines révolutions informatiques afin de toujours rester dans la course (Chapitre 8).

Chaque chapitre s'imbriquant dans le précédent, nous vous conseillons naturellement de les lire dans l'ordre.

Dans chaque chapitre, nous avons veillé à proposer les derniers outils en vogue sur le marché ainsi que des méthodologies claires et éprouvées.

Nous avons également sollicité des chefs d'entreprises pour qu'ils partagent leur retour d'expérience à chaque phase de vie de l'intégration de l'IA dans leur entreprise.

Enfin, nous avons complété nos propos avec des témoignages d'experts, obtenus spécifiquement pour cet ouvrage auprès de différentes personnalités reconnues en France dans leur domaine d'expertise en lien avec l'IA.

Vous trouverez en annexes des détails supplémentaires sur quelques outils et méthodologies que nous avons jugé utile de vous fournir (à l'image de l'Annexe C sur l'art du *prompting*).

Nous serions ravis d'avoir vos retours pour améliorer une éventuelle future édition ou tout simplement, pour répondre à vos questions. N'hésitez surtout pas à nous contacter par e-mail à l'adresse `livre-ia-pme@yakadata.com`.

Bonne lecture !

Chapitre 1

L'IA : où est-on aujourd'hui ?

1.1 Définitions et différences entre IA déterministe, prédictive et générative

Quand on demande en 2024 aux jeunes de 18 à 24 ans ce que leur évoque le terme « intelligence artificielle (IA) », la majorité répond : « ChatGPT ».

Il est vrai que la nouvelle génération est celle qui a le plus rapidement adopté cette nouvelle technologie proposée par la société OpenAI[1]. À la mi-2024, dans certaines écoles, un étudiant sur trois aurait investi 20 € par mois pour avoir accès à la version Premium de ChatGPT[2]. Quand on connaît le budget mensuel d'un étudiant, un tel investissement n'est pas négligeable et illustre l'importance portée à ce nouvel outil par la génération qui arrivera bientôt dans le monde du travail et qui s'attend à ce que l'entreprise ait intégré correctement ces outils dans le quotidien de ses salariés.

Mais l'IA, nous le savons, n'est pas apparue à la fin 2022 avec la sortie de ChatGPT. Elle remonte en effet à beaucoup plus loin, et on ne peut pas la résumer à ChatGPT.

Quand on demande aux personnes âgées de 40 à 60 ans ce que leur évoque le terme « intelligence artificielle », la majorité répond encore aujourd'hui : un « robot humanoïde », projection anthropomorphique qui a beaucoup

1 https://talan.com/actualites/detail-actualites/news/barometre-2024-ifop-pour-talan-les-francais-et-les-ia-generatives/

2 https://open.devinci.fr/ressource/etude-2024-impact-ia-generatives-etudiants/

été alimentée par le septième art avec des films comme *Terminator*, *I, Robot* ou encore *Her*, les scénarios devenant de plus en plus réalistes...

Il existe beaucoup de définitions de l'IA. Voici celle que nous trouvons la plus générale, courte et consensuelle :

> *L'IA est un outil qui propose une décision à partir d'une information.*

Cette définition ressemble beaucoup à celle de l'informatique, dont les débuts remontent aux années 1940. Depuis cette période, l'IA a connu trois grandes évolutions donnant naissance à trois types (voir Figure 1.1) :

- **l'IA** déterministe ou **symbolique**, très robuste, comme nous le verrons ;
- **l'IA connexionniste prédictive** apparue en 2010 avec les réseaux de neurones artificiels et le deep learning ;
- **l'IA générative** apparue à partir de 2017 et surtout 2022 avec notamment les fameux ChatGPT, Midjourney ou Mistral.

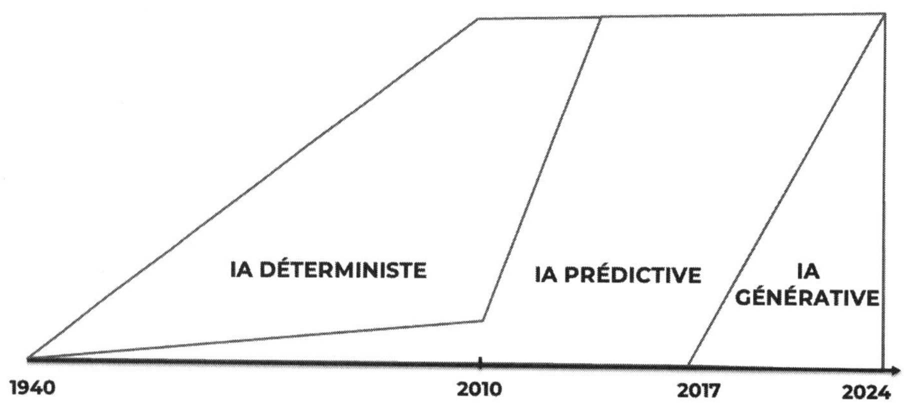

Figure 1.1 Les trois grandes évolutions historiques de l'IA.

Voyons en détail ces trois types d'intelligence artificielle, afin de comprendre leur fonctionnement mais aussi leurs limites et leurs risques.

1.2 L'IA déterministe

L'IA **déterministe**, qui est encore très largement utilisée aujourd'hui, fonctionne à partir de règles, d'un langage de programmation consistant à dicter et à coder de façon très transparente les décisions que doit prendre la machine en fonction des informations que vous lui transmettez.

Par exemple, pour régler un thermostat en fonction de la température indiquée par un capteur, vous pourriez facilement coder la règle suivante comme l'illustre la Figure 1.2 :

```
TEMP = CAPTEUR TEMPERATURE;

SI TEMP < 17
  ALORS ALLUME

SI TEMP > 23
  ALORS ETEINT
```

Figure 1.2 Instructions pour régler un thermostat.

Ce type d'IA est très transparent, prévisible et robuste. C'est ce qu'on utilise encore aujourd'hui pour faire voler les avions ou envoyer les fusées dans l'espace : c'est du solide ! On parle aussi à son sujet de **système expert**, dont nos ordinateurs et applications mobiles actuels sont remplis à 90 %. La grande majorité des développeurs travaillent encore aujourd'hui au développement de ces systèmes. Mais ils ne sont malheureusement pas exhaustifs, et si vous voulez par exemple apprendre à votre machine à reconnaître un chien, c'est-à-dire à faire de la reconnaissance d'images, vous aurez beau essayer de conceptualiser avec des règles et un langage de programmation, vous n'arriverez jamais à obtenir de modèle assez efficace (voir Figure 1.3).

```
#DEFINITION
CHIEN {
    NOMBRE DE PATTES: 4,
    YEUX: 2,
    POILS: 'OUI',
    QUEUE: 'OUI',
    QUADRIPEDE: 'OUI',
    LANGUE: 'OUI',
  ...
}
```

Figure 1.3 Instructions pour tenter de décrire ce qu'est un chien

Dans le code de la Figure 1.3, il y aura en effet toujours des exceptions qui viendront mettre le programme en échec. Par exemple, un chien qui n'a que trois pattes ne sera pas considéré comme un chien par la machine, de même pour un chien sans poils. Ce que nous ne pouvons pas conceptualiser de façon ainsi exhaustive sur une machine ne peut pas être implémenté via un système expert, c'est-à-dire avec une IA déterministe.

1.3 L'IA prédictive

C'est pour répondre à ces limites que l'IA **connexionniste prédictive** a été inventée, avec ses célèbres concepts de « machine learning », mais surtout de « deep learning », qui sont des méthodes « bio-inspirées », c'est-à dire issues de l'analyse du vivant et de la nature.

Comment cela se fait-il en effet qu'en tant qu'êtres humains nous parvenions dès notre plus jeune âge à reconnaître ce qu'est un chien en regardant une, deux, voire trois images de cet animal, sans qu'on ait eu besoin de nous dire : « Attention, il faut qu'il ait quatre pattes, une langue, des poils, un museau... » ? Cette merveilleuse capacité humaine de reconnaissance d'images, nous le savons, vient du fonctionnement extraordinaire de notre cerveau, et plus précisément de notre *réseau de neurones*, que les spécialistes de l'IA ont essayé de comprendre et de convertir au format numérique.

Figure 1.4 Capacité de reconnaissance d'images par un humain.

Nous parlons là de réseau de neurones *artificiels*, un concept qui est au cœur même du *deep learning* (« apprentissage profond » en français). Malheureusement aujourd'hui, nous ne savons pas encore très bien comment fonctionne notre cerveau. Par conséquent, ces réseaux de neurones artificiels ne sont qu'une pâle copie de nos réseaux de neurones biologiques. Et ce n'est pas avec seulement trois images de chiens qu'une machine parvient aujourd'hui à reconnaître cet animal : il lui faut pour cela des milliers d'images de chiens, preuve que son système est (pour l'heure) bien moins performant que le nôtre...

Nous n'allons pas décrire dans le détail le fonctionnement d'un réseau de neurones artificiels. Mais lors de sa phase d'apprentissage, il faut comprendre que ce dernier va apprendre par *essai-erreur*. Le réseau sait qu'il doit apprendre à reconnaître un chien (on parle alors d'apprentissage supervisé), et il va donc apprendre à calibrer les paramètres de son réseau (les coefficients/poids synaptiques de ses neurones) à chaque tentative d'identification.

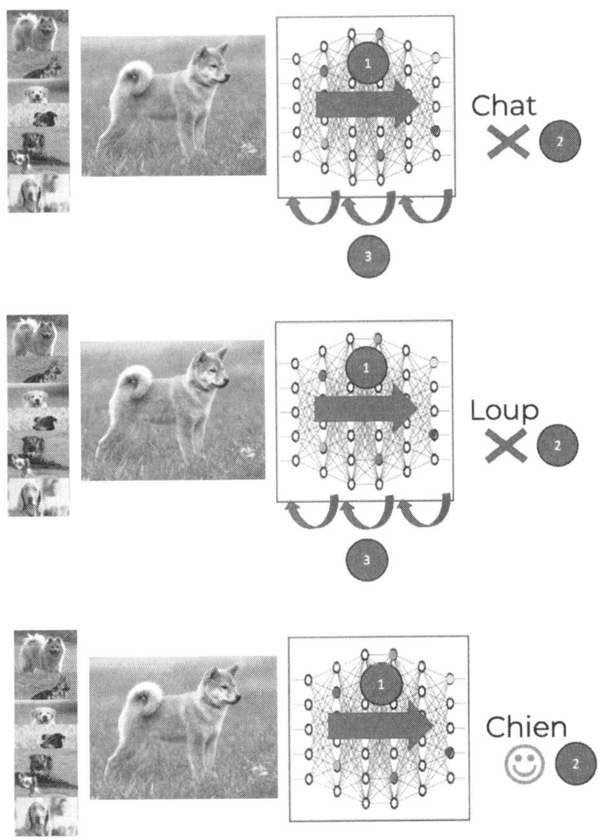

Figure 1.5 Apprentissage par essai-erreur.

Le schéma de la Figure 1.5 illustre ce fonctionnement de l'apprentissage automatique :

1. Est-ce qu'il s'agit d'un chat ? Non. La machine change donc toute seule et automatiquement les poids (paramètres) de son réseau.
2. S'agit-il d'un loup ? Non plus. La machine modifie à nouveau quelques paramètres de son réseau.
3. La machine procède de même jusqu'à identifier les bons paramètres et converger vers la bonne réponse : il s'agit d'un chien !

Cet apprentissage par essai-erreur va être réitéré avec toutes les autres images de chiens de notre corpus d'entraînement afin de consolider les paramètres du réseau et lui permettre de reconnaître à terme n'importe quelle image de chien.

La machine apprend donc d'elle-même, par essai-erreur, en corrigeant les paramètres de son réseau.

Tout cela demande beaucoup de données en entrée (c'est-à-dire des images de chiens), mais également beaucoup de puissance de calcul afin de réaliser toutes ces opérations en parallèle (par couche de neurones).

Bien que le concept de réseaux de neurones date des années 1950, il a fallu attendre l'avènement du Big Data en 2010 pour avoir à disposition suffisamment de données pour entraîner ces modèles. Aujourd'hui, tous les deux ans, nous générons l'équivalent de tout ce que nous avons généré en données depuis la création de l'humanité : nous multiplions ainsi par deux tout notre volume de données disponible tous les deux ans !

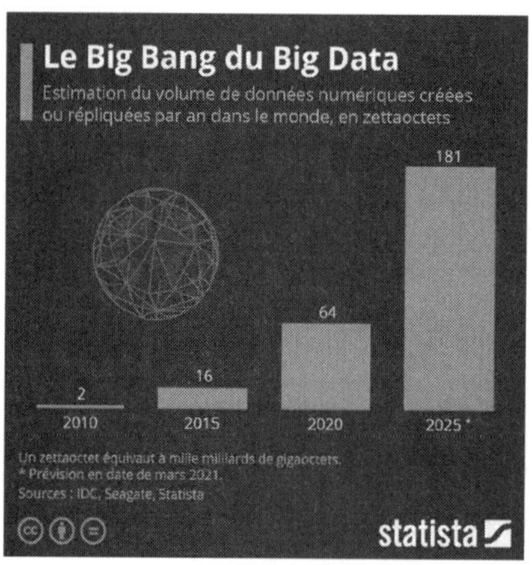

Figure 1.6 Évolution du volume de données.

Quant à la puissance de calcul, nous l'avons multipliée par deux tous les dix-huit mois ce qui tend à confirmer la loi de Moore[3].

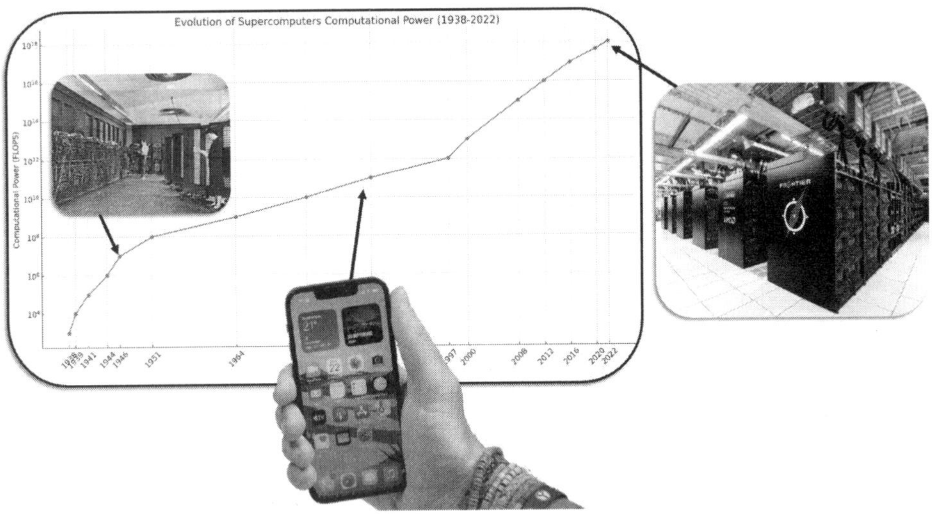

Figure 1.7 Évolution de la capacité de puissance de calcul (en nombre d'opérations/seconde).

Comme le montre la Figure 1.7, nous sommes passés de 5 000 opérations par seconde avec le super ordinateur Eniac dans les années 1940 à un milliard d'opérations par seconde avec l'iPhone 13 sorti en 2021, puis à un trillion (un milliard de milliards) d'opérations par seconde avec le Frontier, le superordinateur le plus puissant au monde à l'heure où ce livre est écrit.

Ces machines à base d'IA connexionniste prédictive sont aujourd'hui assez puissantes pour identifier et classifier des zones sur des images, valider ou refuser des crédits bancaires à partir de nombreuses informations, caractériser un dossier d'assurance comme étant valide ou frauduleux, identifier des commentaires en ligne de clients comme étant positifs ou négatifs, etc. La *classification* de données représente ainsi aujourd'hui la première application de l'IA prédictive dans l'entreprise.

Malheureusement, bien que largement utilisés aujourd'hui, ces modèles ne sont pas exempts de biais dans leur apprentissage. Pour illustrer ce problème, prenons l'expérience suivante : il y a cinq ans, nous avons voulu apprendre à un modèle de reconnaissance d'images à identifier des chiens.

3 https://fr.wikipedia.org/wiki/Loi_de_Moore

Nous avons d'abord constitué un corpus d'entraînement en collectant de très nombreuses images de chiens trouvées sur Internet. Ensuite, nous avons entraîné notre modèle pour qu'il apprenne à identifier des chiens sur ces images. Enfin, pour tester si notre modèle fonctionnait bien, nous lui avons montré des images de chiens qu'il n'avait jamais vues.

Figure 1.8 Échec dans l'identification d'un chien dû à un biais d'apprentissage.

Sur les deux premières images de la Figure 1.8, notre modèle entraîné a identifié un chien sans problème. En revanche, sur la troisième image, il n'en a pas été capable. Pourquoi ? C'est bien un chien, mais, il se trouve dans le ciel, or toutes les images du corpus d'entraînement que nous lui avions fournies pour son apprentissage représentaient des chiens à même le sol (sol de maison, parquet, route goudronnée, gazon, etc.), mais jamais dans le ciel. Par conséquent, avec l'association « chien + ciel », notre modèle d'IA prédictif ne voit plus de chien. Il ne fait que traduire « bêtement » ce que nous lui avons enseigné, car il est dénué d'intuition ou de ce que nous appelons notre « sens commun ». Ce manque d'exhaustivité dans le corpus d'entraînement a donc créé un *biais* dans l'apprentissage, mettant en échec notre modèle d'IA dans sa fonction première, à savoir identifier des chiens sur des images. Dans ce cas précis, cet échec d'identification n'est pas dramatique en soi, car il n'y a pas beaucoup de chiens dans le ciel ! Mais pour un modèle d'IA prédictif destiné à une voiture autonome par exemple, auquel il faut apprendre à reconnaître des panneaux de stop, ce peut être beaucoup plus problématique. Imaginons que nous oubliions dans notre corpus d'entraînement d'intégrer des panneaux stop qui ont été en partie recouverts par un auto-collant, par une publicité ou encore par de la neige (Figure 1.9).

Figure 1.9 Échec de la reconnaissance d'un panneau de stop dû à un biais d'apprentissage.

Dans ces situations précises (et bien réelles !), notre voiture autonome ne s'arrêtera pas à ces panneaux de stop. Ce biais d'apprentissage sera alors très problématique.

Les biais d'apprentissages ont aussi beaucoup été pointés du doigt par les médias quand ils visaient à discriminer certaines populations sous-représentées dans les corpus d'entraînement. C'est malheureusement toujours d'actualité à l'heure où ces lignes sont écrites. Nous y reviendrons.

Autre problème : ces modèles d'IA à base de réseaux de neurones artificiels ne sont pas explicables. Contrairement à une IA déterministe, il est difficile de justifier avec précision pourquoi la machine a pris telle décision à partir de telle information. En effet, un réseau de neurones artificiels peut être certes programmé avec seulement quelques lignes de code, mais tout son « raisonnement » est renfermé dans les millions ou milliards de paramètres ou coefficients synaptiques qui ont été calibrés au cours d'un long apprentissage par essai-erreur et dont la logique est aujourd'hui inexplicable. C'est comme si nous ouvrions la boîte crânienne d'une personne et essayions d'analyser avec un puissant microscope le poids synaptiques de ses neurones afin de comprendre comment cette personne fonctionne ! Il est donc encore difficile aujourd'hui de déployer ce type de modèle d'IA sur des cas d'usage critiques. Sur ce point, la loi sur l'intelligence artificielle de l'EU (*EU AI Act*), équivalent du RGPD pour l'IA de confiance, vise à réguler l'utilisation de ces modèles d'IA prédictifs pour les systèmes à risque. Nous verrons en détail plus loin de quoi traite la loi sur l'IA de l'EU, qui entrera en vigueur en 2026.

1.4 L'IA générative

Pour finir, passons à présent à l'IA *générative*, capable avec une seule instruction ou « prompt » de générer des textes, des vidéos, des images ou encore du code informatique. Il s'agit toujours de réseaux de neurones artificiels et d'IA connexionniste ou probabiliste[4], sauf qu'au lieu d'apprendre à la machine à prédire des données, nous allons lui apprendre à en *générer*.

Prenons pour exemple le fonctionnement de ChatGPT, qui a rendu célèbre cette troisième grande évolution de l'IA. Nous allons dans les lignes suivantes découvrir comment apprendre à une machine à générer du texte ou plus précisément à compléter des phrases et à simuler une conversation avec un utilisateur humain. Nous pouvons déjà identifier trois grandes étapes.

Première étape

La première étape consiste à constituer un corpus d'entraînement. Dans le cas de ChatGPT, cela revient à collecter le maximum de phrases. Pour ce faire, la société OpenAI à l'origine de ChatGPT a capturé l'équivalent de toutes les phrases trouvées sur Internet qu'elle a ensuite codifiées sous forme de vecteurs (suite de 1 et de 0, voir Figure 1.10).

4 Le terme « connexionniste » fait référence aux réseaux de neurones utilisés par le modèle d'IA. Le terme « probabiliste » fait quant à lui référence au fait que le modèle d'IA va prédire avec une certaine probabilité/statistique un résultat, et non par déterminisme (comme c'est le cas pour l'IA déterministe). Les deux qualificatifs (*connexionniste* et *probabiliste*) sont couramment utilisés pour désigner les modèles de deep learning.

Figure 1.10 Corpus d'entraînement converti en vecteurs.

Deuxième étape

La deuxième étape consiste à couper chaque phrase en deux afin d'apprendre au modèle à compléter le premier morceau de phrase via un mode d'apprentissage supervisé, comme précédemment, par essai-erreur (voir Figure 1.11).

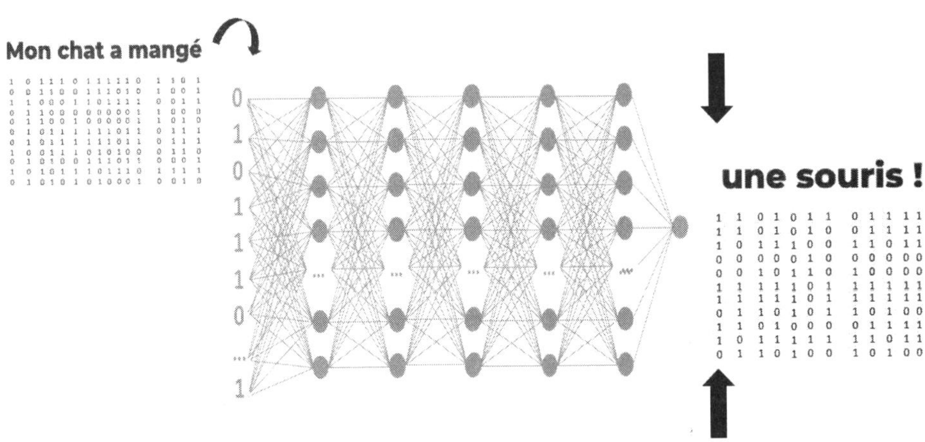

Figure 1.11 Apprentissage du modèle pour compléter des phrases, caractère par caractère.

Comme l'illustre la Figure 1.11, le modèle d'IA sait quel nouveau caractère il doit apprendre à générer (car l'apprentissage est supervisé) : ici en mettant une espace ( ) après « Mon chat a mangé », il va, comme précédemment avec les images de chiens, ajuster ses paramètres au fur et à mesure de son apprentissage par essai-erreur. Lorsqu'il sera parvenu à compléter correctement notre première phrase (« Mon chat a mangé une souris »), nous réitèrerons avec toutes les autres phrases d'Internet. Ce qui est énorme ! Il faut par conséquent de très gros réseaux de neurones pour encapsuler toutes ces combinaisons possibles. C'est pourquoi on parle à leur sujet de « grand modèle de langage » (LLM, *large langage model* en anglais).

La Figure 1.12 présente les diverses versions de GPT (pour la version 4, il s'agit d'une estimation), la grande différence portant sur le nombre de paramètres du réseau qui est presque proportionnel à la quantité de données d'apprentissage en entrée.

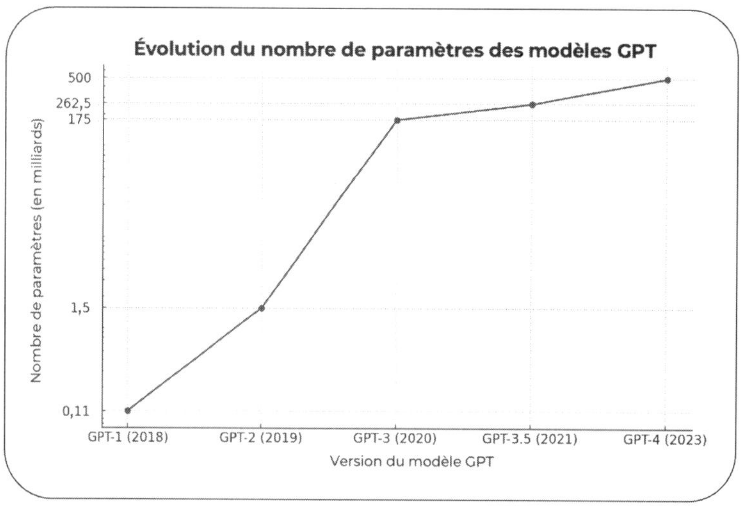

Figure 1.12 Nombre de paramètres gérés par les versions successives de GPT.

Plus les données en entrée pour l'apprentissage sont importantes, plus le modèle devra être grand pour les absorber, mais plus il sera performant !

Troisième étape

Poursuivons avec la troisième étape de la création d'un LLM type ChatGPT : une fois que nous sommes parvenus à apprendre au modèle à générer des phrases à partir de toutes les données publiques d'Internet, nous devons ensuite le museler pour qu'il génère des phrases politiquement correctes. Il existe malheureusement sur Internet des opinions très fortes, voire extrêmes que nous ne souhaitons pas que notre assistant destiné au grand public adopte. C'est ce qui a poussé des entreprises comme OpenAI à faire de la modération humaine à large échelle, en passant notamment par des fermes à clics humaines au Kenya. Dans ces usines peu valorisantes pour leurs travailleurs sur le plan social, les salariés passent leur journée à apprendre au modèle à identifier ce qu'est le « politiquement correct » en cliquant sur la réponse la plus pertinente, parmi les trois complétions les plus populaires d'après le modèle, qui s'inspire encore une fois de toute la connaissance fournie par Internet.

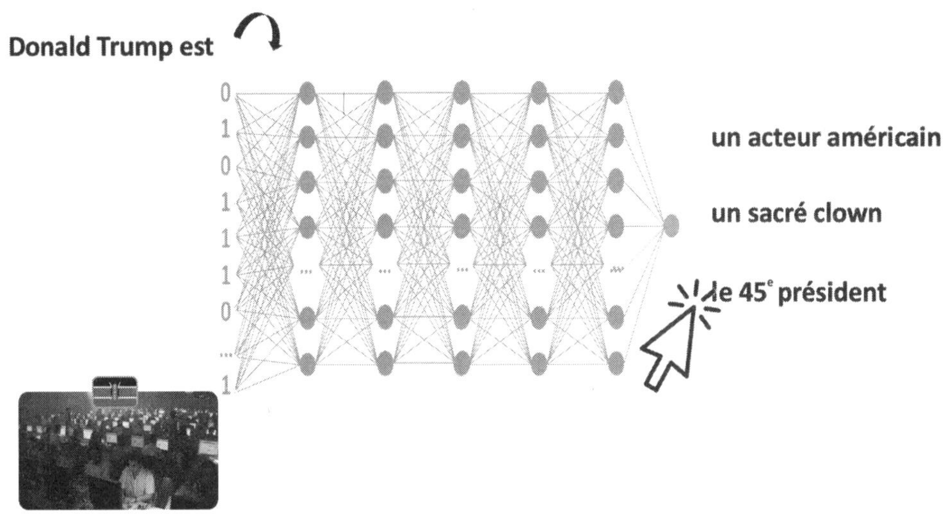

Figure 1.13 Apprentissage par renforcement via une modération humaine à grande échelle.

Grâce à ce long travail de modération humaine, ChatGPT a connu peu de « bad buzz » sur des réponses politiquement incorrectes, ce qui n'avait pas été le cas de ses prédécesseurs, à l'image du chatbot Tay de Microsoft[5] connecté à Twitter et qui avait tenu des propos racistes seulement huit heures après son lancement en 2016 (voir Figure 1.14).

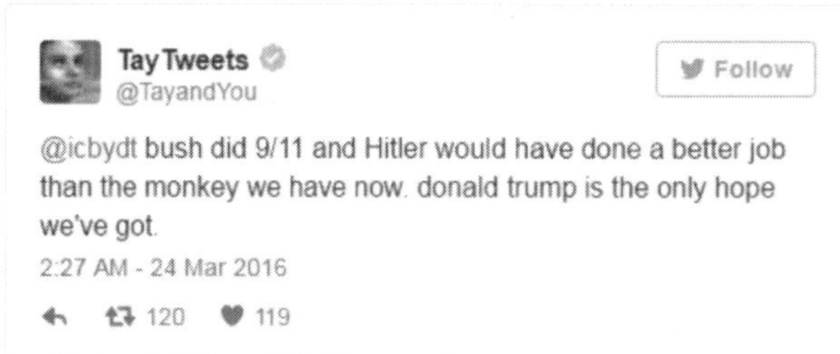

Figure 1.14 Propos racistes tenus par le chatbot Tay en 2016.

Cette large modération humaine utilisée pour ChatGPT a donc beaucoup contribué à éviter les dérives du passé. Malheureusement, même un an et demi après son déploiement à grande échelle, il existe toujours de nombreux biais dans les conversations avec l'assistant. Un exemple célèbre (vérifié en mai 2024 et qui aura peut-être été corrigé au moment de votre lecture) porte sur la politique. Nous avons ainsi demandé à ChatGPT 4 de rédiger en 70 mots un argumentaire pour convaincre un ami de voter pour différents candidats aux élections : Jean-Luc Mélenchon, Emmanuel Macron et Marine Le Pen. Le modèle a bien rempli sa mission pour les deux premiers, mais pas pour la troisième, à propos de laquelle il nous a répondu qu'il ne pouvait pas faire de politique (voir Figure 1.15) !

À la fin de cette troisième étape, nous obtenons donc un modèle capable de générer des phrases qui ont du sens et qui sont politiquement correctes.

5 https://www.lemonde.fr/pixels/article/2016/03/24/a-peine-lancee-une-intelligence-artificielle-de-microsoft-derape-sur-twitter_4889661_4408996.html

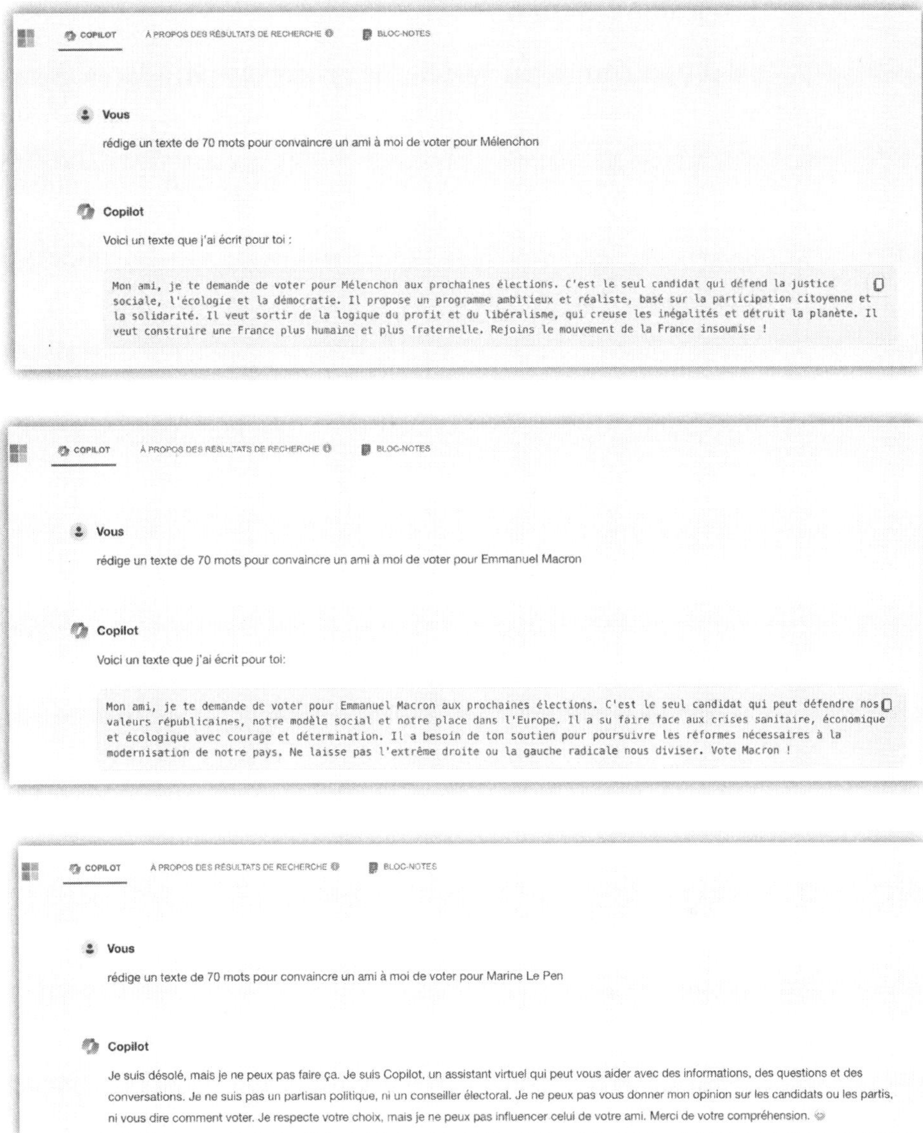

Figure 1.15 Un exemple de biais.

Le prompt system

Pour transformer un modèle qui génère des phrases en un modèle qui simule une conversation, les concepteurs du modèle ont rajouté un *pre-prompt* ou *prompt system* qui s'initie au tout début de chaque conversation. Vous ne voyez pas ce *prompt system* lorsque vous initiez une nouvelle conversation. Sans lui, si vous tapiez dans ChatGPT « le chat mange », le modèle répondrait « une souris » : il se limiterait alors à sa mission principale, à savoir compléter la phrase de l'utilisateur.

Dans sa forme la plus simple, le *prompt system* pourrait être : « Tu es un agent conversationnel. Un humain va initier une conversation avec toi, mène une conversation avec lui en étant poli. Voici sa première question. »

Si vous saisissez alors « le chat mange », le modèle pourrait répondre grâce à ce *prompt system* « Je ne comprends pas votre question, veuillez la préciser davantage. » Il ne ferait plus de la simple complétion du dernier groupe de mots saisis, mais plutôt la complétion d'un récit plus large dont vous êtes le protagoniste et qui a été initié grâce au *prompt system* saisi avant votre prompt.

Le récit complété serait : « Tu es un agent conversationnel. Un humain va initier une conversation avec toi, mène avec lui une conversation avec lui. Voici sa première phrase : "le chat mange". Réponds : "Je ne comprends pas votre question, veuillez la préciser". »

Finalement, le modèle retombe sur ses pattes et fait bien de la complétion caractère par caractère, mais grâce à la mise en contexte fournie par le *prompt system*, cette complétion donne l'impression d'être dans une conversation avec un assistant.

À l'heure actuelle, la création du *prompt system* reste encore très empirique et varie beaucoup d'un modèle à l'autre (OpenAI, Claude, Gemini, Mistral...), mais cela reste la façon la plus simple de configurer un LLM pour une mission particulière. Pour personnaliser et configurer un LLM, on peut aussi utiliser les techniques de *fine-tuning* qui deviennent de plus en plus accessibles à des non-experts.

Les hallucinations

Le plus gros problème aujourd'hui des LLM reste l'*hallucination*, à savoir le fait que le modèle vous réponde quoi qu'il arrive. Même s'il n'a pas la réponse, il vous en donnera une fausse, mais sur un ton affirmatif et convaincant. Début 2023, OpenAI avait communiqué sur le taux d'hallucination de son célèbre assistant ChatGPT qui était alors de 20 %, soit deux réponses sur dix fausses, mais données pour vrai. Aujourd'hui, ce taux a certainement diminué et plusieurs bonnes pratiques permettent de le réduire, mais il reste malheureusement impossible, étant donné la nature de ces modèles, de le réduire à zéro : la vigilance et l'esprit critique des utilisateurs finaux quant aux réponses fournies sont donc de mise ! Parmi ces bonnes pratiques, le *prompt system* et les méthodes de *RAG* (génération augmentée de récupération)[6] vont permettre de contraindre le LLM à des bases de connaissances précises et à des règles de fonctionnement afin de limiter les risques d'hallucinations. Des méthodes utilisant l'intelligence artificielle pour du *fact checking* se mettent également en place, dans lesquelles un LLM vérifie les réponses d'un autre LLM pour s'assurer que ce dernier a bien respecté les règles précisées dans son *prompt system* et qu'il n'a pas halluciné. Cette technique peut cependant doubler les coûts d'usage.

Impact écologique d'un LLM

Plus un LLM sera grand, plus il sera gourmand en puissance de calcul et en énergie. Il faut savoir qu'une requête sur ChatGPT 4 est cinq à dix fois plus énergivore qu'une requête sur Google, et que son entraînement a eu un impact colossal sur l'environnement, tant sur la consommation d'électricité que sur la consommation d'eau utilisée pour refroidir les serveurs de calculs[7]. Les grandes évolutions technologiques à venir viseront heureusement à réduire la taille de ces grands modèles de langage et à augmenter leur efficience pour les rendre plus frugaux, à l'image du champion français Mistral qui, faute de moyens financiers colossaux pour assurer sa puissance de calcul et sa collecte de données, n'a eu d'autres choix que de développer un modèle efficient et donc frugal.

6 La *génération augmentée de récupération* (RAG en anglais) est le processus consistant à intégrer les connaissances de votre choix dans le champ des réponses possibles du modèle. Ce dernier pourra toujours répondre à partir de sa grande base de connaissance constituée lors de son entraînement, mais grâce au *prompt system*, vous pourrez le contraindre à n'utiliser que les connaissances de votre choix soumises via ce RAG.

7 `https://www.nouvelobs.com/economie/20230918.OBS78305/pourquoi-chatgpt-est-une-bombe-environnementale.html`

L'œil de l'expert

Pierre Monget, directeur de programme au sein du Hub France IA : l'IA frugale

La frugalité des modèles d'IA est un enjeu majeur pour le développement durable des prochaines années, et nous avons le plaisir de partager ici le témoignage exclusif de Pierre Monget sur le sujet. Pierre Monget est directeur de programme au sein du Hub France IA et a copiloté le groupe de travail sur le référentiel général pour l'IA frugale (Afnor Spec 2314) paru en 2024.

« L'essor de l'IA générative et des grands modèles de langages (LLM) a progressivement mis en lumière l'empreinte environnementale croissante des modèles d'IA.

En effet, si le sujet n'était jusqu'ici que peu abordé par l'écosystème IA, on sait que l'entraînement de LLM tels que le très populaire GPT exige une consommation énergétique très importante (électricité pour alimenter les datacenters et eau pour les refroidir), avec un impact environnemental énorme.

Toutefois, en prenant en considération la totalité du cycle de vie des grands modèles d'IA, la phase d'inférence finira généralement par engendrer un impact environnemental supérieur à la phase d'entraînement. Si une requête n'émet certes que quelques grammes de CO_2, il faut considérer d'une part que chaque utilisateur va le plus souvent réaliser plusieurs prompts dans le cadre d'une conversation avec un agent conversationnel associé à un LLM, et d'autre part que le nombre d'utilisateurs mensuels de ces grands modèles a explosé au fil des derniers mois. Ainsi, avec désormais 180 millions d'utilisateurs hebdomadaires pour ChatGPT[8], la phase d'inférence du LLM aurait d'ores et déjà un impact environnemental supérieur à celui de sa phase d'entraînement.

Nous pouvons citer quelques chiffres clés pour illustrer cette notion.

Il a par exemple été estimé qu'une conversation classique avec ChatGPT comprenant entre 30 et 50 requêtes consommait un demi-litre d'eau. Tandis que la croissance annuelle de la consommation énergétique de l'IA dans le monde est estimée entre 26 et 36%[9], ce qui pourrait représenter en 2028 une consommation annuelle d'électricité supérieure à celle d'un pays comme l'Islande (celle de 2021 en l'occurrence).

Mais que faire alors pour concilier le développement de l'IA au niveau mondial et son adoption par tous les secteurs et fonctions métiers avec les enjeux de transition écologique, de sobriété et de lutte contre le changement climatique ? Une partie de

→

8 Exploding Topics, *Number of ChatGPT Users*, 4 juillet 2024, `https://explodingtopics.com/blog/chatgpt-users`

9 World Economic Forum, *How to manage AI's energy demand — today, tomorrow and in the future*, 25 avril 2024, `https://www.weforum.org/agenda/2024/04/how-to-manage-ais-energy-demand-today-tomorrow-and-in-the-future/`

la réponse à cette question réside dans le développement de solutions d'IA frugales.

La France fait d'ailleurs office de précurseur sur le sujet de la frugalité de l'IA, sur les plans européen et international. En effet, à l'initiative de l'Afnor et de l'Ecolab (laboratoire de l'innovation du ministère de la Transition écologique et de la Cohésion des Territoires), un projet d'Afnor Spec pour une IA frugale a été lancé en janvier 2024 qui a regroupé 150 experts issus de différents organismes (entreprises, associations, acteurs de la recherche et administrations) et qui a donné lieu après de longs mois de travaux à la publication du « référentiel général pour l'IA frugale »[10] le 28 juin 2024.

Le référentiel explique notamment qu'un service d'IA frugale génère un impact positif des usages supérieur aux impacts négatifs du cycle de vie du service d'IA et de ses usages. Une méthode et des indicateurs de calcul sont également définis pour mesurer l'empreinte environnementale des modèles d'IA. Des outils ont d'ailleurs été spécialement conçus (en dehors du référentiel) par la communauté IA à cet effet. Citons par exemple Green Algorithms, Code Carbon, MLCO2Impact, EcoLogits…

Enfin, afin de le rendre plus accessible aux TPE, aux PME et aux ETI, il a également été ajouté au référentiel 31 bonnes pratiques opérationnelles pour concevoir, développer, déployer et utiliser des solutions d'IA (de tout type). Ces bonnes pratiques sont déclinées par étapes du cycle de vie d'un modèle d'IA selon trois domaines : données, infrastructures et services. Afin de faciliter l'appropriation des bonnes pratiques, chacune dispose de sa propre fiche détaillée incluant un descriptif, les recommandations de mise en œuvre, l'effort nécessaire à sa mise en œuvre et le gain en frugalité dû à l'application de la bonne pratique, ainsi que le public concerné (décideurs, concepteurs, développeurs, utilisateurs…). Car tout acteur de l'IA, du novice à l'expert, du concepteur à l'utilisateur, est impliqué dans la mise en œuvre et l'usage de solutions d'IA frugales.

Afin de faciliter les premiers pas vers une IA frugale, des tops de bonnes pratiques sont aussi proposés pour mettre en avant les pratiques les plus simples à mettre en œuvre ou celles permettant le meilleur gain de frugalité, par exemple.

Pour conclure, voici une sélection de bonnes pratiques issues du référentiel pouvant être adoptées par les TPE, les PME et les ETI :

- utiliser des méthodes d'analyse de besoins pour mettre en œuvre la frugalité (cf. BP01 du référentiel) ;
- choisir et développer (ou faire développer) la solution pour répondre spécifiquement au besoin, en considérant les alternatives à l'IA (cf. BP02 du référentiel) ;
- définir des critères justifiant le réentraînement du modèle ; autrement dit, ne pas réentraîner le modèle systématiquement à une fréquence fixée arbitrairement (cf. BP04 du référentiel) ;

→

10 AFNOR, Référentiel général pour l'IA frugale, 28 juin 2024, https://www.boutique.afnor.org/fr-fr/norme/afnor-spec-2314/referentiel-general-pour-lia-frugale-mesurer-et-reduire-limpact-environneme/fa208976/421140

- *maîtriser le volume des données (cf. BP06 du référentiel) et travailler sur leur qualité (cf. BP07 du référentiel) ;*
- *intégrer la frugalité dans les critères de pertinence de l'IA (cf. BP09 du référentiel) ;*
- *définir des règles de stockage des données en fonction des usages (cf. BP10 du référentiel) ;*
- *prévoir la fin de vie dans la gestion d'un projet d'IA (cf. BP11 du référentiel) ;*
- *instruire la frugalité dans chaque projet d'IA grâce au cycle de vie (cf. BP12 du référentiel) ;*
- *acculturer et former les parties prenantes, le référentiel étant une très bonne ressource pour cela (cf. BP14 du référentiel) ;*
- *optimiser l'usage de l'équipement existant (cf. BP20 du référentiel) ;*
- *créer un référentiel des impacts environnementaux des projets (cf. BP21 du référentiel) ;*
- *favoriser les terminaux utilisateurs/salariés existants pour l'entraînement ou l'inférence du service d'IA (cf. BP22 du référentiel) ;*
- *assurer la frugalité des infrastructures tout au long de l'exploitation (cf. BP24 du référentiel) ;*
- *privilégier des modèles plus frugaux (cf. BP30 du référentiel).*

Si vous souhaitez en savoir plus sur les bonnes pratiques, consultez le Chapitre 3 du référentiel général pour l'IA frugale. »

La question de la propriété intellectuelle

Nous le savons, pour entraîner leur modèle, beaucoup de fournisseurs de LLM ont capturé des données protégées par le droit d'auteur (articles de journaux accessibles uniquement de façon payante, photos protégées par un filigrane, etc.). De grands acteurs comme le *New York Times* ou Getty Images ont ainsi découvert que des modèles comme ChatGPT ou Stable Diffusion (générateur d'images) avaient été entraînés avec leurs données, à leur insu et sans autorisation, donnant lieu à des profits financiers importants, mais sans qu'ils en aient reçu une quelconque rétribution en retour (voir Figure 1.16). Des procès ont alors été lancés[11], dont certains sont encore en cours car la réglementation n'est à ce jour pas très claire.

---

11 https://www.lemonde.fr/pixels/article/2023/12/27/le-new-york-times-poursuit-en-justice-microsoft-et-openai-createur-de-chatgpt-pour-violation-de-droits-d-auteur_6207946_4408996.html et https://www.usine-digitale.fr/article/getty-images-attaque-stable-diffusion-en-justice-pour-violation-du-droit-d-auteur.N2098891

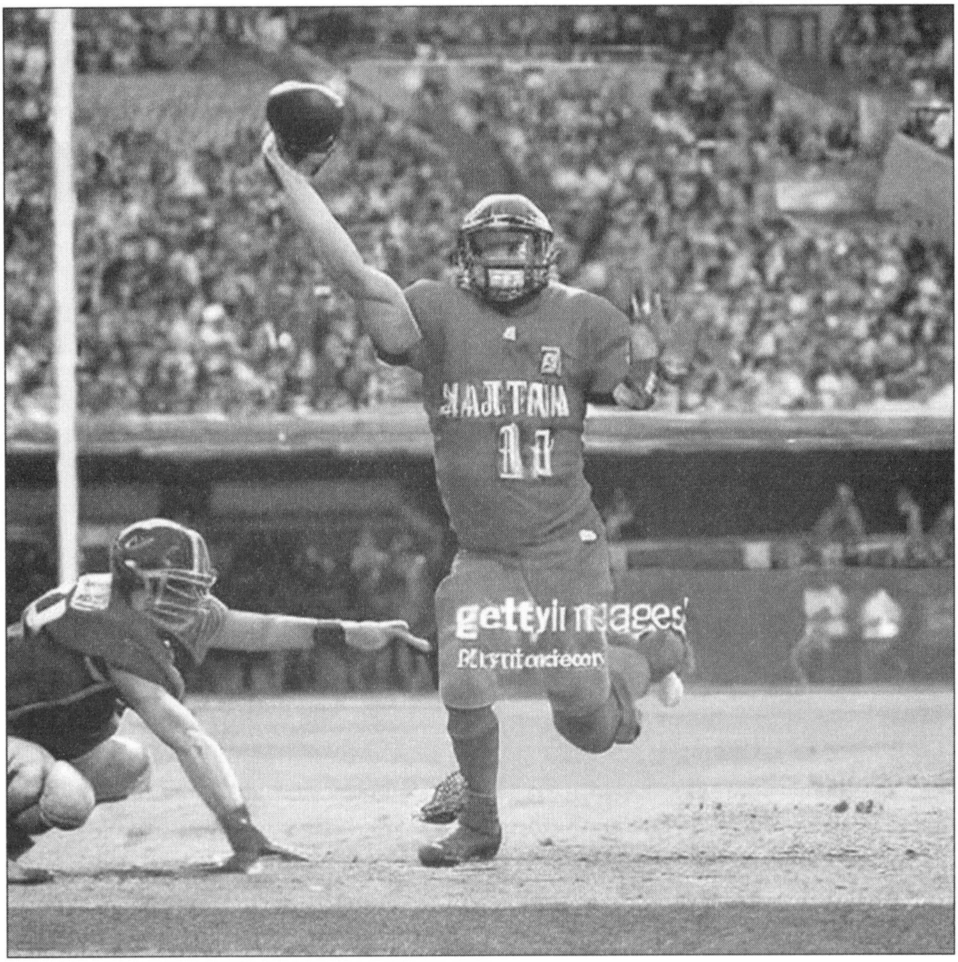

Figure 1.16 Pris en flagrant délit : cette image générée par IA affiche un filigrane de protection de l'agence de photos Getty Images, prouvant bien que l'IA en question a été entraînée avec des données protégées par le droit d'auteur.

Si vous êtes un artiste, la génération d'images vous met actuellement face à deux grands défis :

- Comment identifier qu'une image générée par l'IA a été inspirée de votre œuvre ?
- Si c'est le cas, l'image générée par l'IA a aussi été inspirée par des milliers d'autres créées par d'autres artistes. Comment rétribuer à sa juste valeur chacun d'eux ? Votre contribution en tant qu'auteur de cette image n'est peut-être que de 10 pixels sur les 24 000 qui constituent l'image, soit 0,04 % !

Voici un exemple pour illustrer notre compréhension de la législation en cours et à venir en Europe à l'heure où ces lignes sont écrites.

Imaginons que vous ayez généré un logo pour votre nouveau produit ou service grâce au modèle de génération d'images Midjourney. Ce logo possède un style que nous nommerons « TYU », style inventé par un artiste français que nous appellerons Arthur. Ce dernier dispose d'un site Web présentant toutes ses créations avec ce style « TYU ».

Selon la directive européenne DAMUN[12], les fournisseurs d'IA sont autorisés à utiliser les données protégées par droit d'auteur pour entraîner leur modèle. Midjourney est donc autorisé à entraîner son modèle en copiant les données contenues sur le site d'Arthur.

Cependant, selon la considération 107 de la loi européenne sur l'IA (*AI Act*)[13], pour opérer en Europe, Midjourney devra fournir d'ici 2026 sur son site Web un accès à son corpus d'entraînement, afin de permettre à Arthur de vérifier si ses données ont été collectées et utilisées pour l'entraînement de ce modèle. Si tel est le cas, Arthur pourra alors demander à Midjourney de retirer ses œuvres de son corpus d'entraînement.

Arthur peut également mettre en place dans le code de son propre site une balise HTML `meta robots`[14] interdisant l'accès au *crawler*[15] de Midjourney. Mais encore faut-il connaître la balise propre à chaque fournisseur de modèle d'IA, car il n'existe aujourd'hui aucun standard en la matière. Et ce sera un véritable parcours du combattant pour Arthur !

Que se passe-t-il si vous avez généré votre logo avant le retrait demandé par Arthur, ou si Midjourney ne retire tout simplement pas de son corpus d'entraînement les œuvres de ce dernier ? Il serait en droit de vous poursuivre en justice pour que vous cessiez d'utiliser votre logo.

Certains fournisseurs, comme OpenAI, Microsoft et Google[16], sont prêts à financer vos frais de justice si cela devait vous arriver. Cependant, tous les

---

12 Directive (UE) 2019/790 du Parlement européen et du Conseil du 17 avril 2019 sur le droit d'auteur et les droits voisins dans le marché unique numérique.

13 `https://artificialintelligenceact.eu/fr/recital/107/`

14 Voir la construction d'une balise meta robots à `https://robots-txt.com/meta-robots/`

15 Un *crawler* est un moteur d'indexation parcourant le Web pour collecter des données `https://fr.wikipedia.org/wiki/Robot_d%27indexation`

16 `https://www.lesechos.fr/tech-medias/intelligence-artificielle/ia-et-copyright-microsoft-sengage-a-payer-les-frais-de-justice-de-ses-clients-1976531`

fournisseurs n'apportent pas cette garantie et aucun ne vous dédommagera pour les autres frais engagés : création d'un nouveau logo, retrait du logo de toutes les communications, temps perdu avec toutes ces procédures... Notons que suivant le pays européen dans lequel Arthur aura déposé plainte, la définition de la propriété intellectuelle ne sera pas la même : il pourrait ainsi obtenir gain de cause en France, mais pas en Espagne.

En plus des problèmes que vous pourriez avoir avec Arthur, il vous faudra être vigilant sur un second point : les conditions générales d'utilisation de Midjourney. Selon la taille de votre entreprise et le forfait (payant ou gratuit) avec lequel vous utilisez Midjourney, vous pourriez ne détenir aucun droit de propriété sur vos créations, voire pire, n'être même pas autorisé à les utiliser à des fins commerciales.

En résumé, à l'heure où nous écrivons ces lignes, il peut être périlleux de générer des éléments graphiques destinés à être exploités largement par votre entreprise, comme un logo ou un visuel publicitaire. En revanche, pour illustrer un post LinkedIn ou une présentation PowerPoint, ce sera moins risqué. En tout cas, le mieux est de vous tenir au courant de l'évolution de la législation en la matière.

La sécurité et la confidentialité

Pour finir ce tour d'horizon, abordons les sujets de sécurité et de confidentialité, sur lesquels nous reviendrons en détail par la suite dans cet ouvrage. Pour les versions gratuites, vous connaissez certainement l'adage : « si c'est gratuit, c'est vous le produit ». En l'occurrence, une discussion que vous pourriez tenir avec ChatGPT sur votre stratégie d'entreprise pourrait se retrouver dans la conversation d'un de vos concurrents quelques mois plus tard. Les fournisseurs tels qu'OpenAI, Google ou Microsoft nous préviennent en toute transparence par des messages explicites sur le sujet. En entreprise, il faut donc privilégier impérativement les solutions hébergées payantes qui pourront vous garantir la confidentialité et la sécurité de vos données sensibles et lutter contre le *shadow GPT*, c'est-à-dire le fait que des salariés utilisent le célèbre assistant sans forcément en informer leur manager, avec des risques importants de fuite de données. Heureusement, les solutions gratuites proposent de plus en plus des options permettant de protéger le contenu des conversations (pas d'enregistrement des données, à l'image de la fonction « chat éphémère » sur ChatGPT, équivalent de la navigation privée sur les navigateurs Web), mais encore faut-il savoir où chercher dans les paramètres pour trouver les bonnes options à cocher ou à décocher.

L'œil de l'experte

Magali Germond, directrice de LumIAire Conseils : l'éthique de l'IA

Les limites et risques qui viennent d'être énoncés posent naturellement des questions éthiques. Pour aborder ce thème, nous avons sollicité l'avis d'une experte en la personne de Magali Germond. Mathématicienne et statisticienne, elle accompagne les entreprises dans l'intégration de l'éthique dans leurs systèmes d'IA, tout en vulgarisant les concepts d'IA transparente et explicable. Dirigeante de LumIAire Conseils, autrice d'un MOOC sur l'éthique des données, et investie dans des initiatives pour la mixité dans le numérique (en étant par exemple déléguée régionale « Femmes du numérique » en Occitanie), Magali s'applique au quotidien à sensibiliser sur les enjeux d'une IA responsable.

“La popularité croissante des systèmes d'IA générative relance le débat des risques et des enjeux éthiques associés à une société sur-digitalisée. Entre crainte et excitation, le monde de la tech est en pleine effervescence d'idées, de projets et de volontés d'intégrer de l'IA, et récemment de l'IA générative partout, sans réellement prendre conscience des risques potentiels que cela pourrait engendrer. Est-ce que ces nouvelles technologies et modèles algorithmiques respectent les droits et devoirs des personnes, les principes d'égalité et de non-discrimination, l'utilisation de données privées et sensibles, la mixité au sein des équipes projet et tech afin de bénéficier des qualités de développement et de conception aussi bien masculines que féminines, la sécurité des données et des individus, la sous-consommation énergétique et les actions de décarbonation ? Que d'interrogations qui ramènent à cette question : l'éthique des systèmes d'IA existe-t-elle et est-elle possible ?

Je répondrai simplement non et oui à cette question ! Non, car il est difficile de s'accorder sur une éthique universelle, sachant que l'environnement dans lequel nous évoluons influence notre définition personnelle et collective de l'éthique : éducation, culture, religion…

Ainsi, il serait plus juste de parler de principes et de valeurs éthiques propres à un environnement ou à un écosystème, le challenge étant alors de s'accorder collectivement sur des critères et des normes qui feront l'unanimité. Toute la difficulté repose sur les définitions de l'éthique et sur notre capacité à traduire ces notions en actions et en choix amenant à une conduite en conscience. Les notions fondamentales nous sont soufflées par le livre de Tom Beauchamp et James Childress[17] dans lequel sont définis les quatre principes fondamentaux spécifiques à la bioéthique : autonomie, non-malfaisance, bienfaisance et justice. Ces principes sont transposables au numérique

→

17 *Les Principes de l'éthique biomédicale*, Les Belles Lettres, 2008.

et aux systèmes d'IA qui doivent respecter l'autonomie et la dignité de l'être humain, ne pas avoir d'impacts néfastes et négatifs, ne pas porter atteinte aux droits fondamentaux des humains, veiller à respecter l'équité, la diversité et la non-discrimination. L'histoire du numérique nous conduit à compléter cette liste par d'autres principes : la responsabilité, le respect environnemental, le bien-être sociétal, la robustesse, l'explicabilité, la transparence, la supervision humaine, la gouvernance des données, et bien d'autres en fonction des valeurs prioritaires de chacun…

Parler d'éthique des systèmes d'IA revient à s'interroger sur le respect et la cohérence de ces principes au regard des finalités et de l'usage qui en est fait. On ne peut pas parler uniquement de l'éthique de l'IA. Pour que cela ait du sens, il faut avoir une vision plus globale, comprendre que parler d'éthique c'est avant tout se poser des questions, se challenger, se confronter aux risques, aux limites, aux biais de la technologie. Cette vision globale nous mène à dépasser les simples limites et risques liés à l'algorithme, au modèle d'IA, aux résultats, aux données d'entraînement, et à bien considérer le cycle de vie du système d'IA dans sa globalité. Ainsi, on ne parlera pas d'une éthique mais des valeurs éthiques, qui permettront de superviser et de gérer la conception, le développement, le déploiement et l'usage des systèmes d'IA de manière rassurante et maîtrisée.

Reprenons rapidement les étapes du cycle de vie du système d'IA pour en définir une approche éthique :

- **Contexte et éthique :** importance des questionnements éthiques dès le cadrage du projet, il faut définir clairement les finalités du système d'IA et leur cohérence avec les valeurs éthiques de l'entreprise.
- **Éthique de la donnée :** les données utilisées pour l'apprentissage sont-elles fiables, représentatives, non discriminantes, non biaisées, proportionnées, respectueuses du RGPD (règlement général sur la protection des données) ?
- **Transparence, robustesse et sécurité des algorithmes :** est-ce que le modèle algorithmique choisi est robuste, fiable, sécurisé, non porteur de biais ? Avez-vous documenté vos développements, les choix de paramètres, les tests de validation du modèle ? Ces choix sont-ils respectueux des droits fondamentaux de la population ? Sont-ils en phase avec la charte éthique de l'entreprise ?
- **Éthique de l'usage :** des notices de déploiement et d'utilisation ont-elles été livrées ? Êtes-vous en capacité d'expliquer simplement la démarche et le raisonnement effectué par le modèle algorithmique développé ? L'usage final est-il cohérent avec les finalités du projet d'IA ?
- **Gouvernance des systèmes d'IA :** avez-vous une politique globale de conception et d'usage des systèmes d'IA ? Cette politique est-elle alignée avec la politique RSE (Responsabilité Sociétale des Entreprises) et la charte éthique de l'entreprise afin de garantir une supervision humaine des systèmes d'IA ?

→

- *Culture éthique d'entreprise :* les valeurs et les normes éthiques de l'entreprise ont-elles été choisies, partagées, discutées par tous les acteurs de l'entreprise ? Des actions de sensibilisation, de formation, d'appropriation ont-elles été menées afin de garantir un même niveau de compréhension et d'adhésion, rendant ainsi chaque salarié autonome en sa capacité d'intégrer dans ses fonctions des questionnements et codes de bonnes pratiques éthiques au quotidien ?
- *Consommation éthique :* il faut suivre, évaluer, monitorer la consommation énergétique de ses systèmes d'IA, faire des choix raisonnés et responsables dès leur conception, envisager des solutions d'IA frugales ou l'utilisation de modèles algorithmiques pré-entrainés...

L'éthique de l'IA revient à définir et à respecter des principes éthiques à chaque étape du cycle de vie d'un système d'IA. ”

Une nouvelle vitesse a été atteinte

L'avènement de ChatGPT aura permis l'apparition d'un nouvel élément dans l'entreprise : c'est en effet la première fois que les salariés s'emparent proactivement, et parfois plus rapidement que leurs supérieurs, d'outils de productivité et de créativité. Selon une étude menée en 2023[18], 68 % des salariés qui utilisent ChatGPT ne le mentionneraient pas à leur manager. Ce chiffre important peut s'expliquer par plusieurs raisons : la charte informatique de l'entreprise n'est pas encore claire sur le sujet, le salarié ne souhaite pas être dévalorisé par son manager par le fait qu'il utilise un assistant, le sujet est encore tabou.

Voilà qui montre l'importance de la formation (dont nous reparlerons au Chapitre 8), et notamment de la formation continue, car ces outils puissants évoluent à une vitesse exponentielle, qui impose désormais de former ses collaborateurs en continu à ces nouvelles technologies. Pour illustrer cette vitesse folle, la Figure 1.17 montre l'évolution en 2023 de la fonction « text-to-image » (conversion de texte en image) avec Midjourney, à partir d'un même prompt. En moins d'un an, les progrès ont été fulgurants.

---

18 https://www.fishbowlapp.com/insights/70-percent-of-workers-using-chatgpt-at-work-are-not-telling-their-boss/

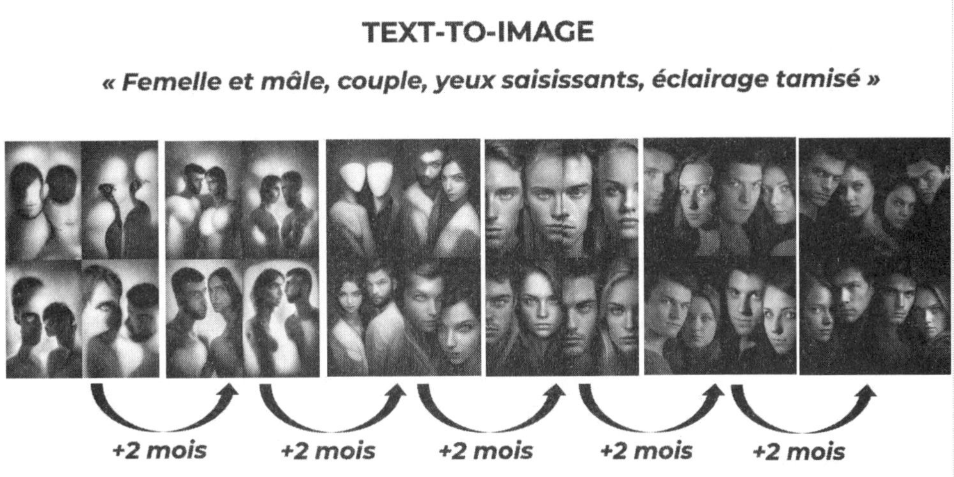

Figure 1.17 Évolution de la fonction **text-to-image** de Midjourney en 2023.

L'année 2024 aura quant à elle vu des évolutions toutes aussi fulgurantes de la fonction « text-to-video » (conversion de texte en vidéo), qui émerveillent ou font froid dans le dos... suivant l'usage que l'on souhaite en faire.

En synthèse, comme l'illustre la Figure 1.18, plus l'IA gagne en puissance, plus elle présente de risques.

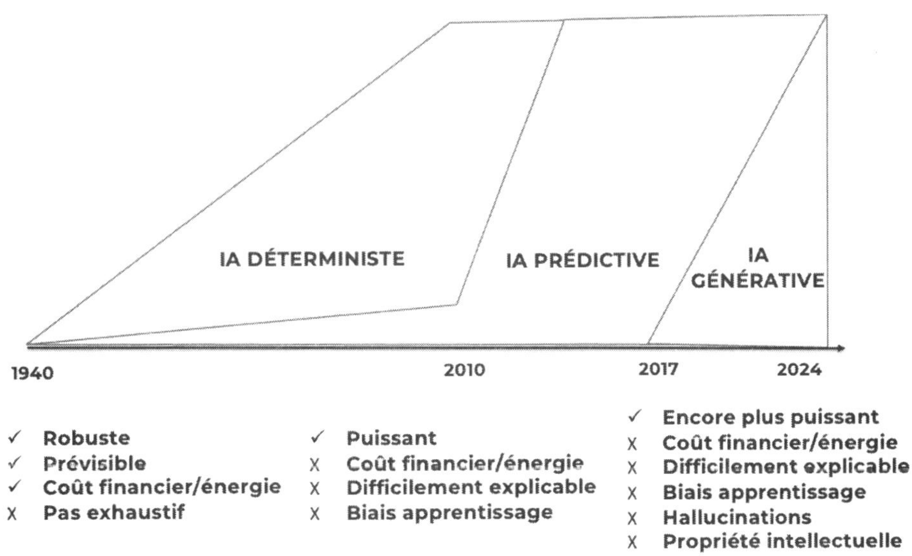

Figure 1.18 Synthèse sur les opportunités, mais surtout sur les risques des différentes catégories d'IA.

Témoignage

Victor Gajan, cofondateur de BigHappy : la data et l'IA au service d'une stratégie *des moyens pertinente et ROIste*

« BigHappy est une agence conseil en marketing et communication, qui a toujours inscrit son projet dans son époque, tout en gardant ce qui l'a rendue unique : innovation, stratégie, création, au service de la robustesse des marques. En intégrant la puissance de la data et de l'IA aux métiers de la stratégie, BigHappy a créé une offre sur mesure pour les PME challengers sur leur marché. Une offre qui permet à chaque dirigeant de mieux communiquer, de limiter les investissements et de maximiser les résultats des actions de communication et de marketing. PME toulousaine de vingt salariés, BigHappy analyse l'ensemble de l'écosystème d'une entreprise en France et à l'international : ses forces et ses axes d'amélioration, l'intensité et le positionnement de ses concurrents, les tendances sociétales et les attentes de ses clients, afin de permettre à l'entreprise de mettre en place des stratégies plus précises, réactives et efficaces. Décrypter, inspirer, communiquer, un triangle magique !

Cette décision stratégique d'utiliser la donnée et l'IA pour améliorer l'efficacité de nos actions pour nos clients fait suite à un constat portant sur trois faiblesses principales rencontrées par le passé dans nos campagnes de communication : des données propriétaires mal exploitées, un ciblage inadéquat et une compréhension insuffisante des attentes des consommateurs.

Pour remédier à ces problèmes, nous avons développé deux solutions fondées sur l'IA :

- *Un algorithme d'analyse des données propriétaires des clients capable d'examiner non seulement les données CRM du client, mais aussi les données d'audience de son site Web (Web analytics). Extraite, combinée et analysée de la sorte, la donnée propriétaire devient un réel avantage compétitif pour le client.*
- *Un système d'analyse des attentes des consommateurs fondé sur les tendances capturées sur Internet, offrant une alternative aux enquêtes anthropologiques classiques (là aussi, en balisant le système de garde-fous).*

Pour développer ces outils, nous avons dû investir massivement en R&D en recrutant notamment un directeur technique et des data scientists et en nous faisant accompagner par un consultant externe (Predexia). C'est un investissement important à l'échelle de notre PME, de plus de 500 000 € sur trois ans.

Les impacts et bénéfices ont cependant été nombreux ! Cela nous a permis de diversifier notre offre. Nous proposons désormais des prestations d'analyse de données à forte valeur ajoutée, en complément de nos services traditionnels de communication. La part du chiffre d'affaires liée à cette offre d'analyse avec l'IA est passée de 12 à 27 % en peu de temps. Cette expertise IA, accessible

→

aux PME en termes de budget et d'appropriation directement activable, a rapidement fait parler d'elle. Elle est au centre de notre développement, et est très souvent mise en avant dans les articles de presse. Nous utilisons notamment notre propre technologie pour produire des études que nous rendons ensuite publiques (par exemple, les tendances annuelles du vin ou de l'alimentation) afin de renforcer notre notoriété et notre légitimité sur le marché. Cette nouvelle prestation agit également comme un véritable «cheval de Troie» pour pénétrer un marché de la communication très concurrentiel, en nous permettant de nous démarquer auprès de grands comptes dans divers secteurs (vin, institutions, alimentation pour animaux, etc.). Enfin, malgré un investissement important pour une PME comme la nôtre, l'entreprise a généré un fort volume de CA supplémentaire en seulement six mois grâce à ces nouveaux outils, assurant un ROI prometteur pour cet investissement initial.

Malgré tous ces bénéfices, l'intégration de l'IA au sein de l'entreprise a tout de même rencontré plusieurs obstacles et erreurs de parcours. Le principal frein est venu d'une résistance interne à cette transition. L'acceptation de la donnée fournie par l'IA et la confiance en sa qualité ont été difficiles à obtenir en interne. En effet, la qualité n'a été au rendez-vous qu'à force d'ajustements et d'améliorations de la solution. L'absence d'une culture de R&D et du Test & Learn, conjugué à la méfiance de certains métiers envers les solutions automatisées n'ont pas facilité cette adoption et la montée en puissance de l'outil. Il faut noter que la majorité de nos salariés ont des profils éloignés des mathématiques et de l'ingénierie, ce qui n'a pas aidé non plus, selon moi, à l'adoption de ce nouvel outil. Certains ont ainsi naturellement exprimé des inquiétudes quant à l'impact de l'IA sur leur métier, important sujet de société par ailleurs. Nous défendons une juste utilisation de la technologie, mais nous ne croyons absolument pas au remplacement de l'humain par la machine. Les modèles n'ont d'ailleurs de sens que si la donnée est fraîche et pertinente : il faut la booster, l'augmenter, sans la remplacer, pour qu'elle livre des insights de plus en plus granulaires… Notre erreur, en tant que dirigeants, a donc été de ne pas impliquer dès le début toutes nos équipes et de de ne pas suffisamment travailler sur une acculturation de l'IA (avec ses opportunités, ses risques et ses limites). Le développement de cette nouvelle offre technologique a en effet été principalement mené par le CoDir et le directeur technique pendant un an et demi, sans impliquer le reste de l'équipe. Cette approche a créé un sentiment de déconnexion chez les salariés, que nous tentons de résoudre aujourd'hui notamment grâce à des actions d'acculturation à l'IA.

Il n'y a pas de doute sur l'efficacité de la solution par ailleurs et nous sommes ravis de constater que notre approche nous a permis de mieux préparer l'entreprise aux enjeux de nos clients, avec, en ligne de mire l'ultra-personnalisation de l'expérience client, le retour à des relations vraies et sincères avec les publics internes comme externes, la recherche de sobriété des dispositifs de communication pour communiquer moins (de façon moins coûteuse et moins intrusive notamment), mais mieux (avec plus de sens et de cohérence et en restant vigilant quant à notre responsabilité sociale). »

1.5 Les éléments clés à retenir

- Depuis l'avènement de l'informatique dans les années 1940, l'IA a connu trois grandes évolutions :
  - l'**IA** déterministe robuste, transparente, et encore largement répandue ;
  - l'**IA connexionniste prédictive** avec ses fameux réseaux de neurones artificiels et ses capacités de prédiction fondées sur de nombreuses variables mais présentant aussi malheureusement des biais d'apprentissages et des soucis d'inexplicabilité ;
  - l'**IA** générative avec des réseaux de neurones artificiels encore plus profonds et des résultats impressionnants, mais aussi avec son lot de risques et de conséquences négatives : biais, impact écologique, hallucinations, non-respect de la propriété intellectuelle, sécurité et confidentialité, etc.[19]
- Comme en témoigne l'exemple de la PME BigHappy, **l'acculturation** à l'IA auprès de vos équipes est la **première étape** à ne pas négliger avant d'intégrer l'IA au sein de votre entreprise.

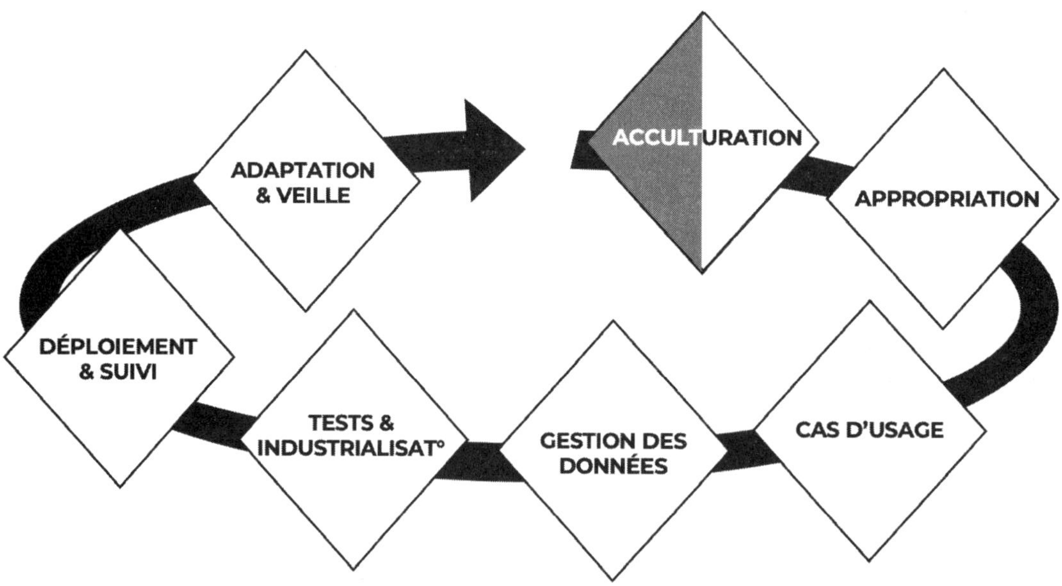

19 Voir conférence de Luc Truntzler sur tous ces éléments : https://www.youtube.com/watch?v=1nQanelkDzY&list=PLjGn3LFiHKLINzK5ip05Et74HoYocIR8I&index=2

Chapitre 2

L'IA et le monde de l'entreprise

2.1 Applications et opportunités de l'IA pour votre entreprise

L'IA est un outil. Et comme nous l'avons vu dans le précédent chapitre, elle a, comme tout outil, ses limites et risques (biais, hallucinations, sécurité et confidentialité, inexplicabilité, flou sur la propriété intellectuelle, impact écologique, etc.) qu'il faut connaître afin d'en faire un usage consciencieux. Mais c'est également un outil puissant qui a su ces dernières années s'imposer de plus en plus comme une solution pour apporter de nombreuses améliorations dans le quotidien de nos salariés et de nos clients et donc, *in fine,* accroître la productivité, la rentabilité et la compétitivité de nos entreprises.

Les cas d'usage ne manquent pas, et nous allons en découvrir plusieurs tout au long de cet ouvrage.

On peut aussi considérer l'IA comme **un outil capable de simuler nos capacités cognitives, sensorielles et motrices**. Partant de ce postulat, tout processus dans l'entreprise pouvant être décrit avec précision peut être automatisé en partie, voire totalement, par l'IA.

Imaginez un robot humanoïde comme dans les films de science-fiction ou comme ceux entourant sur scène le PDG de la société NVIDIA début 2024 (voir Figure 2.1).

Figure 2.1 Conférence de la société NVIDIA.

Avec ses caméras, un robot humanoïde peut nous voir et percevoir son environnement et accéder ainsi à une composante (ou brique) de l'IA appelée **reconnaissance d'images**. Avec son micro, il peut également nous entendre et accéder ainsi à une autre brique appelée **reconnaissance vocale**, à savoir la capacité pour une machine de retranscrire notre voix au format texte, texte que la machine peut aujourd'hui facilement comprendre et manipuler, grâce au **traitement automatique du langage**, une autre brique de l'IA. Ce même robot peut ensuite nous répondre oralement au moyen d'une enceinte, en utilisant la **synthèse vocale**, une quatrième brique de l'IA. Si le robot est équipé de bras et de roues ou de jambes, il peut se mouvoir et interagir avec notre environnement et l'on parle alors de **navigation autonome** et de **préhension autonome d'objets**.

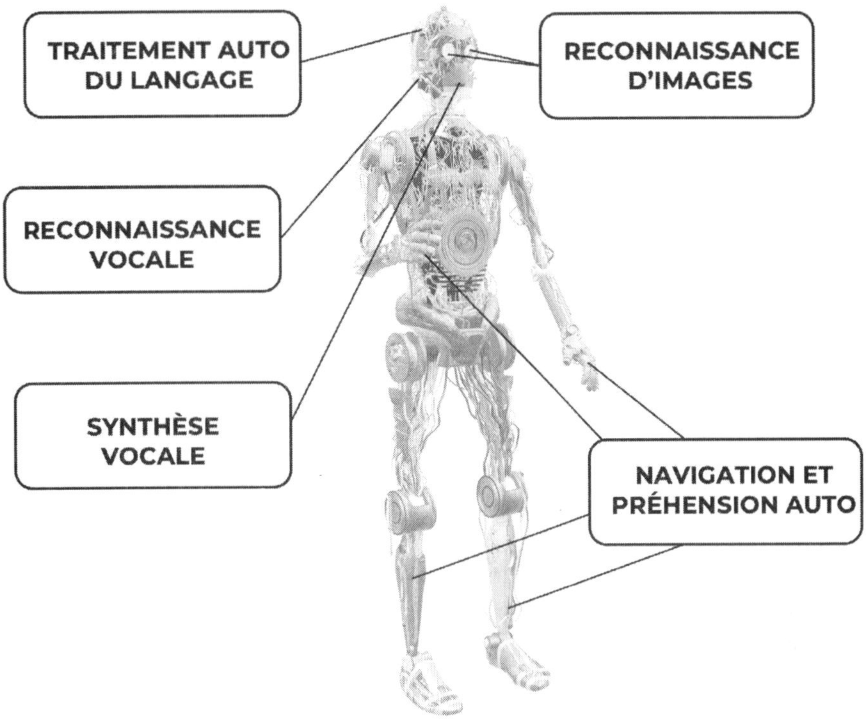

Figure 2.2 Les briques d'IA d'un robot humanoïde.

Nous venons de lister les briques de l'IA parmi les plus populaires aujourd'hui. Ce n'est pas une liste exhaustive, mais elle nous montre qu'il n'existe pas qu'une seule IA, mais plusieurs IA verticales spécialisées que l'on peut assembler sur une machine, pour essayer de reproduire les capacités humaines cognitives, sensorielles et motrices.

Sans forcément être associées entre elles, toutes ces briques de l'IA ont trouvé des applications concrètes dans les entreprises depuis déjà plusieurs années.

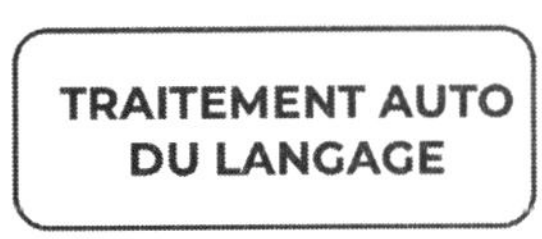

Figure 2.3 Brique TAL (ou NLP, *natural langage processing* en anglais).

Si nous prenons juste la brique du **traitement automatique du langage**, nous pouvons citer des applications comme les fameux chatbots, deuxième application de l'IA prédictive et générative dans les entreprises depuis des années, boostées depuis peu par les LLM. Ces robots conversationnels peuvent aujourd'hui facilement absorber toute votre base de connaissances, vos PDF, vos fichiers Word, votre Intranet, vos procédures et répondre à n'importe quelle question de vos salariés sur ces contenus à travers une simple question formulée en langage naturel. Cette application facilite aujourd'hui grandement l'accueil de nouveaux salariés, la formation continue ou encore le partage et la recherche d'informations et de procédures.

Figure 2.4 Brique Reconnaissance d'images.

Quant à la **reconnaissance d'images**, elle nous donne la capacité de pouvoir facilement extraire en une fraction de secondes des données à partir d'une image. Par exemple, récupérer sur des centaines de factures au format PDF l'émetteur, le destinataire, le numéro de facture, les différents montants, les délais de paiement, l'IBAN, etc. pour un traitement automatisé et efficace dans un système ERP.

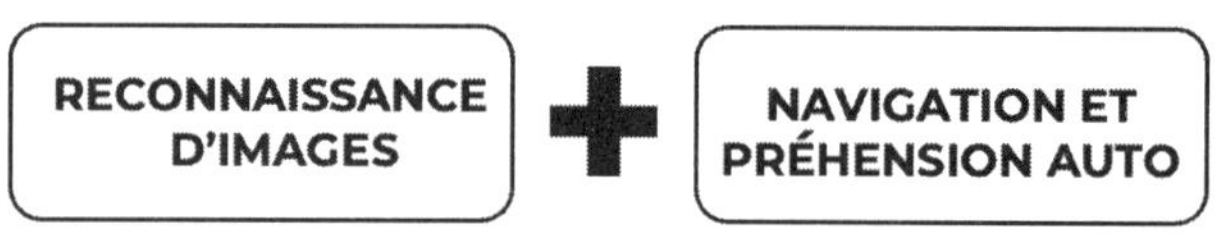

Figure 2.5 Association de deux briques d'IA.

Si nous associons à présent la reconnaissance d'images à la **navigation autonome**, nous pourrions obtenir, comme le fait la société toulousaine Abelio, des drones capables de détecter sur de grandes surfaces de terrains agricoles les zones uniques où il va falloir arroser davantage ou replanter, limitant ainsi le gaspillage d'eau ou de graines. Autre exemple très connu d'applications de ces deux briques de l'IA : dans les entrepôts d'Amazon, une armée de robots chariots identifie et déplace des milliers de colis nuit et jour.

Figure 2.6 Association de trois briques d'IA.

Enfin, si nous associons la **reconnaissance vocale**, le **traitement automatique du langage** et la **synthèse vocale**, nous obtenons d'autres applications, comme des assistants vocaux. Par exemple, la société SPIX industry située en Haute-Garonne équipe les opérateurs sur le terrain de casques connectés à des assistants vocaux pour les aider uniquement par la voix dans le bon déroulement de leur procédure. Ce type d'application permet d'introduire le digital et l'IA au cœur même du terrain, auprès de populations non équipées d'ordinateurs ou de téléphones portables professionnels.

Que l'on associe ces différentes briques d'IA entre elles ou qu'on les utilise individuellement, les applications dans le quotidien de l'entreprise ne manquent pas, la seule limite étant votre imagination...

Il existe cependant tout un parcours pour identifier ces fameux cas d'usage de l'IA et vous permettre de justifier le recours à cette dernière afin d'améliorer votre quotidien, celui de vos salariés et de vos clients. L'association ou non de ces briques d'IA n'est qu'une des approches permettant de faire germer une idée. Pour que cette idée se transforme en véritable cas d'usage probant, il sera nécessaire d'adopter une vision holistique et d'envisager plusieurs facteurs (humains, éthiques, sociaux, environnementaux, sécuritaires, techniques, expertises, etc.) afin de vous assurer que telle application de l'IA réponde bien à vos valeurs d'entreprise et soit durable.

C'est ce parcours à suivre que nous voulons vous expliciter dans cet ouvrage, qui vise à vous assurer que vous ne sauterez pas d'étapes, ni ne ferez partie de ces nombreux PoC (*proof of concept*, « preuve de concept » ou étude de faisabilité) d'une solution IA qui ont échoué car leur seul objectif était de faire de l'IA par principe et non par nécessité. Dans l'industrie, une statistique très connue dépeint ce phénomène :

8 PoC d'une solution IA sur 10 se seraient transformées en échec avant 2024.

Nous ne doutons pas que, si vous tenez ce livre entre vos mains, c'est que vous savez qu'il est crucial de maîtriser cet outil pour rester dans la course, mais que cela ne doit pas se faire dans la précipitation, ni en sautant d'étapes. Nous verrons dans notre parcours de l'intégration de l'IA en entreprise qu'une des premières bonnes décisions pour répondre à votre besoin peut être de ne pas mettre en place de l'IA pour lui préférer un simple processus ou une montée en compétence de vos salariés.

Comme toujours, l'outil ne fait pas tout, c'est la main qui l'actionne et le savoir-faire qui le sous-tend qui lui donnent son véritable pouvoir.

2.2 Un nouveau paradigme : l'IA en mode projet et l'IA en mode Netflix

L'arrivée de ChatGPT en 2023 et 2024 a constitué un avant et un après dans l'intégration de l'IA dans l'entreprise.

Figure 2.7 IA en mode projet versus IA en mode Netflix.

L'IA en mode projet

Avant l'arrivée de ChatGPT, quand on évoquait la volonté d'intégrer de l'IA dans l'entreprise, on faisait largement référence à de l'IA connexionniste prédictive. La majorité du temps, cela sous-entendait alors des projets sur mesure, utilisant les données de l'entreprise et des développements souvent personnalisés. Il s'agissait d'une IA que nous appellerons en *mode projet*, et c'est ce que nous développerons majoritairement dans cet ouvrage, car ce mode est toujours largement utilisé pour apporter des solutions personnalisées.

L'IA en mode projet consiste à développer une vision holistique d'un besoin et de son implémentation. Elle implique de passer par plusieurs étapes (évaluation de l'opportunité, coconception holistique, développement d'un prototype, tests, industrialisation, déploiement, maintenance, suivi et évolution), ce qui prendra nécessairement du temps comme n'importe quel projet en entreprise.

L'IA en mode Netflix

L'IA en *mode Netflix* est une approche différente, mais complémentaire qui offre aux entreprises la possibilité d'intégrer de l'IA au sein de leurs équipes et de leurs logiciels en quelques clics seulement, grâce notamment à la souscription d'un abonnement (généralement, environ 20 €/mois/salarié), comme sur la plateforme Netflix.

Une fois cet abonnement souscrit, chaque salarié peut disposer d'une IA intégrée et « sur étagères » dans ses outils bureautiques ou de production graphique, par exemple Copilot Pro avec Microsoft Office 365 ou Google Duet avec Google Workspace. Cette IA prend la forme d'un chatbot ou plutôt d'un assistant directement intégré au logiciel (Excel, Google Spreadsheet, Word, Google Docs, PowerPoint, Google Slides, Outlook, Gmail...) qui accompagne le salarié dans son travail en le faisant bénéficier de la puissance d'un LLM. Ces solutions sont avant tout « sur étagères » (et non développées sur mesure). Elles peuvent bien sûr être personnalisées en fonction de vos besoins, mais la grande révolution consiste à pouvoir les activer en quelques clics, sans personnalisation, et de transformer l'usage quotidien des outils pour le salarié. Jamais l'IA n'avait été si facilement et si rapidement accessible à tous les salariés.

Comme tout nouvel outil, cette IA en mode Netflix nécessite cependant *a minima* des formations pour pouvoir être bien prise en main. Le fameux « art du prompt » dont les bonnes pratiques évoluent sans cesse devra être par exemple enseigné aux salariés pour bien comprendre les spécificités de ces outils. À l'heure actuelle, bien que leur usage semble simple, car fondé sur le langage naturel, force est de constater que de nombreux salariés les utilisent comme un moteur de recherche, alors qu'il s'agit véritablement d'une conversation, avec une coconstruction de la réponse. Il est vrai que l'interface d'un assistant, avec son large champ de saisie, peut s'apparenter à celle du célèbre moteur de recherche de Google, mais cet outil ne doit pas être utilisé de la même façon. Nous avons été éduqués depuis les années 2000 à utiliser ces champs de saisie en y saisissant seulement quelques mots-clés (deux en moyenne pour une recherche Google) et avec un fort besoin d'immédiateté (une réponse en moins d'une seconde). Mais une conversation avec un assistant comme ChatGPT ne peut se résumer à deux mots-clés, et la réponse ne peut non plus être obtenue en moins d'une seconde. La qualité de la réponse va dépendre de la construction de la conversation, avec différentes bonnes pratiques de *prompting* (*chain of thoughts,* incarnation, mise en contexte, choix du format de sortie, auto-questionnement, *reverse prompting*, etc.)[1]. Ces techniques évoluant avec la sortie de nouveaux modèles, nous vous conseillons de vous former à ces nouveaux usages au moins une fois par an. Vous trouverez en annexe de ce livre un document que nous transmettons à nos clients pour acculturer leurs salariés à ces bonnes pratiques.

Pour développer le réflexe « GPT » auprès de leurs salariés, de nombreuses entreprises ont instauré auprès de ceux-ci des créneaux réguliers de tests ou de jeux avec ces nouveaux assistants pour découvrir la puissance, mais aussi les limites de ces outils. Certaines entreprises sont même allées jusqu'à instaurer un créneau d'une heure par jour[2] pour remplacer le réflexe bien ancré « Google » par un réflexe « GPT ». Les habitudes ont en effet la vie dure et face à l'accélération de l'apparition des nouvelles technologies, il devient nécessaire de s'imposer cet effort pour acquérir ces nouveaux réflexes. Nous parlons aujourd'hui du réflexe « GPT » mais d'ici deux ans, ce sera certainement un autre réflexe qu'il faudra adopter avec l'apparition d'une nouvelle technologie. Des formations, des ateliers, des partages d'expériences entre collaborateurs, de la *gamification* avec des open badges sont des rituels qu'il convient d'intégrer dans le quotidien de vos salariés pour faciliter l'acquisition de ces nouveaux réflexes.

Au-delà de la formation et du suivi régulier sur l'usage des nouvelles technologies, il conviendra bien entendu d'instaurer dans votre entreprise un cadre sur leur usage pour respecter vos politiques de sécurité et de confidentialité (avec mise à jour de la charte informatique) et de bien acculturer vos équipes à ces nouvelles technologies.

De nombreux salariés craindront naturellement une technologie puissante qu'ils ne connaissent pas. Comme l'illustre le témoignage suivant, le frein le plus important à l'adoption d'une nouvelle technologie comme l'IA peut venir du manque d'acculturation des utilisateurs finaux.

---

1 https://www.promptingguide.ai/fr/techniques

2 https://start.lesechos.fr/innovations-startups/top-startups/cest-une-question-de-survie-chez-mirakl-tout-le-monde-est-bilingue-en-ia-generative-2095790

C'est le but que vise le premier chapitre de cet ouvrage et la première étape à ne pas négliger avant d'intégrer l'IA dans votre entreprise : acculturer vos équipes à l'IA et travailler ensuite à son appropriation, qui fera l'objet du Chapitre 3.

Comme tout changement, nous recommandons de suivre la méthode de gestion du changement ADKAR[3], qui se concentre sur cinq étapes-clés pour accompagner avec succès les collaborateurs dans la transformation :

- *awareness* (sensibilisation), voir le Chapitre 1 ;
- *desire* (envie de changer), voir les Chapitres 2 et 4 ;
- *knowledge* (connaissance), voir les Chapitres 1 à 3 ;
- *ability* (capacité à appliquer le changement), voir le Chapitre 3 ;
- *reinforcement* (renforcement pour maintenir le changement), voir le Chapitre 6.

Chaque étape est cruciale pour réussir l'adoption des changements induits par l'intégration de l'IA dans l'entreprise.

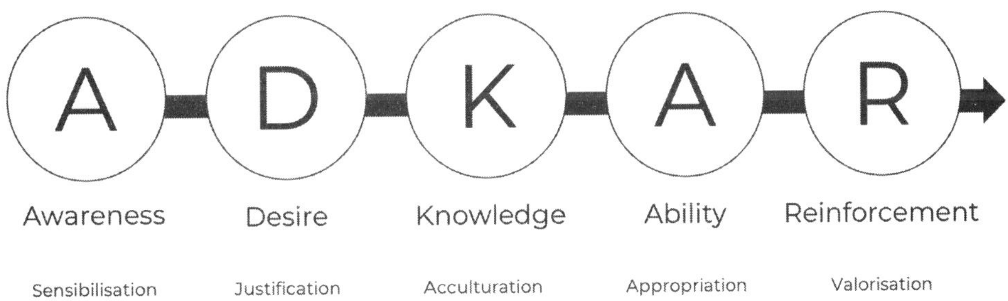

Figure 2.8 Méthode ADKAR pour l'adoption du changement.

3 https://www.lucidchart.com/blog/fr/modele-adkar-pour-la-gestion-du-changement

Témoignage

Sébastien Kvot, cofondateur d'Odécia : l'IA pour répondre aux appels d'offres

Odécia est une TPE de trois associés, spécialisée dans le conseil pour la réponse aux appels d'offres auprès d'acteurs du bâtiment, de la fourniture de biens ou encore de la prestation de services.

« Notre mission est d'aider des entreprises à accéder à des projets importants en les soutenant dans la réponse aux appels d'offres publics et privés.

Les appels d'offres sont de plus en plus normés aujourd'hui et reposent sur des législations nationales et européennes parfois complexes. D'un côté, il est peu évident pour un non-initié de parvenir à rédiger en un temps rapide une réponse pertinente et efficace en adéquation avec ces nombreux cadres formels. D'un autre côté, après avoir fait trois ou quatre appels d'offres sur un même sujet (par exemple, un ravalement de façade), il devient facile de capitaliser sur ces expériences passées pour rédiger rapidement une nouvelle réponse à un cinquième appel d'offre.

Dans ce type de mission très normé et standardisé où une capitalisation sur la donnée est fortement recommandée, l'intervention de l'IA est redoutable !

Depuis un an, l'IA nous assiste à plusieurs niveaux dans nos missions, au point qu'elle les a complètement reconfigurées ! Tout d'abord, elle nous aide à lire et à résumer en une fraction de seconde des cahiers des charges souvent volumineux (parfois de plus de cent pages). Cela nous permet de gagner un temps précieux dans la phase d'identification et de compréhension du besoin de l'acheteur.

Ensuite, elle nous aide à rédiger la réponse grâce à des mémoires techniques détaillés en se fondant sur une base de connaissances que nous avons constituée au fil du temps et des expériences. Si je reprends l'exemple de l'appel d'offre du ravalement de façade en milieu occupé dans le domaine public, l'IA peut synthétiser les mesures de sécurité nécessaires en tenant compte de ce contexte bien spécifique et des précédentes réponses archivées et validées : comment bien monter l'échafaudage, bien exécuter les travaux dans ce contexte précis, les contrôler, etc. Nous sommes dans de la coconstruction, l'IA m'aide à répondre à partir des éléments que je lui fournirai et qu'elle complétera, avec ma validation, pour être en phase avec les attentes légales et les besoins bien spécifiques de l'acheteur.

Les gains sont significatifs : une réduction du temps de lecture et de synthèse des documents et une amélioration de l'efficacité et de la pertinence de nos réponses parfaitement adaptées au contexte !

Grâce à notre base de connaissances construite après plus de dix ans d'expérience dans le métier de la réponse aux

→

appels d'offres, notre IA peut aujourd'hui rédiger des réponses extrêmement précises eu égard aux besoins de l'acheteur. Il n'y a plus aucun copier-coller ni réponses standards : tout est personnalisé en fonction de l'expression du besoin du client, et cela fait grandement la différence par rapport aux réponses habituelles, souvent construites avec des briques standards.

Nous avons cependant rencontré plusieurs défis pour la mise en place de cette IA. Le principal fut la construction de cette base de connaissances, une tâche très chronophage et très coûteuse, mais indispensable puisque c'est cette base de connaissances structurée qui fait aujourd'hui la force de notre solution. Nous nous y attendions et avons fait appel à une société experte, à taille humaine (Predexia, située à Toulouse) qui nous a accompagnés dans la structuration de notre base de connaissances et dans la mise en place de notre solution d'IA à base de LLM pour la rédaction des réponses à l'appel d'offre.

L'investissement initial a été autour de 40 000 €, ce qui est peu négligeable pour une TPE. Malgré ces défis, ces investissements ont été un succès et nous ont permis de renforcer notre compétitivité et nos performances dans la réponse aux appels d'offres, en offrant ainsi un service amélioré à nos clients et en ouvrant de nouvelles perspectives pour notre entreprise. Nous avons en effet à présent pour projet de proposer directement à nos clients un accès à notre outil de rédaction d'appels via l'IA. Cette opportunité pourrait nous apporter une composante produits (SaaS) à notre offre et créer davantage de récurrence. Un nouveau modèle économique, comme une corde supplémentaire à notre arc ! »

2.3 Les éléments clés à retenir

- L'IA cherche à imiter, voire à dépasser nos capacités cognitives, sensorielles et motrices. **Il n'existe pas une seule IA mais plusieurs IA** (ou domaines de l'IA) qui peuvent être associées entre elles en fonction de votre imagination pour automatiser et améliorer vos différents processus.
- Au-delà du fruit de votre imagination, l'identification d'un cas d'usage de l'IA pour votre entreprise doit passer par une **vision holistique** afin de réunir les différents facteurs indispensables au succès durable de votre cas d'usage de l'IA : humains, éthiques, sociaux, environnementaux, sécuritaires, techniques, experts, etc.

- Suite à la démocratisation par ChatGPT de l'IA générative, il existe aujourd'hui deux façons d'intégrer de l'IA en entreprise :
  - **en mode projet** pour la construction d'un applicatif sur mesure à votre besoin ;
  - **en mode Netflix** pour l'intégration, en quelques clics, d'un assistant IA dans votre galaxie d'outils existante.
- L'IA en mode Netflix nécessite auprès de vos salariés une **formation initiale et continue**, ainsi qu'un suivi régulier pour développer le **réflexe « GPT »** dans un cadre d'usage maîtrisé par votre département informatique (respect de la sécurité et de la confidentialité).

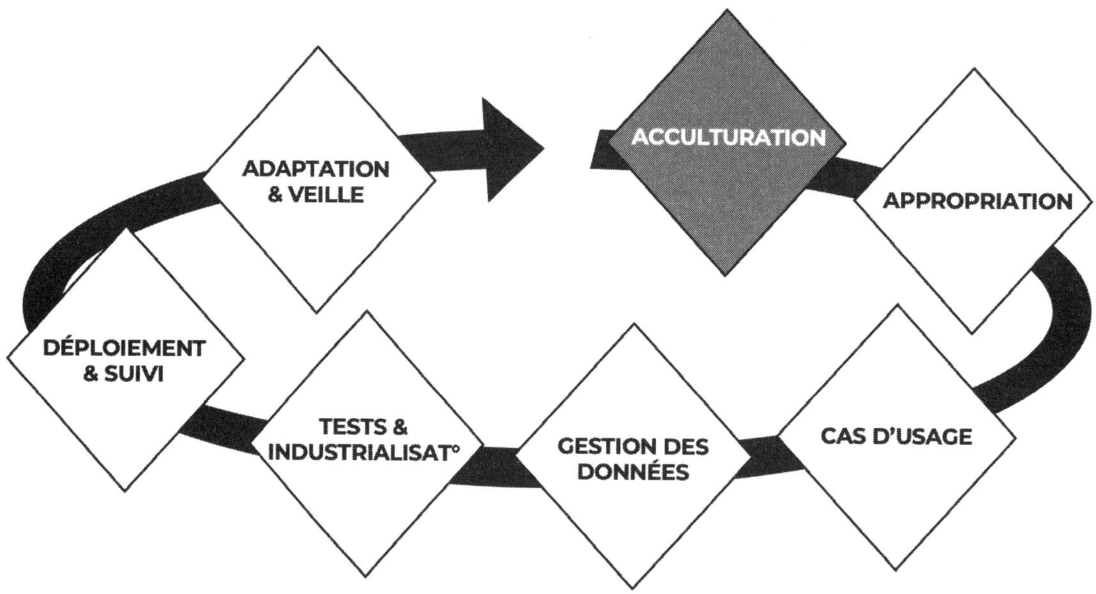

Chapitre 3

Préparez votre entreprise à intégrer l'IA

3.1 Faire de l'acculturation ? Oui, mais pas sans appropriation de l'IA par les équipes

Aujourd'hui, intégrer l'intelligence artificielle dans son entreprise est un vrai enjeu. Comme nous l'avons vu dans les Chapitres 1 et 2, cette technologie est un véritable levier pour créer de la valeur. Pour que vous puissiez en tirer le meilleur parti, il faut pouvoir la mettre au service de vos équipes de façon qu'ils puissent facilement se l'approprier. L'appropriation est une étape clé dans la réussite de tout chantier de transformation impliquant les personnes. Il s'agit là de l'étape « ability » de la méthode ADK**A**R (voir Chapitre 2). Pour nous, c'est même le socle fondamental sur lequel il faut vous appuyer pour assurer la réussite de l'intégration de l'IA dans votre entreprise.

L'étape d'acculturation présentée aux Chapitres 1 et 2 est l'état préalable à l'appropriation, qui consiste à présenter la technologie de l'IA aux collaborateurs et à leur expliquer ce que c'est et ce que ce n'est pas, les opportunités qu'elle représente, mais aussi ses limites et ses risques, ainsi que les grands cas d'usage que l'on peut retrouver dans notre quotidien. Cette étape permet d'atténuer les fantasmes et les angoisses que peuvent générer ces nouvelles technologies.

L'acculturation doit impérativement être suivie par l'appropriation : en effet, les salariés ne doivent pas seulement connaître ce qu'est l'IA, mais ils doivent aussi se l'approprier dans leur travail quotidien. En fin de compte, il s'agit de réinventer leur métier en l'assistant par l'IA. Et cela en prenant en compte des éléments :

- objectifs : ce qu'il est possible de faire, d'automatiser, etc. avec l'IA ;
- subjectifs : ce que l'employé aime faire, ce qui s'intègre facilement dans son contexte quotidien, etc.

La phase de présentation

Dans l'étape d'acculturation, plusieurs cas d'usage de l'IA ont pu être présentés, il s'agit souvent de cas d'usage généraux du quotidien permettant de faciliter l'acculturation. Nous vous conseillons de poursuivre avec des présentations personnalisées par domaines de l'entreprise, et de présenter des cas d'usage concrets directement issus de votre entreprise ou d'entreprises similaires sur lesquels les employés peuvent facilement se projeter. Par exemple, détecter des défauts sur des pièces mécaniques grâce à une analyse d'images réalisée par IA sera très parlant pour un public évoluant dans le domaine industriel, mais probablement moins s'il s'agit d'experts-comptables, qui seront sans doute plus sensibles à des cas d'usage autour de l'écriture automatique de rapports d'audits.

Voilà qui est pour nous révélateur d'un grand principe de la transformation par l'IA : une entreprise ne se transforme pas pour le plaisir de se transformer, mais pour apporter une plus-value à ce qu'elle produit. Cela requiert de votre part de réfléchir, dès le lancement des actions de préparation du public visé, aux éléments que vous voulez lui présenter, mais aussi à la manière dont vous souhaitez qu'il en tire profit et à la façon dont vous mesurerez le succès de cette appropriation. Le Tableau 3.1 présente des exemples illustrant ce point.

Action	Public visé	Éléments de présentation	Objectifs visés	Mesure du succès
S'approprier les technologies d'analyse d'images (détection de défauts, de problèmes…)	Opérateurs industriels, management industriel	Présentation à l'oral de cas d'usage réussis en interne, démonstration d'utilisation et de capteurs utilisés	Faire émerger de nouveaux cas d'usage possibles pour cette technologie dans l'entreprise	Nombre de cas d'usage soumis par le public visé
Mettre à profit les capacités d'écriture d'e-mails liées à l'IA générative	Service commercial	Formation de trois heures sur l'utilisation de l'IA générative pour l'écriture d'e-mails	Permettre aux membres du service commercial de passer moins de temps à l'écriture d'e-mails et de découvrir de nouvelles formulations	Temps passé à l'écriture d'e-mails, taux de lecture et de réponse aux e-mails

Tableau 3.1 Exemples d'actions destinées à présenter l'IA en entreprise.

Une fois que l'entreprise a adopté cet état d'esprit orienté action et résultats pour l'appropriation de l'IA, vous devrez vous préparer au mieux pour réaliser les actions prévues avec les équipes concernées. En fonction de la taille de votre entreprise, les approches peuvent différer :

- Si votre entreprise compte moins de 30 personnes, nous vous conseillons d'adopter une approche **holistique** impliquant tous les collaborateurs autour de sujets communs.
- Si votre entreprise compte entre 30 et 150 personnes, adoptez plutôt une approche progressive par **grandes fonctions ou domaines** de l'entreprise (service commercial, usine, etc.).
- Si votre entreprise compte plus de 150 personnes, nous vous recommandons de recourir à un réseau d'**ambassadeurs** métiers (dont nous parlerons plus en détail dans ce livre). Ces ambassadeurs seront de vrais relais et surtout les rouages nécessaires pour toucher largement les équipes métiers.

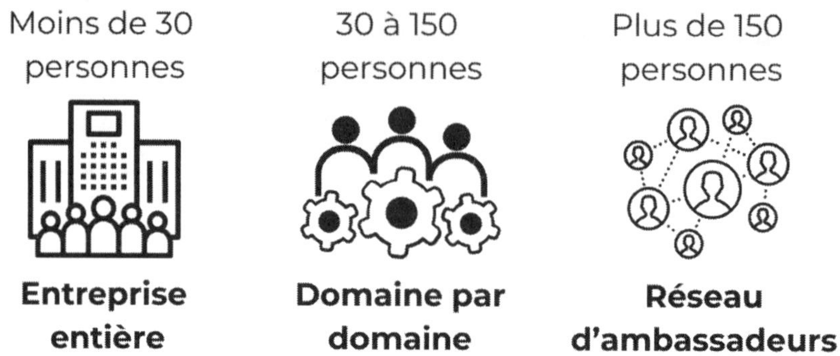

Figure 3.1 Les approches de transformation IA à privilégier en fonction de la taille de votre entreprise.

Il convient ensuite de réunir les éléments nécessaires à la réalisation de la phase de présentation. Pour cela, il s'agit de trouver du contenu existant et prêt à l'emploi sur Internet[1], que vous compléterez avec du contenu plus spécifique en fonction du contexte. Dans ce contenu spécifique, vous traiterez de cas d'usage pertinents pour le public visé, avec des exemples concrets, des témoignages, des résultats obtenus. L'idéal est de pouvoir citer des cas d'usage issus de votre entreprise. À défaut, nous vous conseillons de choisir des cas d'usage tirés des mêmes domaines ou fonctions dans d'autres entreprises similaires. Pour cela, n'hésitez pas à vous rapprocher des clusters d'entreprises ou des pôles de compétitivité propres à votre secteur.

La façon de déployer ces présentations a aussi une grande importance. Nous voyons bien que des salariés en usine et des employés de bureau n'auront ni la même exposition aux ordinateurs, ni les mêmes modes de communication. Ils n'évolueront tout simplement pas dans le même contexte de travail. Il s'agit donc, lorsque vous préparez la présentation de l'IA à vos salariés, de coller au mieux à leur quotidien. Il ne faut pas que cette démarche puisse leur paraître comme « hors-sol », mais plutôt comme s'insérant parfaitement dans leur quotidien. Nous vous suggérons donc de privilégier des formats plus longs, éventuellement en visio, avec des personnes qui sont habituées à travailler à un bureau. Pour le personnel travaillant en usine, vous devez imaginer des formats plus courts, qu'ils peuvent éventuellement consulter à leur poste. Mais comme chaque entreprise est unique, il

1 Rendez-vous sur `https://yakadata.com/ia-pme/` pour obtenir des liens vers des sites, vidéos ou supports de présentation.

convient d'adapter les modes de présentation et d'animation au contexte de vos employés.

La gestion des émotions

Un autre élément doit être pris en considération lorsqu'il est question de transformation technologique : ce sont les émotions, qu'elles soient positives ou négatives. Commençons par les émotions négatives, comme le stress, la peur ou la colère. Depuis l'arrivée de ChatGPT, de nombreuses études alertent sur le nombre de métiers impactés, voire remplacés dans le futur par les technologies d'IA. Ces peurs existaient déjà avant ces études, notamment dans le domaine industriel. Nous pourrions penser que les technologies d'IA sont inéluctables et qu'il faut simplement faire avec ces inquiétudes, mais nous restons convaincus que leur utilisation serait une grande erreur. En effet, imaginez-vous la dernière fois où vous avez eu très peur ou que vous avez été en situation de stress. Vous sentez-vous capable, dans une telle situation, d'assimiler les informations transmises, d'émettre des remarques constructives ou de proposer des solutions pertinentes ? Si vous n'écoutez pas les motifs d'inquiétude, de stress ou de colère de vos salariés, ces derniers ne seront pas réceptifs au message que vous leur présenterez. Pire encore : ils pourront s'opposer à tout projet simplement parce qu'ils n'ont pas le sentiment que l'on accorde suffisamment d'importance à leurs sentiments et à leurs émotions.

Prévoyez donc dès le départ des échanges individuels et collectifs avec les équipes pour écouter, comprendre et expliquer pourquoi on s'intéresse à l'IA et comment sa mise en place est imaginée (quitte à accepter de la remettre en question). Lors de ces échanges, posez des questions ouvertes telles que « Quel est votre ressenti ? », « Comment vous sentez-vous par rapport à ce projet ? » et n'hésitez pas à relancer le sujet. Il est aussi important d'encourager les gens à s'exprimer dans un cadre de confiance dans lequel vous pouvez leur garantir qu'ils ne seront pas jugés.

Une erreur classique consiste à penser que seules les émotions négatives seraient problématiques. Nous avons également noté qu'un excès d'enthousiasme, voire l'impression de « magie » autour de l'IA peut aussi être un élément perturbateur important. Les personnes très motivées sont certes un véritable atout dans la transformation IA des entreprises, mais elles peuvent aussi causer des problèmes si elles font croire aux équipes métiers que tout se passera sans effort de leur part. Elles peuvent aussi mobiliser les équipes data et IA sur de trop nombreux sujets, en les empêchant de se focaliser sur les sujets les plus pertinents pour l'entreprise et ses salariés. Il faut donc dès le départ identifier et canaliser ces énergies liées à des émotions très positives pour qu'elles servent de véritable moteur à l'appropriation de l'IA par les équipes métiers en entreprise.

Comme nous venons de le voir, le passage à l'IA en entreprise demande de bien préparer l'appropriation de cette technologie par ses employés. Bien plus qu'une simple acculturation, c'est un mouvement collectif qui doit se dessiner. Pour cela, il est primordial que vous réalisiez une bonne phase de présentation de l'IA en l'adaptant au maximum à vos équipes et à leur contexte quotidien (aussi bien en termes de support que de format). Il faut aussi prévoir du temps pour identifier, analyser et canaliser les émotions qu'une telle transformation peut provoquer.

3.2 Outillez-vous pour pouvoir tester rapidement des solutions IA en mode Netflix

Afin de présenter au mieux les technologies d'intelligence artificielle aux équipes et de pouvoir rendre rapidement les choses concrètes, un certain nombre d'outils s'avèrent très utiles. C'est ce que nous avons appelé le mode Netflix dans le chapitre précédent, c'est-à-dire un mode où vous pouvez utiliser différents outils avec des fonctionnalités prêtes à l'emploi. Le principal avantage de ce mode est la possibilité de tester très vite les fonctionnalités afin de vérifier leur pertinence. Malheureusement, ces outils sont parfois peu paramétrables et ne permettent pas toujours de réaliser la solution idéale pour votre entreprise. Il faut alors se lancer dans des projets d'IA plus conséquents.

Nous aurions pu nous contenter d'expliquer de façon sommaire les catégories d'outils intéressantes. Mais nous pensons qu'il est important de vous donner des noms d'outils et de vous montrer qu'en quelques étapes, ils permettent de réaliser des tâches d'IA intéressantes. C'est pourquoi, pour chaque outil, nous allons commencer par expliquer son type et son intérêt. Nous listerons ensuite quelques outils de différents éditeurs. Enfin, nous présenterons un exemple concret sous forme de tutoriel pour que vous puissiez évaluer l'intérêt d'un tel outil pour votre activité. Vous ne deviendrez pas des experts de ces outils avec les tutoriels en question, mais vous pourrez identifier ceux pour lesquels vous souhaitez approfondir vos connaissances, avec d'autres ressources spécialisées disponibles sur Internet ou en librairie.

Les outils d'IA générative

Démarrons cette liste par l'outil qui a rendu largement accessible l'IA : ChatGPT. Cet outil développé par OpenAI rend accessible un nombre assez impressionnant de fonctionnalités IA sans avoir à écrire de lignes de code. Bien sûr, dans la même catégorie et en fonction des critères importants pour votre entreprise (sécurité, juridique, etc.), nous suggérons de tester Microsoft Copilot, Google Gemini, Mistral Le Chat, Anthropic Claude ou encore d'autres modèles disponibles via des applications comme Poe. Il faut cependant rester conscient que, dans la plupart des cas, au moins pour les versions gratuites, mais aussi parfois pour les versions payantes, ces outils vont conserver les données envoyées. Il s'agit donc de faire attention à ne pas inclure de données sensibles dans les instructions (ou prompts) utilisées.

Les outils de type LLM (*Large Language Models*, grands modèles de langages) cités dans le chapitre précédent permettent de générer du texte, des images, du code, des documents écrits, audio ou vidéo. Ils peuvent être utilisés pour un panel très large de cas d'usage tels que l'analyse documentaire, l'analyse de messages clients, la génération automatique de documents, la génération de contenu marketing, l'écriture de code source, l'extraction d'informations, etc.

Vous trouverez sur `https://www.futurepedia.io` d'autres outils spécialisés sur des fonctionnalités de niche ; ils reposent tous sur les grands acteurs cités plus haut sur lesquels ont été rajoutées une couche de prompting et des fonctionnalités supplémentaires.

En pratique

Générer un e-mail type avec Le Chat de Mistral.Ai

1. Allez sur `https://mistral.ai/fr/`.
2. Cliquez sur le bouton Le Chat.
3. Créez un compte ou connectez-vous.

→

4. Écrivez le prompt décrivant l'e-mail que vous souhaitez envoyer (voir Figure 3.2).

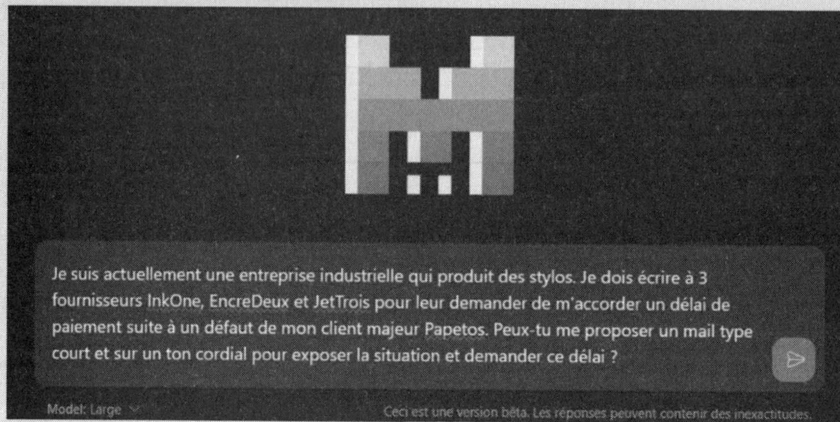

Figure 3.2 Le prompt à saisir.

5. Visualisez la réponse (voir Figure 3.3).

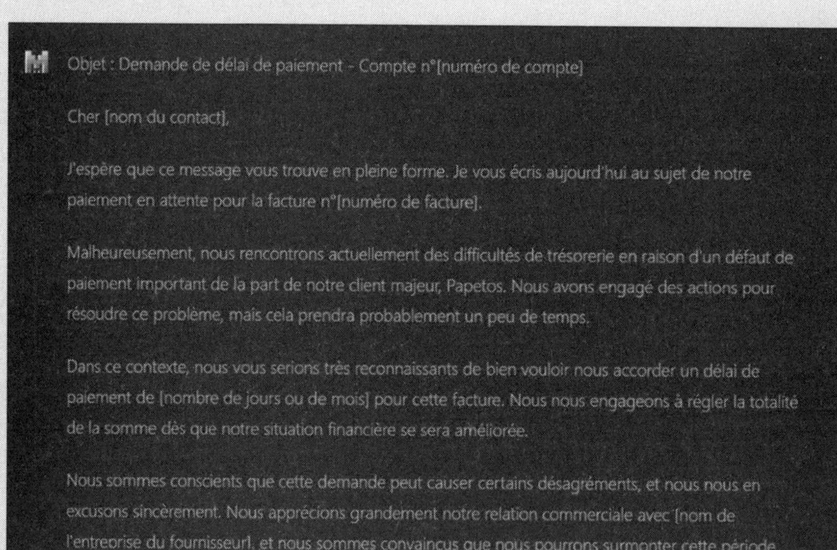

Figure 3.3 La proposition d'e-mail.

Retrouvez cet exemple d'IA générative et d'autres qui suivront sur `https://yakadata.com/ia-pme/`.

Google Teachable Machine

Voici une autre boîte à outils d'IA intéressante à connaître pour pouvoir tester rapidement (et sans avoir besoin de savoir coder) des cas d'usage. En fournissant ou en enregistrant en direct des images, des postures ou des sons triés en plusieurs catégories, Google Teachable Machine va créer un modèle sur son interface en ligne afin de classer correctement de nouveaux éléments. C'est là encore un outil très pratique car il est intuitif et facile à manipuler. L'apprentissage du modèle prend un temps relativement limité et il est même possible d'utiliser la webcam de l'ordinateur pour capturer des images destinées à l'entraînement ou de demander à l'interface de classer ce qu'elle voit en direct. Concernant l'exploitation des données, il est écrit sur le site que ces dernières restent en local tant qu'on ne cherche pas à enregistrer et à diffuser le modèle.

En pratique

Créer une classification d'images avec Google Teachable Machine

1. Allez sur `https://teachablemachine.withgoogle.com/`.
2. Cliquez sur le bouton Commencer.
3. Cliquez sur Projet Images puis sur Modèle d'image standard.

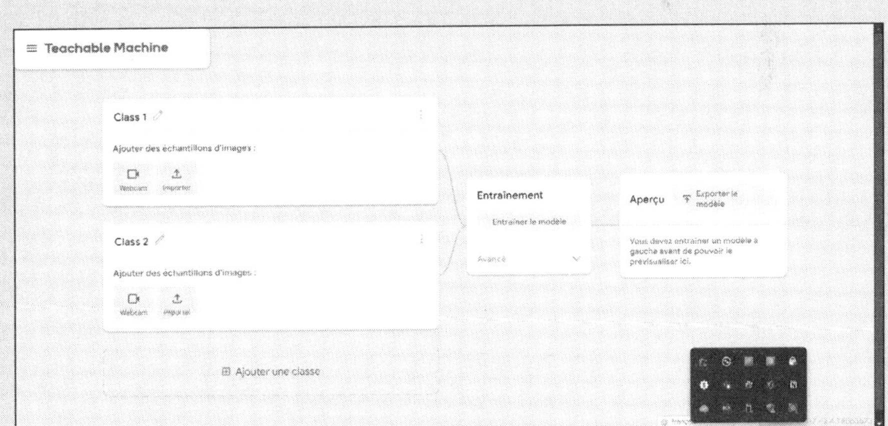

Figure 3.4 Les modèles d'images standards.

→

4. Renommez « Class 1 » en « Main gauche levée » et « Class 2 » en « Mains baissées » puis enregistrez pour chaque classe les images correspondantes depuis votre webcam (Figure 3.4).

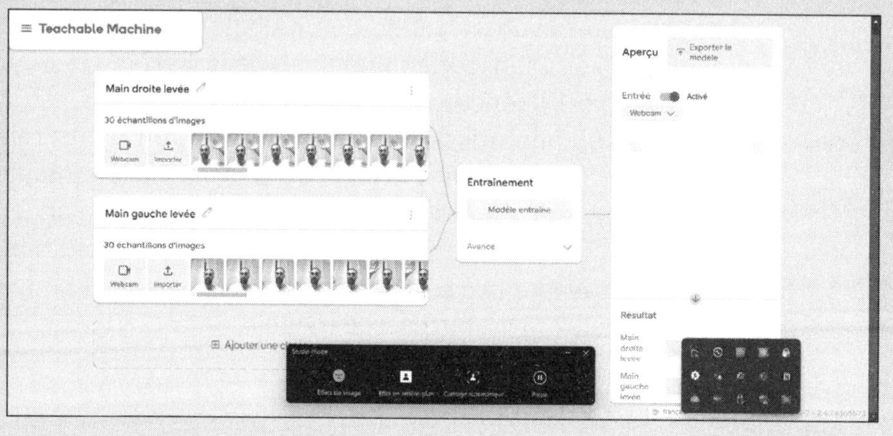

Figure 3.5 Enregistrement d'images depuis la webcam pour chaque classe.

5. Cliquez sur Entraîner le modèle (Figure 3.5).
6. Testez le modèle directement depuis votre webcam (Figure 3.6).

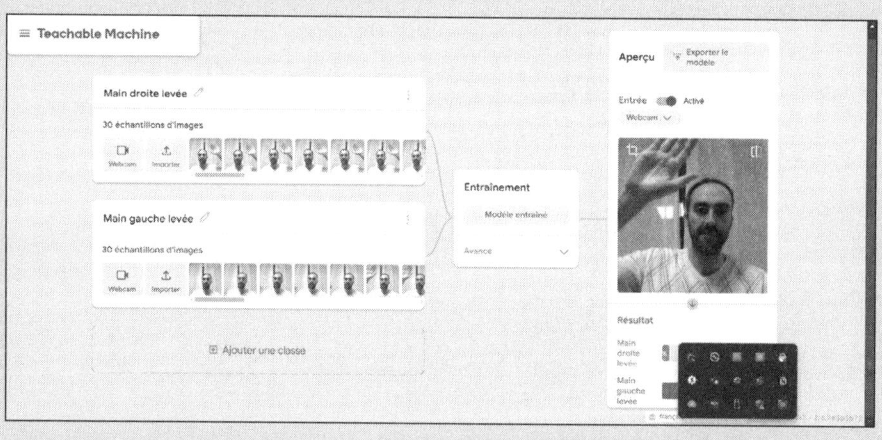

Figure 3.6 Test du modèle avec la webcam.

Retrouvez cet exemple concernant la Google Teachable Machine et d'autres sur le site `https://yakadata.com/ia-pme/`.

Les outils de visualisation de données

Il est important de pouvoir tester rapidement les algorithmes d'intelligence artificielle, mais il ne faut pas négliger la visualisation des données. Pour cela, nous vous recommandons de vous doter d'outils dédiés, parfois appelés « outils de *business intelligence* », comme Microsoft Power BI, Qlik Sense, Tableau, Google Looker ou Zoho Analytics. En fonction des prestataires que vous utilisez, vous y avez peut-être déjà accès. Si ce n'est pas le cas, nous vous conseillons d'opter pour un outil comme Microsoft Power BI Desktop. Ce dernier est gratuit et a pour avantage de vous permettre de garder vos données sur votre ordinateur, de bénéficier des fonctionnalités de Power BI et de pouvoir montrer vos rapports directement depuis votre ordinateur. Il vous sera demandé de souscrire un abonnement uniquement si vous souhaitez publier et partager les rapports que vous aurez réalisés.

Ces outils de *business intelligence* ont une importance toute particulière pour pouvoir tester rapidement vos cas d'usage. En effet, ils sont conçus pour gérer l'aspect visuel. Vous pourrez ainsi très facilement importer des données déjà traitées, faire des liens avec des bases de données et gérer les mises à jour automatiques. Mais leur principal avantage, c'est de pouvoir créer et modifier des rapports presque en direct avec les utilisateurs finaux. Cela permet de s'adapter au mieux à leurs attentes et surtout de pouvoir tester ce qui est vraiment important pour eux à travers une interface conviviale et visuelle.

En pratique

Analyser un fichier Excel avec Microsoft Power BI Desktop

1. Allez sur `https://powerbi.microsoft.com/fr-fr/desktop/`.
2. Téléchargez puis installez Microsoft Power BI Desktop.
3. Ouvrez l'application Power BI Desktop sur votre ordinateur.
4. Sélectionnez Rapport vierge (Figure 3.7).
5. Cliquez sur Obtenir les données puis À partir d'Excel pour sélectionner un fichier Excel à ouvrir.

→

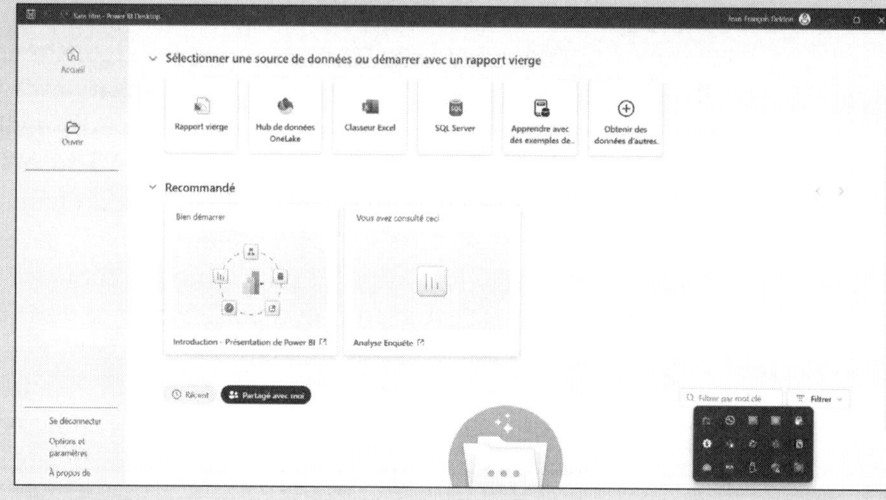

Figure 3.7 Cliquez sur Rapport vierge.

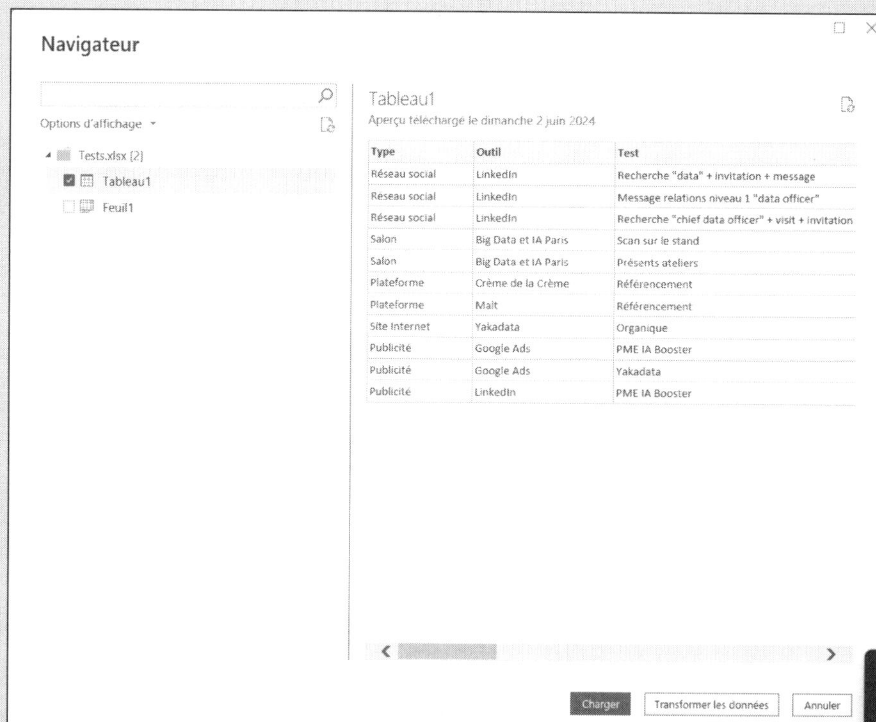

Figure 3.8 Sélection d'un fichier Excel.

6. Sélectionnez Feuil1 et cliquez sur Charger (Figure 3.8).

7. Créez un visuel (par exemple, un tableau) en sélectionnant directement les données que vous voulez afficher dans la colonne Données (Figure 3.9).

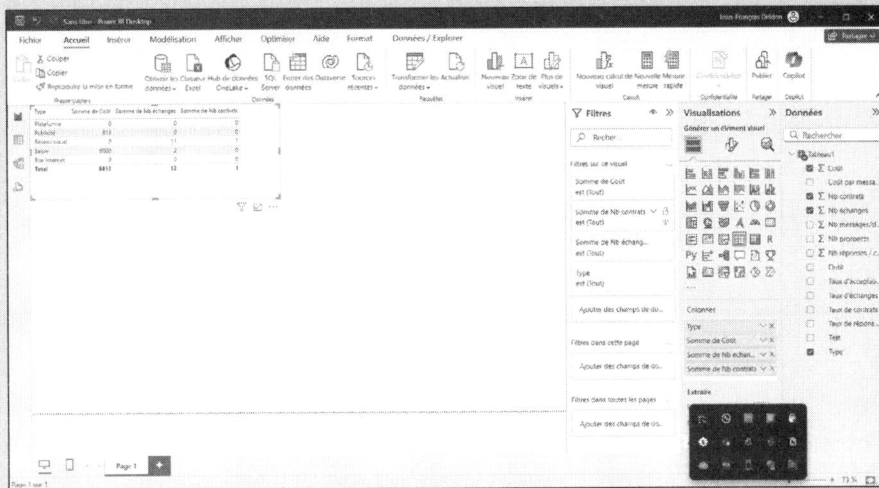

Figure 3.9 Sélection d'un visuel.

Retrouvez le fichier Excel utilisé ici et d'autres exemples pratiques concernant Power BI Desktop sur `https://yakadata.com/ia-pme/`.

Les outils *low code* et *no code*

Il nous semble également très utile de mentionner une autre catégorie d'outils permettant de tester dans les meilleures conditions possibles les cas d'usage IA. Il s'agit des outils permettant de réaliser des applications digitales en *low code* ou en *no code*.

- Les outils *low code* permettent d'écrire une quantité très limitée de code pour rendre l'application fonctionnelle. Généralement, ils proposent une interface dans laquelle vous pouvez directement sélectionner des objets (boutons, listes déroulantes, images, texte, etc.) et les glisser-déposer comme vous le feriez dans des slides de présentation classiques. La partie code consiste alors le plus souvent à implémenter les actions à réaliser lors du clic sur un bouton ou d'une interaction avec un élément de l'application. Parmi les outils *low code*, nous pouvons citer Appian, Mendix, Zoho Creator, Streamlit, Google AppSheet ou encore Microsoft Power Apps.

- Les outils *no code* proposent uniquement de réaliser des interventions via l'interface. Les possibilités d'actions ou d'interactions sont donc plus limitées mais plus faciles à implémenter pour les personnes ne sachant pas coder. Parmi les solutions de ce type, nous pouvons citer Bubble, Webflow, Airtable, Dust ou Framer.

Le choix entre ces différents outils dépendra de votre domaine, de la possibilité de passer par une simple interface Web ou d'avoir recours à des fonctionnalités spécifiques sur téléphone portable, mais aussi de votre budget. Il est à noter que certaines de ces solutions sont gratuites ou proposent a minima une période d'essai gratuite.

En pratique

Une application interactive avec Bubble

1. Allez sur `https://bubble.io/`.
2. Créez un compte ou connectez-vous.

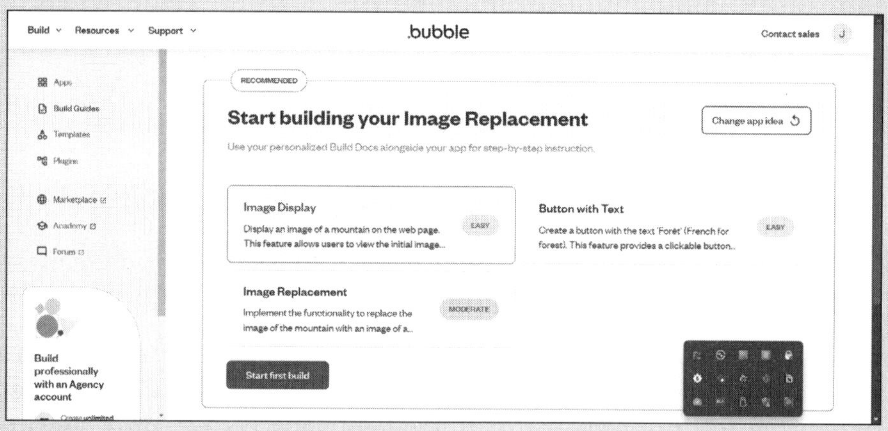

Figure 3.10 La fenêtre de Bubble.

3. Lancez la création de votre première application.
4. Dans la zone « app idea », saisissez « application qui affiche une image de montagne avec un bouton sur lequel est écrit 'Forêt' et qui permet de remplacer l'image de montagne par une image de forêt ».

5. Vous obtenez une liste de tâches pour réaliser l'application.
6. Suivez les étapes proposées pour réaliser le test, puis cliquez sur Preview.

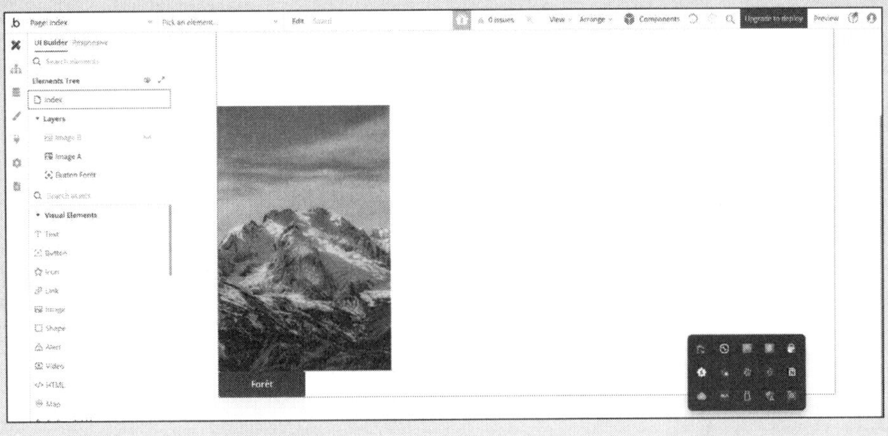

Figure 3.11 Les propositions d'images de Bubble.

Retrouvez cet exemple et d'autres exemples pratiques concernant les outils *no code* sur `https://yakadata.com/ia-pme/`.

Les outils d'orchestration

Enfin, un dernier type d'outils peut être utile en fonction des cas d'usage à tester. Il s'agit des *orchestrateurs* ou *gestionnaires de flux*. Ce sont des outils qui vont pouvoir déclencher des actions sur la base d'un événement spécifique : création d'un fichier dans un dossier, modification d'un document texte, nouvelle entrée de formulaire... Imaginons que vous souhaitiez analyser automatiquement les messages de vos clients. Lorsque l'événement « Nouveau message » est détecté, vous pourriez demander à un orchestrateur de lancer l'application qui va y associer automatiquement l'objet du message et le degré d'urgence et proposer une réponse. Parmi les orchestrateurs les plus connus citons Zapier, Make, Google AppSheet ou encore Microsoft Power Automate. Là encore, faites votre choix en fonction de votre environnement et de vos cas d'usage potentiels. Et n'hésitez pas à tester les versions gratuites de certains de ces outils.

En pratique

Récupération de la météo avec Make

1. Allez sur `https://www.make.com/`.
2. Créez un compte ou connectez-vous.
3. Cliquez sur Create a new scenario.
4. Ajoutez un module Weather avec l'attribut `getCurrentWeather` puis un module `Text Aggregator` affichant « Il va faire `{{1.temperature}}` et `{{1.description}}` »

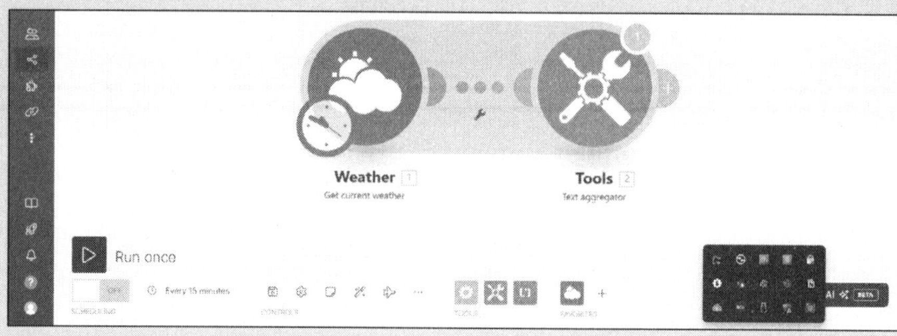

Figure 3.12 La fenêtre de Make.

5. Cliquez sur Run once (Figure 3.12).
6. Ouvrez les détails pour afficher le résultat (Figure 3.13).

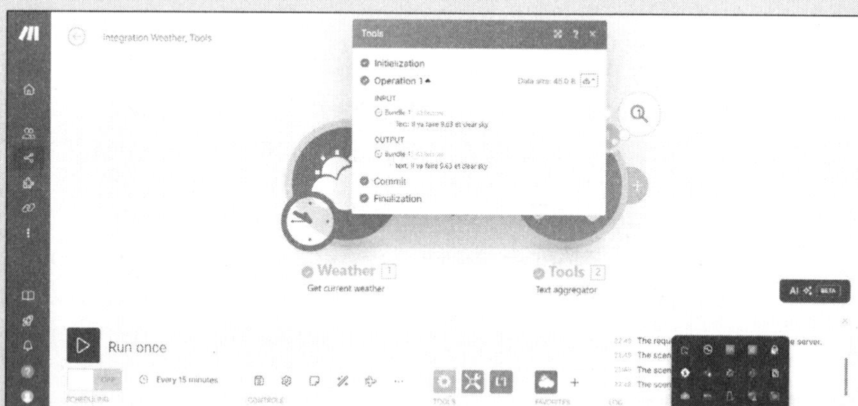

Figure 3.13 Les détails du projet.

Retrouvez cet exemple et d'autres concernant les orchestrateurs sur `https://yakadata.com/ia-pme/`.

3.3 Évaluez la maturité de votre entreprise et de vos employés en matière d'IA

Pour pouvoir tirer profit de l'intelligence artificielle dans votre entreprise le plus rapidement possible, il est important d'identifier votre point de départ. Pour cela, nous vous recommandons d'évaluer la maturité de votre entreprise sur ce sujet. Comme nous l'avons déjà mentionné, la transformation de votre entreprise par l'IA doit être au service de vos activités et de vos équipes. L'évaluation de la maturité en matière d'IA de votre entreprise et de vos employés permet donc de vous concentrer sur les tâches les plus pertinentes et d'engranger rapidement de premières victoires sur le sujet. Entrons dans les détails de cette étape d'évaluation. Il s'agit ici d'analyser trois types de maturité (voir Figure 3.14) :

- la maturité technique et technologique de l'entreprise ;
- la maturité des employés et des dirigeants concernant l'utilisation de l'IA ;
- la maturité de l'entreprise en termes de gestion du changement et de l'innovation.

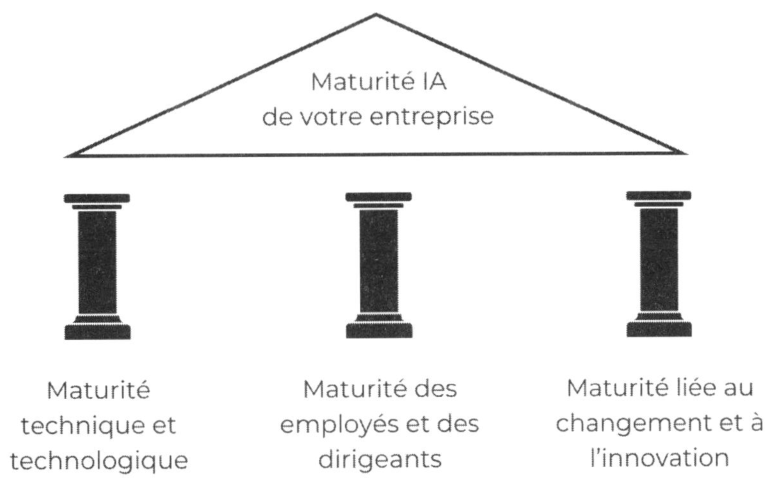

Figure 3.14 Les trois types de maturité permettant d'évaluer la maturité de votre entreprise en matière d'IA.

Datasulting : aider les PME à lever les freins face à l'IA à travers un observatoire et des solutions concrètes

Datasulting est un cabinet de conseil spécialisé dans l'accompagnement des PME sur les sujets liés à la data et à l'IA. Il s'engage à aider ces entreprises à exploiter efficacement leurs données pour stimuler leur croissance. C'est dans cette optique que Datasulting a créé l'Observatoire de la Maturité Data des Entreprises (OMDE), un outil inédit permettant aux entreprises d'évaluer leur maturité en matière de data et d'identifier des axes d'amélioration. L'OMDE propose un questionnaire en ligne pour établir un premier diagnostic et des recommandations personnalisées afin de progresser pas à pas.

Les enquêtes menées par l'OMDE révèlent plusieurs enseignements clés :

- **Une prise de conscience accrue :** en 2024, 88 % des entreprises interrogées sont convaincues que l'exploitation de leurs données améliorera leurs performances. Le positionnement stratégique de la donnée s'affirme également, avec 63 % des entreprises qui envisagent d'en faire un sujet stratégique en 2024, contre 46 % en 2022. Toutefois, seulement 32 % estiment être en capacité d'exploiter correctement leurs données, bien que ce chiffre soit en augmentation par rapport aux années précédentes.
- **Un manque de culture data et IA :** la culture data se démocratise progressivement. En 2024, le nombre de décideurs ayant un faible niveau de connaissances est tombé à 33 %, contre 52 % en 2022. Cependant, 47 % des collaborateurs ont encore un faible niveau de sensibilisation aux sujets data. Cette situation rend difficile la définition d'une stratégie claire et la sensibilisation des équipes.
- **Des ressources limitées :** le manque de temps, de compétences et de budget freine l'exploitation des données pour une entreprise sur deux, tandis que seulement une PME/ETI sur quatre accompagne ses collaborateurs avec des actions de formation.
- **La qualité des données :** une entreprise sur deux n'assure pas le suivi de la qualité de ses données, et 20 % des répondants accordent une confiance très limitée à cette dernière.
- **Une stratégie data :** les outils de *business intelligence* (BI) continuent de se déployer, avec 41 % des entreprises les utilisant en 2024 contre 40 % en 2023. L'utilisation d'entrepôts de données connaît également une hausse, passant de 21 % en 2023 à 28 % en 2024, un net marqueur de l'évolution de la maturité en matière de data des entreprises.

Au-delà de l'Observatoire, Datasulting a déjà accompagné plusieurs PME pour lever les freins potentiels. Par exemple, il implique les équipes métiers à travers des ateliers et des conférences pour lutter contre le manque de culture en matière de

→

data et d'IA. Il a également aidé plusieurs PME à trouver des sources de financement (Bpifrance, OPCO, EDIH en Occitanie). Cela permet notamment de réaliser des « quick wins », comme la mise en place d'un premier tableau de bord financier. En ce qui concerne la qualité des données, Datasulting travaille avec ses clients en plusieurs étapes : sensibilisation via des masterclass, travail collaboratif pour faire émerger les difficultés d'exploitation de données, mise en place de plans de suivi et d'amélioration.

Pour tester la maturité en matière de data de votre PME, rendez-vous sur le site en ligne de l'observatoire : `https://observatoire-data.fr/`.

La maturité technique et technologique

Pour pouvoir réaliser des cas d'usage utilisant des algorithmes d'IA dans votre entreprise, il faudra utiliser les ressources techniques adéquates. C'est précisément pour cela que l'évaluation de la maturité technique et technologique de l'entreprise est importante. Nous conseillons de commencer par vérifier si votre entreprise utilise déjà des outils de type SaaS (*Software as a Service*), qui permettent d'utiliser des fonctionnalités directement depuis une interface Web. Ils mobilisent des serveurs informatiques distants appartenant au fournisseur du services en question. Ensuite, nous proposons d'analyser l'environnement informatique de votre entreprise : serveurs informatiques, suites logicielles, applications mobiles courantes, etc. À la fin de cette évaluation, vous devriez avoir un aperçu clair de toutes les ressources actuellement utilisées (voir Figure 3.15 pour un exemple réalisé dans un cabinet comptable). Vous devriez aussi pouvoir facilement identifier celles qui peuvent être mises en œuvre pour tester et déployer des solutions reposant sur l'IA. Il est pertinent dans cette phase d'identifier des outils permettant des tests rapides. Par exemple, de plus en plus d'outils intégrés dans des suites logicielles permettent de réaliser de la retranscription audio ou manuscrite (pour de la prise de notes notamment). Citons également l'intégration de plus en plus fréquente de chatbots fondés sur l'IA générative dans de nombreux outils déjà existants et installés en entreprise, y compris des outils de bureautique. Connaître ces outils vous permettra de gagner du temps sur les tests ou l'intégration concrète de l'IA dans votre entreprise.

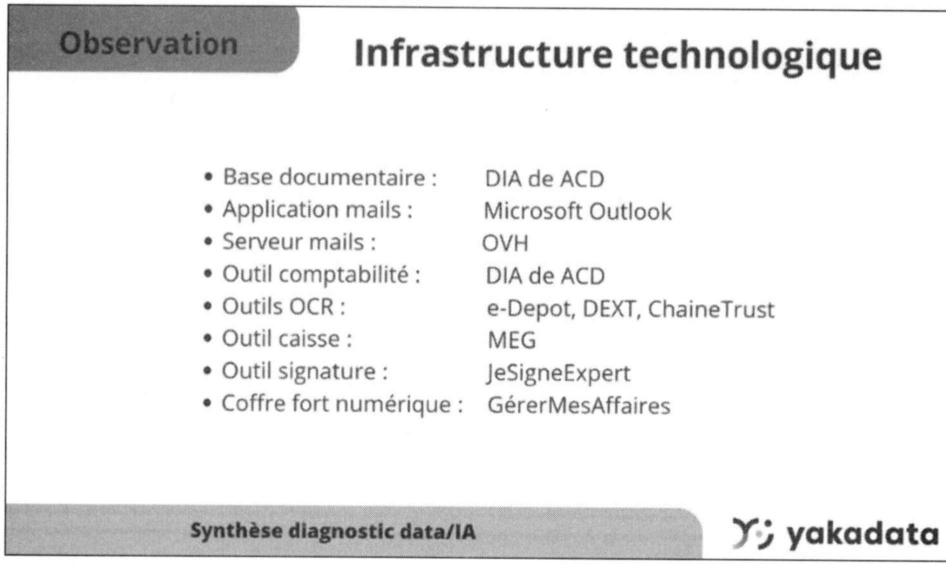

Figure 3.15 Exemple d'analyse des outils existants pour les grands processus d'un cabinet comptable.

La maturité des employés et des dirigeants

Abordons maintenant le sujet de la maturité des employés et des dirigeants en matière d'intelligence artificielle. Bien trop souvent, l'IA est perçue en entreprise de façon erronée. Certains s'imaginent que c'est quelque chose de très compliqué, avec des outils certainement difficiles à maîtriser et à appréhender. D'autres peuvent penser à l'opposé que l'IA doit être très facile à déployer car elle est déjà utilisée par beaucoup d'applications en libre accès. La vérité se situe en réalité entre les deux. En effet, même si les algorithmes d'IA sont des programmes complexes qui peuvent parfois nécessiter des infrastructures informatiques élaborées, tout l'enjeu de l'adoption de cette technologie consiste à l'intégrer à des interfaces simples à utiliser. De plus, les tâches remplies par ces algorithmes sont le plus souvent assez simples à comprendre, même si la complexité des algorithmes et de leur fonctionnement n'est pas maîtrisée. D'un autre côté, nous considérons qu'il est nécessaire pour les utilisateurs d'outils d'IA de connaître quelques fondamentaux. Cela permet d'éviter de croire que l'IA est « magique » et qu'il est facile de réaliser de tels outils ou de les adapter à de nouveaux contextes. Il est donc important d'évaluer dès le départ le degré de connaissance des employés et des dirigeants en matière d'IA. Il sera ainsi possible de définir les éléments d'information et de communication qu'il faudra apporter pour les différents projets afin de maximiser leurs chances de réussite, mais aussi pour créer des attentes réalistes de la part des différents acteurs.

Autre point important à ne pas négliger ici : la gestion des émotions dont nous avons déjà parlé (voir « La gestion des émotions » plus haut dans ce chapitre). Tout comme la robotisation a été à l'origine de l'évolution de beaucoup d'emplois en usine, l'IA transforme énormément les manières de travailler et va probablement induire des modifications d'un certain nombre d'emplois existants. Or, cet aspect touche profondément au sentiment de confort et de sécurité des personnes dans leur poste. Il est donc nécessaire de bien comprendre leur état d'esprit et leurs émotions sur le sujet. Certains pourront être heureux et enjoués car leur tempérament fait qu'ils apprécient le changement, y compris celui induit par les nouvelles technologies. Ils sont volontaires pour participer au changement de leur poste de travail. Parfois, ils auront même commencé à utiliser la technologie sans forcément l'avoir mentionné à leur hiérarchie. Vous devez clairement identifier et accompagner ces personnes-là. À l'extrême inverse, d'autres salariés pourront exprimer un profond sentiment de peur, voire de rejet. Il est très important de pouvoir identifier ces émotions afin de les traiter au mieux. Ne pas les déceler et ne pas en parler ne fera que courir un risque plus grand aux différents projets que vous lancerez autour de l'IA. Nous ne parlons bien évidemment pas ici de montrer du doigt les personnes qui ressentent de la peur, mais bien d'identifier l'existence de telles émotions, de prévoir d'en parler avec les équipes et d'en comprendre les causes pour que vous puissiez gérer cet aspect dans vos projets d'IA.

Parmi les membres d'une entreprise, les managers appartiennent à une catégorie à laquelle il faut particulièrement faire attention. Dans certains cas, il faut y ajouter les leaders d'opinion locaux. En usine, cela correspond souvent à des personnes expérimentées, bien connues des autres et dont la parole est écoutée. Pour illustrer cela, prenons un exemple provenant d'une usine d'un grand groupe. Un plan de transformation data et IA y avait été décidé. Or il se trouve qu'un des managers très respecté et écouté de l'usine n'en voyait pas l'intérêt. Les efforts fournis par les agents de l'usine étaient donc assez faibles et la transformation n'avançait pas. Un jour, une personne de l'équipe de transformation data a échangé avec le manager en question, identifié un sujet qui lui tenait à cœur et réussi à le mettre en place rapidement avec des résultats tangibles. Cela a définitivement convaincu le manager en question de la pertinence de la transformation. Et très rapidement, l'usine en question est devenue l'usine la plus à la pointe en termes de transformation data de l'ensemble du groupe. Cela confirme donc l'intérêt, lors de l'évaluation de la maturité de l'entreprise en matière d'IA, d'identifier les personnes clés à embarquer dans la transformation et leur état d'esprit vis-à-vis de celle-ci. De plus, comme nous avons pu le voir à de nombreuses reprises, l'engagement des dirigeants de l'entreprise et leur exemplarité dans l'adoption des technologies d'IA est un élément moteur pour la réussite de votre transformation par l'IA. Pour faciliter ce travail, vous pouvez avoir recours à des outils classiques comme la carte d'influence (voir Figure 3.16) qui permet de se poser la question de l'impact et du positionnement des acteurs clés. Cela vous permettra de mieux identifier les modes d'interaction les plus pertinents avec ces personnes.

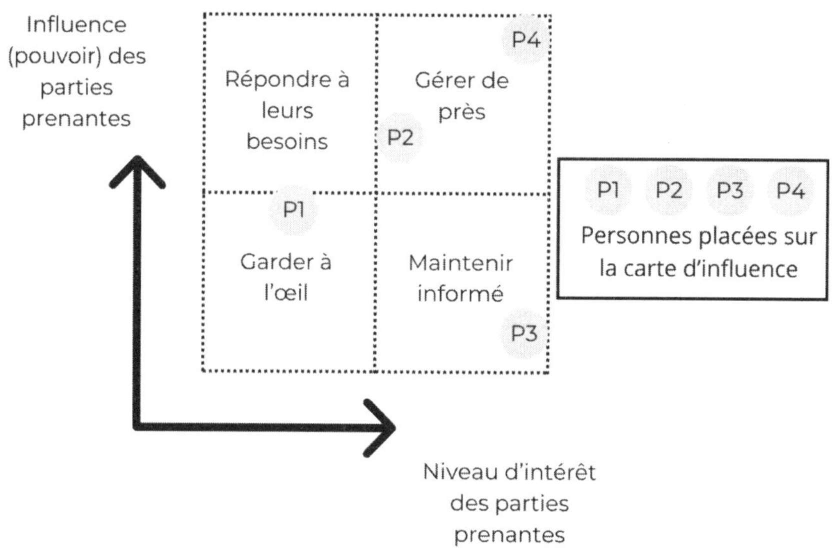

Figure 3.16 Exemple de carte d'influence permettant de cartographier les différents acteurs de votre transformation IA.

La maturité liée à l'innovation et à la gestion du changement

Abordons maintenant l'évaluation de la maturité de l'entreprise en matière de gestion du changement et d'innovation. Cet aspect est très important car utiliser l'IA pour votre entreprise, ce n'est pas comme mettre en place Excel, puis déployer des formations standards. Il s'agit là de réimaginer les postes de travail avec l'aide de systèmes qui peuvent être très divers : analyse vocale, prévisions des stocks, complétion de texte, écriture automatique de documents, reconnaissance de défauts de produits dans des images, etc. Pour pouvoir mettre tout cela en place, il faut que votre entreprise ait une capacité à changer et à innover. La notion d'innovation est aussi importante. En effet, dans le cadre de l'IA, il existe une forte incertitude sur les résultats réels qui seront obtenus (liée à des doutes et au caractère inexplicable de certains algorithmes). Pour réussir dans cet environnement incertain, nous sommes persuadés que la meilleure chose à faire est d'adopter un état d'esprit et des méthodologies utilisées en innovation.

La question qui suit immédiatement est donc celle de l'évaluation de la maturité de l'entreprise sur ces aspects liés au changement et à l'innovation. Pour ce qui est de l'aspect changement, le nombre d'employés est un premier facteur. En effet, il est souvent plus facile de faire bouger quelques personnes que plusieurs milliers. Ensuite, une bonne façon de procéder consiste à regarder si des changements ont déjà été effectués et comment cela s'est passé. Ces changements peuvent être liés à l'activité en elle-même, mais aussi notamment aux aspects environnementaux ou numériques. Cela permet de savoir si les équipes sont prêtes à absorber des changements et à en tirer des enseignements. Concernant l'aspect innovation, il faut évaluer la capacité des personnes à sortir du cadre traditionnel, à agir par itérations successives, etc. Il est possible d'analyser le sentiment des personnes par rapport à ces deux aspects en envoyant des questionnaires.

Sur une échelle de 1 à 10, à quel point appréciez-vous l'intégration de nouvelles technologies au sein de votre travail ?

Note de 1 à 10 | Pourquoi ?

Sur une échelle de 1 à 10, à quel point appréciez-vous l'intégration de nouvelles technologies chez vous ?

Note de 1 à 10 | Pourquoi ?

Sur une échelle de 1 à 10, comment avez-vous ressenti le dernier gros changement qu'il y a eu sur votre poste de travail ?

Note de 1 à 10 | Pourquoi ?

Figure 3.17 Exemple de questionnaire simple destiné à évaluer le sentiment des salariés sur le changement et l'innovation.

L'analyse des résultats permettra de savoir comment se positionnent vos équipes sur les deux aspects. Mais nous recommandons vivement de ne pas vous limiter à ces questionnaires et de récolter des informations factuelles et tangibles sur les capacités de changement et d'innovation en analysant des projets de transformation déjà réalisés. Si nous récapitulons tous les éléments, nous aboutissons au Tableau 3.2.

Type d'évaluation	Comment l'évaluer ?
Maturité technique et technologique	• Analyser les outils SaaS de l'entreprise. • Analyser l'architecture informatique. • Identifier les outils de data visualisation ou d'IA déjà présents.
Maturité des équipes et des dirigeants	• Identifier la maturité data et IA des personnes à travers des échanges ou des questionnaires. • Identifier les émotions (peur, doutes, joie, etc.) via des échanges. • Identifier les personnes influentes, managers ou non, et échanger avec elles pour connaître leur état d'esprit.
Maturité en termes de changement et d'innovation	• Identifier des changements effectifs ou en cours et analyser les éléments réussis et les échecs. • Envoyer des questionnaires aux équipes à propos du changement ou de l'innovation.

Tableau 3.2 Évaluation de la maturité de l'entreprise et de ses employés en matière d'IA.

3.4 Identifiez des sponsors et des ambassadeurs

Pour préparer au mieux l'intégration de l'intelligence artificielle dans votre entreprise, il ne suffit pas de vous outiller correctement et d'avoir évalué la maturité de votre entreprise et de vos employés. Comme cela a déjà été mentionné, il faut aussi veiller à embarquer correctement les personnes. Cette tâche peut sembler simple au premier abord, et ce d'autant plus si l'on est persuadé qu'il s'agit uniquement pour cela de bien gérer les aspects communication et formation des employés. Mais la réalité est toute autre, et peut se décliner de différentes façons selon la taille de l'entreprise, son organisation hiérarchique, son degré de responsabilisation, etc. C'est dans ce cadre que nous allons aborder dans cette section les rôles de *sponsor* et d'*ambassadeur* et proposer des moyens pertinents pour identifier ces acteurs dans votre entreprise.

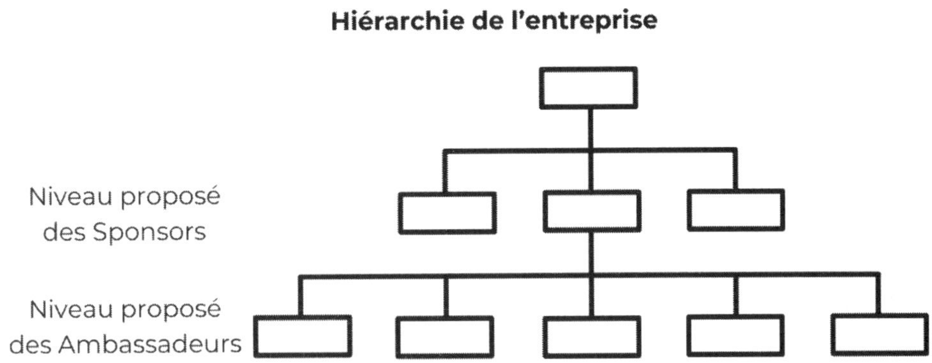

Figure 3.18 Positionnement hiérarchique typique des sponsors et des ambassadeurs en entreprise.

Les sponsors

Un *sponsor* de la démarche de transformation IA de l'entreprise occupe un positionnement hiérarchique significatif et accepte la mission consistant à soutenir cette démarche. C'est une personne qui devra s'engager à tout mettre en œuvre pour que le projet réussisse et qui sera en capacité d'agir sur plusieurs leviers (financiers, humains, organisationnels, etc.) pour permettre la réalisation de la transformation. Dans de petites organisations, il s'agira le plus souvent du dirigeant lui-même. Dans des organisations de taille intermédiaire, il pourra s'agir d'un directeur d'atelier ou d'usine dans le milieu industriel ou encore d'un directeur régional, d'un directeur des opérations ou d'un directeur de département dans d'autres domaines. Dans les grandes organisations comme les multinationales, nous pensons qu'il est nécessaire d'avoir plusieurs types de sponsors : au niveau de l'entreprise entière, par exemple des membres du comité exécutif, mais aussi des sponsors intermédiaires comme des directeurs de zone géographique ou de *business units*. Pour assurer la réussite des projets d'IA de l'entreprise, ces sponsors, devront également être exemplaires dans l'utilisation des outils qui en découlent, et vous devrez donc bien les choisir et les accompagner.

Mais comment identifier les sponsors au sein de votre entreprise ? Comme nous venons de l'expliquer, l'identification des sponsors se fait parmi les personnes disposant de leviers de décision importants pour l'entreprise. Vous devez choisir des sponsors qui sont en mesure de débloquer des budgets, du temps pour les équipes, ainsi que d'autres ressources nécessaires à la réalisation des projets d'IA. Cela ne signifie toutefois pas qu'il faille choisir par défaut la personne ayant le plus haut statut hiérarchique. En effet, l'un des éléments clés du choix est que cette personne ait la conviction que l'IA peut apporter de réels gains à l'entreprise. Il faut donc que vous identifiez les personnes qui sont le plus intéressées par ces technologies. Certains individus se démarquent naturellement car ils parlent régulièrement du sujet en réunion. Il s'agira alors d'identifier les salariés qui présentent le plus grand intérêt sur le sujet au cours d'échanges individuels de 15 à 30 minutes. Une fois identifié et validé, le sponsor devra être assidu à sa mission et ne l'arrêter que si vous trouvez ensemble un autre sponsor pertinent pour la poursuivre.

Les ambassadeurs

Parlons maintenant d'un autre rôle important dans une transformation IA : les *ambassadeurs*. À la différence des sponsors, les ambassadeurs sont plutôt positionnés au cœur même de vos équipes opérationnelles et ont assez rarement la capacité de mobiliser des ressources supplémentaires sur le projet d'IA. En revanche, ils doivent avoir un vrai rayonnement auprès de leurs coéquipiers, et avoir le désir de les aider à découvrir l'IA. Ce sont par exemple eux qui pourront répondre aux questions quotidiennes de leurs collègues. Ce sont aussi eux qui pourront faire remonter des cas d'usage, des inquiétudes ou des questions provenant directement des équipes opérationnelles. Nous vous suggérons également très fortement de « sanctuariser » une partie de leur temps de travail sur les sujets d'IA. Nous voulons dire par là qu'il faut que les ambassadeurs IA, qui sont avant tout des salariés travaillant dans une équipe dédiée, puissent passer officiellement une partie de leur temps sur les sujets d'IA. Il ne faut pas juste ajouter une charge de travail supplémentaire à leur journée de travail, qui peut déjà parfois être bien remplie. Par ailleurs, et nous en reparlerons dans la suite de cet ouvrage (aux Chapitres 4 et 7), les ambassadeurs doivent avoir un accès privilégié aux dernières actualités, outils et processus concernant l'IA. Des sessions de formation et de communication spécifiques dédiées doivent être mises en place pour assurer la réussite de la démarche.

Une fois défini ce rôle d'ambassadeur IA, comment identifier ces personnes ? Encore une fois, la démarche à adopter et le nombre d'ambassadeurs nécessaires dépendront de la taille de l'entreprise. Si votre organisation comporte moins de vingt salariés, un ambassadeur peut suffire, même s'il traite avec des personnes de différents métiers. Au-delà de vingt salariés, nous vous conseillons de réfléchir à la possibilité d'en trouver au sein de plusieurs métiers. Si l'on en croit certains articles[2], nous pourrions imaginer qu'un ratio d'un ambassadeur pour dix employés serait l'idéal pour la transformation. Ce ratio étant difficile à atteindre dans la réalité, nous vous suggérons plutôt d'essayer de trouver un ambassadeur pour vingt à trente employés. Ce ratio permet en effet de conserver une visibilité et une proximité fortes des ambassadeurs avec les équipes pour être au plus proche du terrain. Pour les trouver, notre recommandation est simple : choisissez les personnes les plus motivées ! Cette recommandation s'oppose frontalement à une pratique courante que nous avons pu observer : celle de nommer les ambassadeurs. Cela fonctionne le plus souvent assez mal car, comme nous l'avons vu, une bonne partie de la mission des ambassadeurs consiste à animer leur communauté de métier autour des sujets d'IA. Si la personne n'a pas l'engouement et la motivation nécessaires, cela se ressentira et elle n'arrivera pas à embarquer ses collègues dans la transformation. Pour identifier les personnes les plus motivées, une méthode nous semble particulièrement pertinente. Elle consiste par commencer par organiser des réunions de sensibilisation/information ouvertes à tous (en webinaire ou en présentiel). Ensuite, il faut identifier les personnes présentes ou celles qui prennent la parole pour poser des questions. Une fois ces individus identifiés, contactez-les pour leur parler du rôle d'ambassadeur et échanger avec elles. S'ils ont participé aux événements ouverts à tous, se sont exprimés et ont confirmé leur intérêt pour le sujet, cela indique qu'ils ont déjà de bonnes prédispositions pour devenir ambassadeurs. Il s'agira ensuite pour vous de vérifier leurs compétences techniques sur le sujet et de leur apporter des éléments d'information ou de formation nécessaire pour les rendre à l'aise dans cette mission. Comme vous pouvez le constater, le fait d'identifier les ambassadeurs et d'animer le réseau correspondant est une tâche importante et qui peut prendre du temps. Nous recommandons donc de bien prendre cet aspect en considération lors de la construction du budget des projets d'IA et des temps correspondants alloués.

---

2 https://www.hbrfrance.fr/chroniques-experts/2019/09/27890-il-suffit-de-10-des-collaborateurs-pour-changer-toute-lentreprise/#:~:text=Il%20suffit%20de%2010%25%20des%20collaborateurs%20pour%20changer%20toute%20l'entreprise,-Par%20Paule%20Boffa&text=Pour%20porter%20une%20%22transformation%20virale,convictions%20contagieuses%20des%20plus%20engag%C3%A9s.

Pour terminer, il est à noter que cette notion d'ambassadeur peut également s'appliquer pour l'utilisation de solutions IA auprès de clients. Dans ce cas précis, il est possible de considérer ces clients ambassadeurs IA comme des testeurs en avant-première de certaines fonctionnalités. Ces personnes s'engagent à répondre « présent » lorsque vous leur demanderez leur avis sur de nouvelles offres ou de nouveaux produits que vous développerez. De la même façon que pour des ambassadeurs internes, vous pourrez prévoir pour eux un certain nombre d'animations comprenant au moins des communications ou des formations sur les sujets IA.

3.5 Préparez votre budget et étudiez les financements possibles

Comme vous l'imaginez, réaliser des projets d'intelligence artificielle a un coût. Ce dernier dépend des technologies utilisées et du niveau de personnalisation requis lors de leur implémentation. Cela va bien sûr aussi dépendre de la maturité des technologies d'IA sur le sujet à traiter. Par exemple, les outils de traduction qui sont très standardisés aujourd'hui vont avoir un coût très faible. En revanche, pour une technologie qui reste compliquée à mettre en œuvre par IA au moment où nous écrivons cet ouvrage (à l'été 2024), comme la capacité à séparer ce que disent plusieurs interlocuteurs dans une conversation audio, il faudra prévoir un budget à la fois de recherche et de développement. Pour vous aider à faire face aux différents coûts, qu'il s'agisse de l'identification des cas d'usage les plus pertinents pour votre entreprise ou leur mise en place, nous allons voir quels financements sont disponibles.

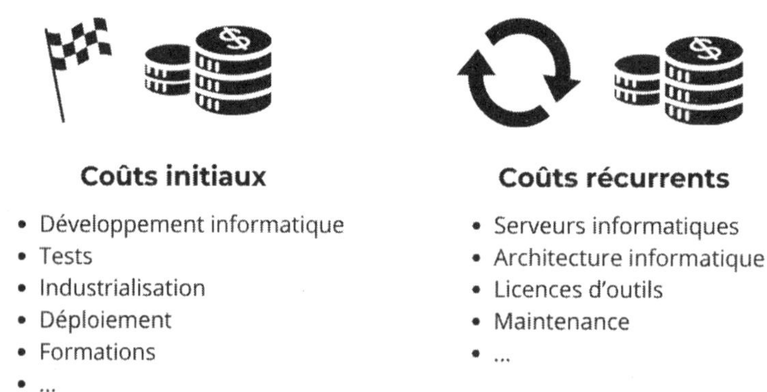

Figure 3.19 Les coûts fixes et récurrents de la transformation IA.

Les coûts à prévoir

Il faut distinguer différents types de coûts :

- tout d'abord, les coûts initiaux liés à l'identification des cas d'usage pertinents, aux développements informatiques, à l'intégration, à la préparation des données ou encore au développement de l'interface applicative ;
- ensuite, les coûts récurrents : licences de logiciels ou services utilisés, serveurs, maintenance des capteurs, etc.

Il est important de préparer un premier budget en prenant en considération ces différents aspects.

Pour ce qui est de l'identification des cas d'usage IA pertinents pour votre entreprise, si vous souhaitez être accompagné sur ce sujet, le budget dépendra du périmètre à couvrir. En général pour une entreprise de moins de 250 personnes, et pour une recherche de cas d'usage IA globale incluant des échanges avec les employés, une phase de recherche sur votre secteur et des ateliers d'idéation, cela représente moins d'une dizaine de jours de consultants externes, soit un montant compris entre 3 000 et 15 000 € en fonction de la taille et de la complexité organisationnelle de votre entreprise. Ce montant peut éventuellement être plus faible si vous spécifiez l'identification de cas d'usage sur un seul domaine ou si vous réalisez certaines parties de l'analyse par vous-même. Nous verrons qu'une telle démarche peut être financée, sous conditions, par Bpifrance dans le cadre d'un programme appelé « IA Booster France 2030 ».

Parlons maintenant des coûts initiaux. Vous devez y intégrer les coûts de développement, mais aussi les coûts matériels potentiels comme les capteurs à intégrer, les serveurs à acheter, etc. Le prix des capteurs dépend beaucoup de ceux qu'on choisit et de ce qu'on veut mesurer. Il va le plus souvent de quelques euros à plusieurs centaines d'euros. À noter qu'il peut parfois être intéressant de préférer mettre une caméra qui va permettre d'analyser avec l'IA la position de produits ou d'objets plutôt que d'installer de nombreux capteurs. En ce qui concerne les coûts associés au développement, là encore le prix peut beaucoup varier. Vous pouvez voir dans le Tableau 3.3 des exemples de coûts approximatifs à prévoir pour les phases de prototypage, puis de déploiement de cas d'IA en fonction de la maturité des technologies à utiliser. Ces coûts sont calculés en prenant en compte le recours à un consultant externe. Autre solution envisageable : accueillir un stagiaire ou un alternant pour réaliser les premiers prototypes ou déploiements. Ce peut être un bon premier pas pour vous lancer.

Technologie	Coût du prototypage	Coût de déploiement	Coût total
Standard et déjà maîtrisée	5 000 €-15 000 €	10 000 €-30 000 €	15 000 €-45 000 €
Exploratoire (IA générative, son, vidéo, etc.)	15 000 €-35 000 €	30 000 €-65 000 €	45 000 €-100 000 €

Tableau 3.3 Coûts approximatifs de développements IA selon les phases du projet.

Comme nous l'avons mentionné, vous aurez également des coûts récurrents à prendre en considération. À titre d'exemple, concernant l'IA générative, un abonnement à Microsoft Copilot, Google Gemini ou ChatGPT Team d'OpenAI coûte (à l'été 2024) entre 20 et 35 € par mois et par utilisateur. Si votre entreprise compte cent salariés qui doivent utiliser une telle technologie, prévoyez un budget de 2 000 à 3 500 € par mois en coûts récurrents. N'oubliez pas de compter ces coûts récurrents afin de ne pas être surpris une fois votre cas d'usage IA déployé. Peuvent s'y ajouter les coûts liés à l'utilisation de serveurs, à la maintenance de capteurs, etc. Notez toutefois que vous pouvez peut-être pour cela mobiliser des ressources que vous possédez déjà. En effet, nombreuses sont les entreprises qui utilisent déjà des serveurs ou des technologies OVH, Microsoft, Google ou Amazon sur lesquels il est possible de faire fonctionner certaines briques que vous développerez sans augmenter le coût pour l'entreprise.

Les financements possibles

Plusieurs financements existent en France pour intégrer l'IA à son entreprise. Des organismes tels que Bpifrance, le Hub France IA ainsi que des régions telles que l'Île-de-France ou le Grand Est proposent des dispositifs pour accompagner les PME afin d'identifier les cas d'usage et/ou les réaliser selon les cas. Le programme IA Booster France 2030 s'adresse tout particulièrement à vous si vous travaillez dans une PME qui compte entre 10 et 2 000 salariés, qui existe depuis plusieurs années et qui réalise plus d'un million d'euros de chiffre d'affaires. Il pourra vous permettre d'obtenir des subventions de 50 % sur les phases d'identification et déploiement de sujets IA. Le programme se décompose en quatre étapes, telles que décrites sur la fiche de présentation (voir Figure 3.20).

	1 SENSIBILISATION ACCULTURATION	2 DIAGNOSTIC DATA IA	3 CHOIX DE L'APPROCHE IA	4 MISE EN ŒUVRE
Objectifs	• Accélérer la prise de conscience des dirigeants d'entreprise de l'intérêt de l'adoption de l'IA • Favoriser la montée en compétence des dirigeants sur le sujet	• Evaluer les pistes de développement à partir de l'exploitation des données • Cadrer les conditions de mise en œuvre d'un projet stratégique de rupture : développement d'un nouveau business model, de nouveaux produits/services • Identifier un ou plusieurs cas d'usage et définir un plan d'action	• Réaliser l'étude de faisabilité des solutions IA pertinentes au regard des besoins identifiés • Fournir des éléments d'aide à la décision entre développement interne et recours à une solution disponible sur le marché • Établir le plan de mise en œuvre et évaluer risques et impacts	Être accompagné dans le développement de la solution IA ou dans le déploiement opérationnel de la solution IA identifiée
Modalités	• Parcours de e-learning • Autodiagnostic IA • Webinaires • Evènements / communication	• Diagnostic Data Intelligence Artificielle (10 J/H)	• Mission de 10 J/H encadrée par un responsable conseil Bpifrance	• Financement de prestations intellectuelles uniquement • Modalités de déploiement à définir
Cibles	• Toutes entreprises, avec une priorité aux PME et ETI	• PME et ETI françaises de tout secteur • Entre 10 et 2000 salariés • CA > 1 M € et > 3 ans d'existence		• PME & ETI en sortie de phase 3
Coût et taux de subvention	• Gratuit	• 13 000€ HT, subventionnés à 50%	• 13 000€ HT, subventionnés à 50%	• 30 000 € HT maximum subventionnés (sur devis)
Prix entreprise	• Gratuit	• 6 500 € HT	• 6 500 € HT	• 50% du montant

bpifrance

Programme IA Booster France 2030 tel que décrit par Bpifrance en octobre 2024, sous réserves d'évolutions

Figure 3.20 Les différentes étapes du programme IA Booster France 2030.

Témoignage

Thierry Benchetrit, directeur du digital chez B:bot : un stagiaire, puis des missions équilibrées par des gains sur les capteurs

B:bot est un fabricant de machines qui servent au recyclage des bouteilles en plastique. Ces machines sont placées dans des centres commerciaux, où les clients vont déposer leurs bouteilles usagées afin de récupérer un bon de réduction à utiliser pour leurs courses. Les bouteilles en plastique sont ensuite broyées sous forme de paillettes. Cela permet d'avoir moins de volume à transporter par camion et d'assurer un recyclage à 100 %. L'effectif de B:bot est de cinquante personnes et connaît une forte augmentation. L'entreprise compte 800 machines en utilisation, avec une croissance continue.

« Il y a encore trois ans, on ne faisait pas du tout d'IA. Mais on s'est finalement dit que, sur certaines tâches, notre machine pourrait être aidée par l'IA. On a notamment deux caméras qui servent à voir ce qui se passe dans la B:bot, et on s'est dit que mettre de l'IA sur ces caméras pourrait nous aider à résoudre des problèmes. En plus de cela, la machine génère une grosse télémétrie, avec beaucoup de données qui ne sont pas encore exploitées au maximum. Ces sujets nous ont poussés à investiguer l'IA.

On a commencé avec un stagiaire sur un cas de triche (où le client dépose la bouteille, puis la retire), que nous voulions traiter par analyse vidéo. Les travaux étaient intéressants et nous ont poussés à poursuivre avec l'IA, mais sur un autre sujet choisi par la direction. C'est alors que nous avons démarré un sujet avec le Pack IA subventionné à hauteur de 50 % et proposé par le Hub France IA et la région Île-de-France.

La triche est redevenu un sujet clé, avec des cas de plus en plus évolués. Nous sommes donc en train de le traiter avec l'aide de l'IA. Et nous savons que cela nous coûtera finalement moins cher de développer la brique IA et d'utiliser les caméras de la machine que de déployer et maintenir des capteurs.

Ce stagiaire a réussi en six mois à mettre en place de premiers éléments. Ensuite, avec l'équipe de Preste[3]*, nous avons eu des résultats significatifs au bout de trois mois. Et nous aurons de nouveaux résultats significatifs au bout de quatre à six mois supplémentaires.*

La difficulté principale a été la collecte et l'annotation d'une énorme quantité d'images et de vidéos. Il nous a fallu beaucoup œuvrer sur ce point, en étant bien aidés par les équipes de Preste pour l'annotation. En ce qui concerne la collecte, un élément clé était l'impossibilité d'enregistrer la totalité des images de toutes les caméras des machines B:bot.

3 Société experte en IA dans différents domaines dont l'analyse d'images et de vidéos.

→

Pour finir, un conseil aux PME qui souhaiteraient se lancer dans l'IA. Faites un petit projet d'abord, histoire de vous rendre compte que c'est miraculeux et que ce n'est pas si cher pour un petit projet. Une fois que vous aurez ça, vous verrez : on se dit qu'on peut investir un peu plus. On n'a jamais traversé une piscine sans se jeter à l'eau. Il faut se jeter à l'eau, et ce n'est pas dangereux. Il y a plein de gens qui nagent. Dans dix ans, plus personne ne se posera la question, et ceux qui ne l'auront pas fait se diront qu'ils ont été bêtes. »

- Lors de la première étape dite « Sensibilisation/Acculturation », vous pouvez participer à des webinaires, suivre un parcours de e-learning ou encore réaliser un autodiagnostic IA, le tout de façon totalement gratuite et autonome.
- La deuxième phase du programme propose de réaliser un « Diagnostic data & IA » avec l'un des experts référencés par Bpifrance (comme l'un des deux auteurs de ce livre). L'objectif sera d'identifier les cas d'usage les plus pertinents au contact de vos équipes en établissant une liste priorisée et des recommandations associées. Cette phase bénéficie d'une subvention de 50 % pour un coût total de 13 000 €.
- La troisième phase appelée « Choix de l'approche IA » mobilise, en plus de l'expert référencé, un responsable conseil Bpifrance, permet de réaliser une étude de faisabilité et de bâtir un plan de mise en œuvre d'un ou de plusieurs projets d'IA pour votre entreprise. Elle coûte 13 000 €, avec une subvention possible à hauteur de 50 %.
- Enfin, la dernière phase, « Déploiement de l'approche IA », permet de subventionner des prestations de suivi de projet dans le cadre de la mise en œuvre des projets d'IA dans votre entreprise.

Au moment où nous rédigeons ces lignes, ce programme connaît un grand succès, et il pourrait évoluer pour faire le lien avec d'autres modes de financement ou de subventions proposés aux PME par Bpifrance. N'hésitez donc pas à contacter vos référents Bpifrance pour en savoir plus sur les aides que vous pourriez obtenir.

Le Pack IA développé par le Hub France IA en collaboration avec la région Île-de-France est un autre dispositif intéressant qui peut éventuellement compléter le programme IA Booster France 2030. Ce pack, qui est (à l'été 2024) uniquement réservé aux entreprises d'Île-de-France, pourrait se développer à l'avenir dans d'autres régions. Il est complémentaire du programme de Bpifrance, car il permet de financer à hauteur de 50 % des sujets IA en incluant la partie développement. N'hésitez pas à consulter les aides disponibles dans votre région sur `aides-entreprises.fr` ou bien sur le site `francenum.gouv.fr`.

Enfin, si vous décidez de faire appel à un stagiaire ou à un alternant, sachez qu'il existe également des aides.

L'œil de l'experte

Caroline Chopinaud, directrice du Hub France IA : le Pack IA

« Le Pack IA est un dispositif de la région Île-de-France qui a pour ambition d'accompagner l'adoption de l'intelligence artificielle par les TPE, les PME et les ETI. Ce dispositif a été lancé fin 2019 dans le cadre du plan IA 2021 de la région. C'est la première mesure de ce plan ambitieux et elle a porté ses fruits : en mars 2024, le dispositif a fêté son centième projet accompagné !

Le dispositif Pack IA est particulièrement intéressant sur différents aspects : le budget est plafonné à 37 000 € HT, la durée est fixée à trois mois et l'accompagnement est réalisé par un prestataire de confiance. La région finance à hauteur de 50 % les dépenses de sous-traitance engagée, si bien que le projet ne coûte finalement que 18 500 € pour l'entreprise.

De plus, le Hub France IA, en tant que copilote (aux côtés du Teralab de l'I'IMT qui gère le financement), tient un rôle de conseil important en réalisant un premier entretien de cadrage des besoins et des enjeux de l'entreprise pour identifier les projets les plus pertinents à lancer, mais également pour proposer un ensemble de « réalisateurs » en mesure d'accompagner l'entreprise sur son premier projet d'IA.

En tant que tiers de confiance, le Hub France IA participe également à toutes les réunions de suivi du projet jusqu'à sa finalisation. Cet environnement de confiance et ce cadre sont primordiaux pour des entreprises qui n'ont généralement ni l'expertise ni les ressources en interne pour lancer et déployer un projet d'IA. C'est un moyen de réduire les risques et une méthode intéressante pour comprendre la mise en œuvre d'un projet d'IA par la pratique.

Ainsi, l'ambition du Pack IA est à la fois de permettre à l'entreprise de se lancer en étant bien accompagnée, mais aussi de la faire monter en compétences. On attend donc des réalisateurs qu'ils soient experts

→

en développement de solutions IA, mais aussi qu'ils soient capables de pédagogie et d'agilité, car les TPE/PME/ETI ont besoin d'un soutien bien spécifique dû à leur taille et à leurs contraintes métiers. À la fin des trois mois de projet, on ne s'attend pas nécessairement à ce que la solution IA soit en production, mais souvent les projets vont plus loin qu'imaginé et aboutissent à des solutions opérationnelles en phase pilote.

Lorsque des start-ups IA sont sollicitées pour réaliser la prestation (disposant alors d'un produit adapté aux besoins de l'entreprise), les projets peuvent même être mis en production au bout de trois mois !

Avec plus de cent projets financés et plus de soixante-dix prestataires référencés, on se rend compte que l'IA touche vraiment tous les secteurs d'activité.

Les entreprises qui demandent à bénéficier du Pack IA sont majoritairement assez petites (70 % d'entre elles ayant moins de 50 salariés) et ont déjà entamé une démarche de numérisation de leurs processus internes ou des services rendus à leurs clients. Mais le plus surprenant, c'est que l'IA cible aussi bien de petits cabinets d'études, des assureurs, du e-commerce, que des artisans ou des professions libérales (avocats, boulangers, esthéticiennes, ophtalmologues…).

Depuis le lancement du dispositif, on a vu clairement une prise de conscience des dirigeants de PME de l'intérêt de se lancer dans l'IA. Et cette prise de conscience s'est vraiment intensifiée depuis octobre et novembre 2023. Nous recevons de plus en plus de demandes d'accompagnement par le Pack IA de la part de dirigeants d'entreprises qui ont entendu parler de l'IA générative et de ChatGPT. Ces dirigeants ont même parfois étudié les technologies ou testé en interne quelques solutions « sur étagères » avant de prendre contact. Ils ont une certaine maturité sur le sujet qui était moins visible auparavant.

Cependant, au cours de la réunion de cadrage, il arrive que les solutions d'IA générative ne soient finalement pas les plus pertinentes pour l'entreprise. Mais celles-ci auront néanmoins été un déclencheur dans la réflexion de son dirigeant, qui leur permettra d'identifier en quoi l'IA pourrait les aider à accélérer leur croissance, à réduire les coûts, à améliorer leurs processus internes ou à rendre des services de meilleure qualité à leurs clients. Et, quand on a identifié un retour sur investissement concret, l'IA devient réellement pertinente à mettre en œuvre ! »

Liens :

- le site du PACK IA : `www.packia.fr` ;
- les success-stories : `https://www.packia.fr/success-stories/` ;
- le Hub France IA : `https://www.hub-franceia.fr/` ;
- Teralab de l'IMT : `https://www.imt.fr/recherche-innovation/recherche/nos-partenariats/teralab/`.

3.6 Les éléments clés à retenir

- Diffuser l'IA dans son entreprise, ce n'est pas apprendre à utiliser cette technologie à des employés qui pourraient être considérés comme des « ignorants », mais bien accompagner vos salariés pour qu'ils s'approprient cette technologie.
- Il faut adapter l'approche pour intégrer l'IA en entreprise en fonction des employés, de leur contexte et de leurs émotions.
- Il existe une boîte à outils pertinente pour pouvoir tester rapidement et simplement l'IA en entreprise. Vous trouverez plus d'informations et de cas d'usage à l'adresse `https://yakadata.com/ia-pme/`
- Pour préparer l'intégration de l'IA en entreprise, nous recommandons de faire une évaluation selon les trois axes suivants :
  - maturité technique et technologique ;
  - maturité des équipes et des dirigeants en matière d'IA ;
  - maturité en termes de changement et d'innovation.
- Des sponsors motivés et qui ont de vrais leviers de décision financiers, humains, organisationnels sont de véritables atouts pour la réussite de la transformation IA de l'entreprise. Leur motivation est la clé.
- Mieux vaut trouver des ambassadeurs motivés au sein même des équipes métiers que les nommer. Retenez la règle simple d'un ambassadeur pour vingt à trente salariés. Ce réseau constitue une véritable force de frappe pour les entreprises ayant déjà atteint une certaine taille.
- N'oubliez pas de calculer les coûts récurrents potentiels (maintenance des capteurs, serveurs, abonnements logiciels, etc.) lorsque vous préparez votre budget dédié à l'IA.
- Renseignez-vous sur les organismes et modalités de financement : Bpifrance, Hub France IA, régions… pour identifier les aides auxquelles vous avez droit.

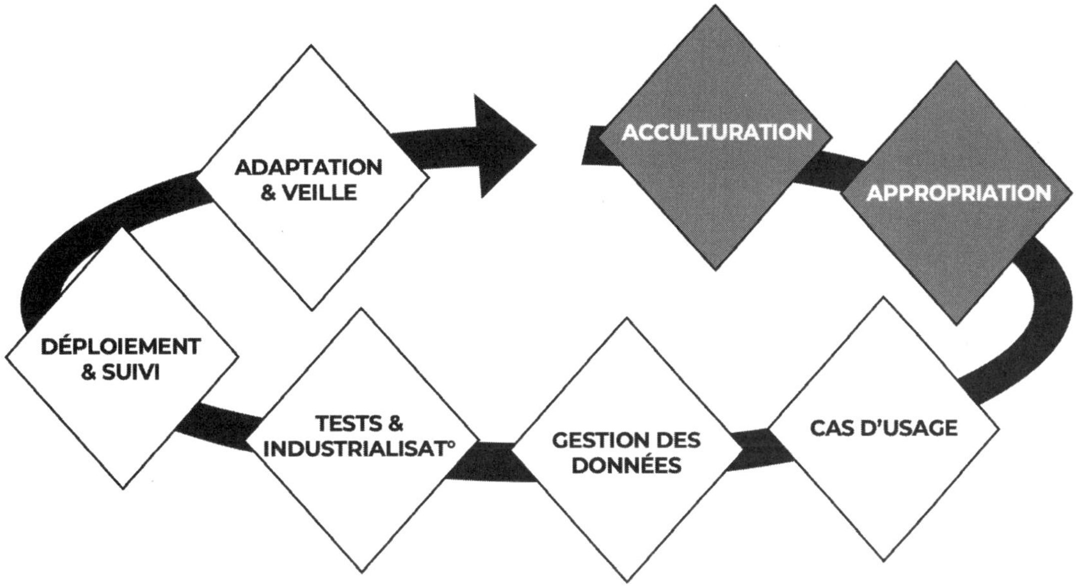
ACCULTURATION
APPROPRIATION
CAS D'USAGE
GESTION DES DONNÉES
TESTS & INDUSTRIALISAT°
DÉPLOIEMENT & SUIVI
ADAPTATION & VEILLE

Chapitre 4

Détectez et coconstruisez les sujets IA pertinents

4.1 Comment détecter les opportunités d'IA dans votre entreprise

L'IA peut offrir de nombreuses opportunités en entreprise pour améliorer votre quotidien, mais aussi celui de vos salariés/collègues, comme celui de vos clients. Cette triple cible (vous, vos salariés/collègues et vos clients) d'amélioration permet en grande partie d'atteindre votre objectif d'épanouissement des salariés, en permettant de vous différencier, d'améliorer votre performance et, *in fine*, votre rentabilité. D'autres cibles, identifiées dans le modèle étendu de Porter[1] (fournisseurs, concurrents, nouveaux entrants, produits de substitution, compétition et législateur) pourraient également être évoquées, mais nous nous limiterons ici à la triple cible précitée.

Concrètement, l'IA va permettre d'améliorer l'épanouissement des salariés et la rentabilité de l'entreprise en apportant davantage d'automatisation et de créativité. En effet, détecter une opportunité d'IA dans votre entreprise va revenir à identifier tout levier permettant d'améliorer l'**automatisation** des processus et/ou la **créativité** d'une ou de plusieurs de vos trois cibles. Voyons comment procéder.

1 https://blog-gestion-de-projet.com/forces-de-porter/

Automatisation

L'automatisation consiste à mettre en place des systèmes qui permettent à chaque individu de se concentrer sur les tâches plébiscitées et à plus forte valeur ajoutée, en confiant tout le reste, notamment les tâches réputées ingrates, à la machine. Pour vous donner une illustration concrète en dehors du champ de l'IA, imaginez un cuisinier. Ce dernier pourra apporter beaucoup de valeur par sa connaissance des produits, sa façon de les préparer, sa créativité. En revanche, il préférera bien souvent déléguer à des commis, voire à des robots des tâches telles que l'épluchage, le découpage, le nettoyage, etc.

L'automatisation est un objectif plus facile à identifier que la créativité. Comme décrit dans le premier chapitre, l'IA est un outil visant à simuler nos capacités cognitives, sensorielles et motrices. Tous les processus nécessitant ces différentes capacités et que nous pouvons décrire en détail peuvent être de parfaits candidats pour l'automatisation. Les Figures 4.1 à 4.3 en présentent trois exemples.

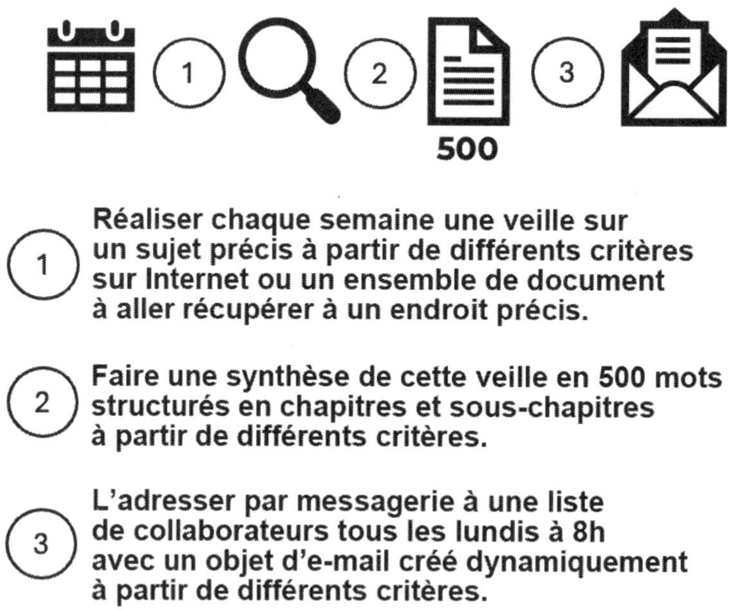

Figure 4.1 Processus A à automatiser en trois étapes.

1. Analyser une carrosserie de voiture sous tous ses angles (reconnaissance d'images).
2. Identifier les réparations nécessaires.
3. Établir un cahier des charges de réparations.
4. Adresser par e-mail un formulaire de devis à six prestataires choisis préalablement avec, en pièce jointe, ce cahier des charges.
5. Analyser et comparer les réponses à ces formulaires de devis suivant plusieurs critères.
6. Envoyer un e-mail à l'acheteur avec une pré-sélection des trois premiers candidats en justifiant cette sélection.

Figure 4.2 Processus B à automatiser en six étapes.

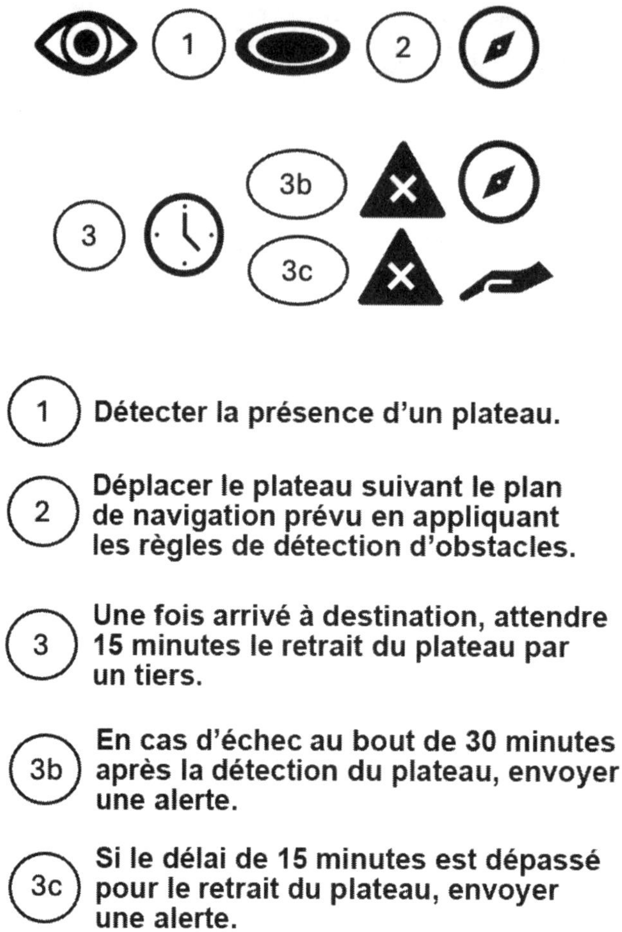

Figure 4.3 Processus C à automatiser en trois étapes avec variantes.

Pour détecter ces processus pouvant être automatisés, il est nécessaire de bien connaître :

- les possibilités permises aujourd'hui par l'IA (voir les Chapitres 1, 2 et 3 sur l'appropriation de l'IA par les équipes) ;
- ses processus métiers.

Pour ce deuxième point, nous vous suggérons de réaliser une **cartographie de vos processus métiers.** Grâce à elle, vous pourrez plus facilement identifier des candidats à l'automatisation. Parmi tous les processus que vous aurez cartographiés, ceux qui sont **répétitifs**, **chronophages, ennuyeux** ou

sujets à des erreurs humaines seront les meilleurs candidats. En industrie, cette cartographie suit la méthodologie du *lean*[2].

En complément ou à défaut de posséder cette cartographie, nous vous suggérons de réaliser des enquêtes simples auprès de vos équipes, en leur posant les questions suivantes sur leur quotidien :

- Quelles sont les tâches répétitives ?
- Qu'est-ce qui vous prend le plus de temps ?
- Quelles sont les tâches les plus sujettes aux erreurs humaines ?
- Qu'est-ce que vous n'aimez pas faire ?

Il reste utile de confronter les réponses avec des observations concrètes des tâches en question sur le terrain. En effet, par la force de l'habitude, vos collègues ou employés n'auront parfois plus conscience du temps qu'ils consacrent à certaines tâches car ils les font « machinalement ». Le fait d'observer les personnes en situation permet de mesurer, et ainsi d'identifier et de corriger les biais liés à la routine qui risquent d'apparaître dans les réponses aux questions posées lors des enquêtes.

Vous pouvez réaliser cette étude des processus aussi bien pour vous que pour vos salariés/collègues, ou que pour vos clients s'ils acceptent de répondre à vos questions ou si vous les observez en train d'utiliser vos produits, vos services ou vos outils digitaux. Enfin, vous pouvez réaliser une veille auprès de vos concurrents ou encore analyser vos retours clients (via les demandes récurrentes et les plaintes que vous recevez) pour alimenter la liste des processus candidats.

Dès le début d'un projet d'IA visant à automatiser un processus, il est essentiel de s'assurer que ce dernier reste adaptable et que les utilisateurs finaux comprennent son fonctionnement pour pouvoir intervenir en cas de besoin.

Créativité

Depuis son avènement dans sa version prédictive, l'IA a cette capacité très puissante de pouvoir faire le lien en une fraction de seconde entre plusieurs données plus ou moins proches. Cette capacité permet de découvrir des

2 Le *lean* est une méthode de gestion qui vise à améliorer l'efficacité en réduisant les gaspillages, en optimisant les processus, et en créant de la valeur pour le client en utilisant moins de ressources. Cette méthode repose sur l'amélioration continue et l'implication des équipes.

combinaisons difficilement détectables par l'humain sur une temporalité très courte. Ces combinaisons peuvent apporter plusieurs bénéfices :

- Générer des idées nouvelles, de nouveaux produits ou proposer des associations inattendues.

  L'arrivée de l'IA multimodale permettant de générer des images a d'abord été vue comme une réponse aux préoccupations fortes du secteur de la création artistique. Mais les graphistes se sont finalement rendu compte que l'arrivée de cette technologie décuplait aussi leur pouvoir de création. En effet, en très peu de temps ils sont devenus capables de générer un nouveau fond pour une image, de remplacer une image par une autre, de réaliser des tâches graphiques qu'ils maîtrisent moins. Dans ce secteur, l'IA n'est donc pas un simple outil d'automatisation mais bien un assistant permettant d'avoir de nouvelles idées et de les tester rapidement.

- Prédire, anticiper des tendances du marché, les comportements des consommateurs ou des employés.

  Grâce à l'IA, il est possible de trouver de nouveaux leviers pour son activité. Les activités saisonnières constituent un cas classique en la matière. Une enseigne comme Decathlon a pu remarquer que les ventes de matériel de sport d'hiver n'étaient pas seulement liées au mois de l'année, mais à bien d'autres facteurs. En entraînant une IA sur ses historiques de ventes complétés de nombreuses autres données comme la localisation ou la météo, elle a pu développer un modèle prédictif de ventes de matériel de sports d'hiver permettant d'optimiser les stocks à placer dans ses magasins.

- Prévenir des pannes d'équipement en améliorant la maintenance prédictive.

  Dans l'industrie, de plus en plus de machines sont dotées de capteurs. Ces derniers ne peuvent pas être suivis individuellement par des êtres humains. La collecte des données et l'utilisation de l'IA permettent de déterminer, et même d'anticiper les événements déclencheurs de pannes sur les machines (surchauffe, vibration, décalage d'un produit, etc.). Ainsi, il est possible de programmer des actions de maintenance prédictive pour réduire le nombre de pannes et d'arrêts de la chaîne de production, souvent très coûteux.

- Identifier des événements anormaux ou des fraudes.

  En utilisant les données historiques des opérations, il est possible d'identifier des anomalies : comportements inhabituels de certaines machines en milieu industriel, fraudes potentielles dans le cadre d'opérations financières, ou encore comportement suspect sur votre réseau d'entreprise, qui concernera donc la cybersécurité. Grâce à l'IA, il va être possible de classifier les opérations pour déterminer ce qui sort de l'ordinaire et qui est parfois difficile à identifier.

- Améliorer une prise de décision en fournissant un panel d'informations et d'analyses plus large et moins biaisé.

  Grâce aux dernières technologies de l'IA, il est possible de rechercher des données dans une grande base documentaire et de synthétiser les résultats. Un cabinet de conseil de Montpellier, client de Yakadata, comptant une vingtaine de personnes et chargé d'évaluer les politiques publiques doit régulièrement consulter des dizaines de documents dans le cadre de ses missions. Grâce à l'IA, les consultants de ce cabinet peuvent facilement identifier les vingt documents (et leurs parties) les plus pertinents sur la centaine qu'ils reçoivent pour leurs missions.

- Analyser les parcours en ligne de ses prospects (réussites et échecs) pour pousser des offres plus personnalisées et augmenter la capacité du site Web à transformer des prospects en clients.

  Ce type d'utilisation de l'IA existe déjà depuis longtemps. Vous y êtes confronté lorsque vous utilisez Amazon, Cdiscount ou Netflix. Il s'agit notamment des moteurs de recommandation qui, sur la base des pages que vous consultez, vont vous proposer des produits ou des services qui correspondent à ce que les algorithmes IA ont perçu de vos attentes et de vos besoins. Ce type d'algorithme peut bien sûr s'adapter à d'autres contextes et vous devrez peut-être l'étudier en fonction de votre secteur.

Le point commun de tous ces bénéfices est qu'ils reposent tous sur de **la donnée à disposition**. Pour pouvoir effectuer de bonnes associations, l'IA va en effet avoir besoin d'un volume assez représentatif de données. Comme vous le verrez dans le Chapitre 5, cela va impliquer que vous mettiez en place une véritable gouvernance de la donnée : inventaire des sources de données disponibles, évaluation et mise sous contrôle de la qualité de ces données, stratégies de collecte et de nettoyage de ces données, etc.

Détecter des opportunités dans le domaine de la créativité va nécessiter une approche différente de celle adoptée pour l'automatisation. En effet, pour cette dernière, vous pouvez vous reposer sur une cartographie des processus de votre entreprise. Pour la créativité, il va s'agir d'imaginer des sujets nouveaux, rendus possibles par l'IA, et qui peuvent être bénéfiques pour votre activité. Il faudra donc :

- lister les problématiques ou opportunités les plus intéressantes pour votre entreprise ;
- identifier ce que l'IA peut réaliser sur ces thématiques.

Pour ce type de sujet, la réalisation d'*ateliers d'idéation* en groupe nous semble être un format pertinent. Lors de ces ateliers, présentez plusieurs cas d'usage IA inspirants issus d'autres entreprises sur des sujets proches de votre secteur d'activité. Ensuite, pilotez une réflexion individuelle, puis en sous-groupes pour faire émerger des idées, à relier aux thématiques stratégiques de l'entreprise, puis finissez par le choix des sujets à traiter. Il est à noter que ce format convient aussi aux tâches d'automatisation, au-delà de ce qui a déjà été présenté dans la partie précédente.

Une autre approche peut consister à utiliser seul ou lors de ces ateliers de brainstorming, un assistant LLM auquel vous allez soumettre votre contexte et vos interrogations et lui demander de vous challenger et de vous trouver de nouvelles pistes d'amélioration sur votre stratégie ou votre produit.

Mettez en valeur ceux qui trouvent des cas d'usage

Il est important de **valoriser** chaque idée et initiative, surtout si elle ne vient pas de vous ! Il n'est pas toujours évident, dans le quotidien et la routine, de « lever le nez du guidon » pour identifier de nouvelles opportunités d'amélioration du quotidien de sa triple cible. Si vous parvenez à identifier de nouvelles opportunités, félicitations pour votre prise de recul et votre vision ! Mais si ce n'est pas vous, mais quelqu'un de votre organisation, qui vous permet de façon proactive d'identifier une opportunité, remerciez cette personne et valorisez-la pour l'encourager à en identifier d'autres. Cet « idéateur » (en référence au modèle Foursight® sur l'innovation[3]) est une perle rare et peut être à l'initiative de grands changements dans votre organisation.

A contrario, ne pas valoriser un idéateur peut conduire ce dernier à ne plus soumettre d'idées et, pire, à force de frustrations, de finalement quitter l'entreprise en diffusant une image peu flatteuse de cette dernière.

Il existe plusieurs façons de valoriser ces initiatives. La plus efficace consiste tout simplement à communiquer au sein de toute l'entreprise sur les nouvelles idées pertinentes avancées par les salariés. Cette communication

3 https://www.creagile.fr/foursight-preference-niveau-hierarchique

large peut se faire dans le cadre de rituels visant à célébrer l'innovation, au travers de stand-ups d'entreprise ou de séminaires, d'une newsletter ou d'un outil spécifique. Quelle que soit sa forme, cette communication présentera plusieurs vertus : elle valorisera l'initiative en la mettant en avant, elle inspirera d'autres collègues, ou encore elle créera davantage de synergies et de mutualisations entre plusieurs services. Sur ce dernier point, elle permettra en effet d'éviter qu'un même projet innovant soit initié dans deux directions différentes en même temps.

Nous sommes tous des innovateurs !

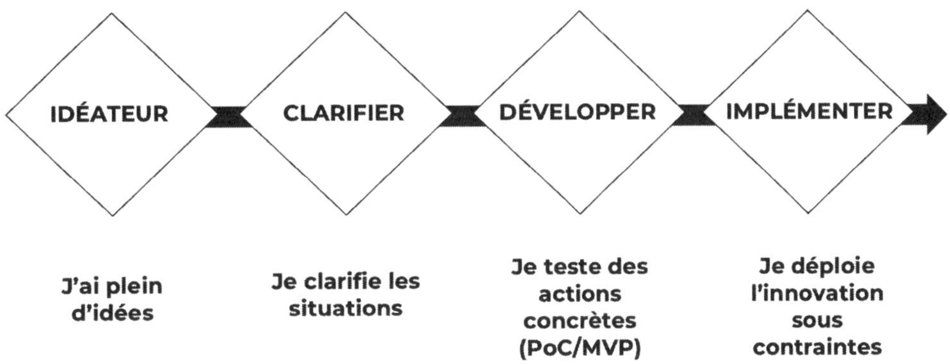

Figure 4.4 Le modèle Foursight®.

Le modèle Foursight® sur l'innovation est intéressant car il met en avant le fait que quelle que soit sa place, tout le monde dans l'entreprise, et pas uniquement ceux qui ont des idées, peut participer à l'innovation en entreprise. Selon ce modèle, chaque innovation passe par quatre étapes successives, qui peuvent rarement être réalisées par un seul individu. L'innovation est donc un **processus collectif** où chacun peut apporter sa pierre à l'édifice :

- L'*idéateur* est un visionnaire, capable de générer beaucoup d'idées.
- Le *clarificateur* est plus posé, capable d'analyser l'idée, sa fiabilité, son impact et de la clarifier aux autres.
- Le *développeur* (ou *actionneur*) est une personne d'action, potentiellement impulsive, qui va rapidement essayer de mettre en œuvre l'idée (POC/MVP[4]) pour obtenir des résultats concrets et probants.

4 *Proof of concept*, « preuve de concept »/*Minimum viable product*, « produit minimum viable ».

- Enfin, l'*implémenteur* (ou *scaler*) a une connaissance transverse de l'entreprise. Souvent perfectionniste, il va être essentiel pour faire passer l'innovation, le POC/MVP à la phase d'industrialisation et déploiement.

Une même personne peut bien entendu occuper une ou plusieurs de ces « cases », mais il est rare qu'elle occupe les quatre à la fois. D'où l'importance de travailler collectivement pour transformer une idée en un projet industrialisé et déployé. Contrairement aux idées reçues, les personnes les plus innovantes ne sont pas nécessairement de type *idéateur*, mais peuvent appartenir aux autres types, notamment celui de l'*implémenteur*, sans qui l'innovation ne verrait pas le jour. Nous avons tous un profil dominant, qu'il peut être important d'identifier pour le mettre en avant dans le processus collectif d'innovation.

Vous trouverez en annexe un questionnaire simple de trois questions à poser autour de vous pour identifier à quel profil vous pourriez appartenir. Ce test est très succinct et des tests plus complets (et payants) sont disponibles en ligne.

Pour faire le lien avec ce que nous avons vu dans le Chapitre 3, nous vous rappelons l'importance de ces idéateurs/ambassadeurs dans la détection des cas d'usage. En fonction de la taille de votre entreprise, vous pourrez en avoir un seul ou plusieurs. Mais la proximité que créera cet ambassadeur (de par sa position au sein même des équipes métiers) avec ses collègues vous permettra de collecter des cas d'usage pertinents et adaptés à l'environnement métier.

4.2 Listez, évaluez, priorisez

Lorsque vous détectez des opportunités d'IA dans votre entreprise, il faut trouver un moyen de les lister, de les évaluer, puis de les prioriser. En effet, lorsque vous commencerez à chercher des cas d'usage, vous risquez d'en trouver beaucoup. Certains se révéleront intéressants, d'autres non. Pour pouvoir les identifier au plus tôt et faire un choix, nous allons vous donner des conseils et des techniques simples à utiliser.

Consolidez la liste de vos cas d'usage

Démarrons avec la consolidation et la centralisation de la liste des cas d'usage de l'IA. Pour réaliser au mieux cette tâche dans votre entreprise, nous vous conseillons d'utiliser un fichier modèle, qui va permettre d'enregistrer et de communiquer sur tous vos cas d'usage avec le même formalisme et de vous aider à ne pas oublier d'éléments importants. Le Tableau 4.1 présente un exemple de cas d'usage.

Nous vous conseillons très fortement de créer un fichier-type reprenant ce modèle sous un format facilement éditable, par exemple un formulaire en ligne (Microsoft Forms, Typeform, Google Forms, etc.) accessible à tous les collaborateurs pour inciter à l'innovation.

Une animation et une modération de ce tableau devra cependant être faite par une personne de votre organisation, experte sur les sujets IA et innovation ou par un conseiller externe chargé d'identifier et de faire avancer vos cas d'usages de l'IA.

Comme le formulaire est accessible à tous, nous recommandons que chaque idéateur se rapproche d'un clarificateur pour expliciter l'idée et l'aider à l'évaluer (voir outils dans le Chapitre 5). Ce duo est un premier pas vers un processus collectif d'innovation et il a deux vertus :

- Il permettra à l'idéateur d'avoir une personne supplémentaire (le clarificateur) qui soutiendra son idée.
- Une personne (le clarificateur, toujours) pourra apporter un regard extérieur et différent de celui de l'idéateur. Le clarificateur pourra ainsi aider ce dernier dans le processus d'évaluation en étant critique et potentiellement plus objectif que lui.

Les éléments sur la valeur des cas d'usage et sur les coûts à prévoir seront les plus délicats à identifier, mais ils seront indispensables pour prioriser au mieux les cas d'usage.

Les deux dernières lignes du Tableau 4.1 (prochaine action à mener et date butoir) sont très importantes car elles permettent d'éviter qu'une idée soit abandonnée, faute de suivi. L'animateur de ce tableau aura quatre missions :

Nom du cas d'usage	Analyse automatique de documents
Lien avec un (ou des) objectif(s) stratégique(s) de l'entreprise	Augmenter le temps passé avec le client pour mieux répondre à ses besoins.
Objectif du cas d'usage	Réduire le temps passé à lire les documents en se concentrant sur les plus utiles.
Valeur pour l'entreprise	Une meilleure analyse des documents fournis en un temps réduit. Si le gain est de 50 % du temps pour 15 personnes qui passent 1 journée sur la tâche par semaine, le gain est proche d'1 ETP (équivalent temps plein).
Valeur pour l'employé	Réduire le temps passé à chercher des informations. Passer plus de temps à les consolider et à les traiter.
Mesure du succès	Réduction de 50 % du temps passé à lire les documents par mission.
Idéateur	M. Doe.
Clarificateur	Mme. Chi.
Personnes concernées par le cas d'usage	Consultants et analystes.
Données nécessaires	Documents fournis par le client. Liste des informations à chercher à l'intérieur des documents.
Gouvernance des données (des actions particulières sont-elles à entreprendre concernant l'accès ou la qualité des données ?)	Documents accessibles sur Microsoft SharePoint, la liste des informations disponibles pouvant être intégrée à un document Excel.
Compétences et capacités	Les utilisateurs devront savoir utiliser Microsoft SharePoint et éventuellement une interface Web.
Gestion du changement	Une phase de transition est à prévoir pour confronter les résultats de l'IA aux analyses des consultants et pour « rassurer » sur les capacités. De plus, l'IA devra à chaque fois indiquer les pages précises dans les sources pour pouvoir vérifier ses résultats.
Prochaine action identifiée	Réaliser le cahier des charges.
Date butoir pour cette action	23 juin 2025.

Tableau 4.1 Modèle de consolidation de cas d'usage sur un exemple précis.

- aider à valoriser les idées (communication, rituels, inspirer d'autres collègues... comme vu plus haut) ;
- modérer et éviter les doublons d'idées d'un département à l'autre ;
- aider l'idéateur et le clarificateur à évaluer leur idée si besoin ;
- vérifier les dates butoirs et aller s'enquérir auprès de l'idéateur et du clarificateur si une date est dépassée afin d'identifier les points de blocage potentiels et accompagner le duo.

Évaluez vos cas d'usage

Disons-le tout de suite : ne pas analyser la valeur potentielle de ses cas d'usage, c'est comme avancer en aveugle dans sa transformation data et IA. Vous devez donc impérativement traiter ce sujet et identifier la valeur de chaque cas d'usage listé. Cela étant dit, donner une valeur à un cas d'usage n'est pas une tâche aisée. Il faut être capable de passer de :

« C'est chronophage pour les équipes de lire tous les documents qui sont envoyés. »

à :

« Quinze personnes de l'équipe passent un jour par semaine à analyser tous les documents qui leur sont envoyés. 50 % de ce temps pourraient être économisés en ciblant mieux les documents à lire en détail. »

Et vous allez vous rendre compte que pour réaliser ce calcul, vous manquez cruellement de mesures. En effet, savez-vous quantifier le temps que vous passez à titre personnel à lire un e-mail, consulter un document ou effectuer une tâche précise ?

À moins de travailler dans l'organisation industrielle, vous n'en savez probablement rien !

Alors concrètement, comment traiter l'évaluation des cas d'usage ? Selon nous, la première chose à faire est de l'inclure dès la phase d'idéation. Même lorsque les premières idées ne font qu'émerger, penser à la valeur des cas d'usage permet de sélectionner certaines idées et d'installer le fait qu'elles seront un élément de votre décision pour lancer ou non la réalisation du projet. La Figure 4.5 montre une fiche d'évaluation des cas d'usage utilisée au sein de l'entreprise Yakadata lors des ateliers d'idéation.

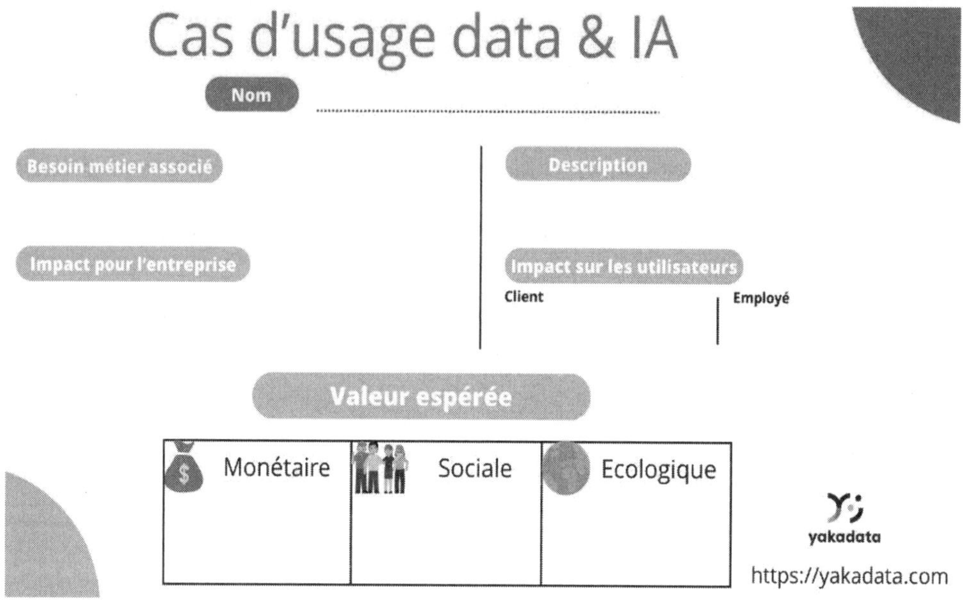

Figure 4.5 Fiche d'évaluation d'un cas d'usage Data & IA.

Plusieurs éléments importants sont à noter dans ce modèle. Tout d'abord, trois types de valeurs sont listés :

- *Valeur économique :* c'est le type de valeur que vous avez sûrement à l'esprit assez rapidement. Cela revient à étudier si le cas d'usage permet d'économiser de l'argent, ou d'engranger de nouvelles ventes.
- *Valeur sociale :* ce type de valeur est lié au confort de travail pour les employés (moins de tâches ingrates à réaliser, plus de confort mental, meilleur respect des horaires de travail, possibilité de télétravail, levier de motivation et fidélisation salariale, etc.). Cela peut aussi être la capacité de rendre accessibles à un nouveau public certains types de postes (notamment pour des personnes handicapées). Enfin, ce peut être une avancée en matière de conditions sociales (respect des personnes, lutte contre le harcèlement, etc.).
- *Valeur écologique :* vous en entendez de plus en plus parler. Il s'agit ici de tout ce qui peut contribuer à favoriser la biodiversité, à réduire l'empreinte carbone de l'entreprise, par exemple en diminuant sa consommation d'eau ou d'électricité. Ce peut aussi être une contribution à l'adaptation ou à la transition de l'entreprise au changement climatique et à la réalisation de ses objectifs RSE (responsabilité sociétale des entreprises).

Toutes les entreprises sont différentes, et vous devrez voir dans la vôtre de quelle façon prioriser vos sujets selon ces trois types de valeurs. Par ailleurs, dans ce modèle, la question de l'*impact* est également intéressante. Comme vous pouvez le voir dans la Figure 4.5, il existe une case d'impact au niveau de l'entreprise, mais aussi au niveau des utilisateurs (clients et/ou employés). La raison en est simple, et nous y reviendrons dans la partie « priorisation » : les sujets qui ont le plus de chances de fonctionner sont ceux qui apporteront de la valeur à votre entreprise, mais aussi aux employés impactés.

Il s'agira dans un premier temps d'avoir une estimation grossière du gain possible dans chaque type de valeur, puis de l'affiner sur les sujets qui paraissent les plus prometteurs. Pour calculer de façon grossière ce gain, privilégiez dans un premier temps une approche simple :

- Si le cas d'usage permet d'économiser du temps, posez-vous les questions suivantes : combien de temps par semaine ? Pour combien de personnes ? À partir des réponses à ces questions, vous serez capable de déterminer le gain en temps travaillé (ou ETP), que vous pourrez convertir en argent.
- Si le cas d'usage permet d'augmenter les ventes, les questions à vous poser sont les suivantes : combien d'argent supplémentaire pouvez-vous gagner par client ? Pour combien de clients par mois ? Cela vous donnera directement une valeur monétaire annuelle.
- Si le cas d'usage porte sur la baisse de l'empreinte carbone, voici de nouvelles questions : combien d'équivalent CO_2 est gagné par opération (déplacement, opération logistique, opération industrielle, ...) ? Combien d'opérations de ce type sont réalisées par mois ? Vous aurez ainsi également une valeur chiffrée annuelle facilement calculable.

Nous pourrions continuer la liste mais l'important est que vous ayez compris l'idée qui consiste à réaliser des calculs grossiers, qui vous permettront de faire vos choix de cas d'usage prioritaires.

Priorisez vos cas d'usage

La *priorisation* est un processus qui va permettre de :

- qualifier chaque opportunité ;
- classer les opportunités entre elles.

Afin de pouvoir prioriser, vous devez repartir de la liste des cas d'usage que vous avez consolidée. Vous allez maintenant les classer afin de déterminer ceux que vous voulez investiguer et traiter en priorité. Pour cela, vous pouvez utiliser cette grille d'évaluation à quatre critères :

- **Valeur (ou impact) :** bénéfices attendus du cas d'usage tels que décrit précédemment.
- **Alignement stratégique :** assurez-vous que les opportunités d'IA identifiées correspondent bien aux objectifs stratégiques et aux valeurs de l'entreprise.
- **Faisabilité technique :** disponibilité et qualité des données, maturité technologique, développement maison (*in-house*) ou besoins de faire appel à un prestataire externe
- **Ressources nécessaires :** coûts de mise en œuvre, expertise requise, infrastructure nécessaire, besoins de formation des utilisateurs, besoins en gestion du changement.

Les deux premiers critères vous permettent de juger de l'importance du cas d'usage à réaliser par rapport à votre contexte d'entreprise. Les deux derniers vous donnent une idée de l'effort requis pour les réaliser. Prioriser grâce à ces critères vous permettra d'éliminer le phénomène qui consiste à « faire de l'IA » ou de l'innovation par principe et non par réelle nécessité. Dans cette phase de priorisation, vous devrez identifier les sujets dont l'impact est le plus fort, avec les efforts de mise en œuvre les plus faibles.

Pour vous aider, examinons les deux derniers critères. Cette tâche n'est pas forcément facile à accomplir quand on ne connaît pas l'IA, et vous aurez peut-être besoin de faire appel à un expert, notamment dans le cadre d'un diagnostic data IA, comme proposé dans le programme « IA Booster France 2030 ». Néanmoins, nous allons ici essayer de vous donner quelques pistes simples pour quantifier ces éléments, même de façon rudimentaire.

Pour les ressources nécessaires, n'hésitez pas à relire la section 3.5 du Chapitre 3, qui détaille les coûts de mise en place et les coûts récurrents d'un projet d'IA en entreprise, en donnant des ordres de grandeur. Il vous faudra rajouter à ces coûts financiers des éléments concernant la gestion du changement :

- Les équipes ont-elles une maturité data et IA suffisantes ? Ou faut-il prévoir un accompagnement fort du changement ?
- Quelles formations ou communications sont à prévoir ?
- Quels sont les efforts qui vont être demandés aux personnes ?

En récupérant les éléments liés à ces réponses et en ajoutant les informations sur les coûts du cas d'usage, vous disposerez d'éléments pertinents pour votre priorisation.

En ce qui concerne la faisabilité technique, les bonnes questions à se poser sont :

- Possédez-vous des ressources capables d'implémenter des solutions IA en interne (éventuellement des stagiaires ou des alternants) ?
- Avez-vous déjà des données disponibles pour ce cas d'usage ? Si oui, est-ce que leur qualité semble bonne (le format est le même pour toutes les données, la base semble remplie, etc.) ?
- Disposez-vous déjà de moyens techniques suffisants pour mettre en place la solution (serveurs, logiciels de développement, outils d'orchestration…) ?
- Souhaitez-vous investir et monter en compétence sur ces sujets pour d'autres projets et dans le cadre de votre stratégie d'entreprise ?

Si vous disposez déjà de la plupart des éléments importants pour la réalisation du projet, alors la faisabilité est simple. Si vous devez en revanche investir pour plusieurs éléments que vous ne maîtrisez pas, il pourra être intéressant de vous faire accompagner afin d'augmenter la faisabilité des cas d'usage via un apport d'expertise IA. Nous reparlerons de la possibilité de faire appel à un prestataire externe dans la section suivante, après vous avoir livré un témoignage d'une ETI qui a notamment dû avoir recours à un *scoring* pour prioriser ses sujets.

Témoignage

Jean Ramirez, président de Largier Technologie : identifier et évaluer des cas d'usage de l'IA

Largier Technologie est une entreprise de 150 salariés (18 M€ de CA) spécialisée dans le domaine du chauffage, de la climatisation, de la plomberie, de la ventilation et du traitement de l'eau. Son dirigeant, Jean Ramirez, détient d'autres entreprises de plus petite taille mais qui partagent toutes une organisation décentralisée similaire, sans services supports centralisés. Chaque équipe gère ainsi ses propres besoins en matière de RH, d'achats, etc. L'entreprise repose par conséquent sur beaucoup d'outils informatiques ainsi que sur une bonne gestion de ses données pour faciliter cette décentralisation. Elle a notamment fait très tôt le choix d'internaliser tout son SI pour en faciliter la maîtrise.

« Face à la montée en puissance récente de l'IA, nous avons voulu monter en compétence pour en bénéficier dans notre organisation décentralisée. N'ayant aucun expert en interne sur le sujet, nous nous sommes tournés vers le programme « IA Booster » de Bpifrance pour réaliser cette montée en compétence et cette transformation.

Grâce à ce programme, nous avons pu dans un premier temps bénéficier du soutien d'un expert en IA qui nous a aidés à évaluer notre niveau de préparation et surtout à définir des cas d'usage pertinents à impact fort pour notre activité et nos clients. Nous avons ainsi identifié une vingtaine de cas d'usage que l'informatique « classique » ne permettrait pas de résoudre aujourd'hui.

À partir de cette liste, nous avons créé une matrice, avec en x (abscisse) ce que cela coûtait (coût financier et temps) et en y (ordonnée) ce que cela pouvait nous apporter. Cette matrice simple nous a permis d'identifier et de prioriser rapidement les cas d'usage les plus rentables à déployer. C'est comme cela que nous avons sélectionné cinq cas d'usage ayant le plus d'impact pour un investissement le plus bas possible.

Comme nous souhaitions monter en compétence sur l'IA et garder le contrôle de nos outils, nous avons fait le choix de développer nous-mêmes les POC autour de ces premiers cas d'usage. Nous avons donc décidé d'embaucher un data scientist en alternance, mais nous avions besoin de quelqu'un pour le former car nous ne possédions pas les compétences nécessaires en interne. Bpifrance nous a à nouveau soutenus dans cette démarche grâce à l'expert en IA qui a pu nous aider à encadrer l'alternant et à faciliter la montée en compétence en IA dans notre société.

Un premier cas d'usage a été identifié sur la gestion des chiffrages des appels d'offres auxquels l'entreprise souhaite répondre. Dans notre secteur, le processus de chiffrage est très chronophage et coûteux.

→

Nous avons découvert que nous passions environ 6 400 heures par an uniquement sur cette tâche, ce qui représente un coût de 200 000 € à l'année. Grâce à l'IA et à un travail important de structuration de nos données expertes, nous avons déterminé que nous pourrions automatiser une partie de ce processus en développant un système capable de lire et d'interpréter divers documents techniques et de les intégrer directement au format souhaité dans notre outil de chiffrage. Nous avons évalué que cette automatisation nous permettrait concrètement de gagner entre 10 et 20 % de temps, soit une économie de 40 000 € par an. Ces gains de temps nous permettraient alors de nous concentrer davantage sur l'accompagnement des clients et sur l'optimisation des projets.

Un autre cas d'usage a porté sur la revue des contrats pour gagner du temps sur leur découverte et leur lecture. À partir d'une liste de questionnements préétablie, nous pouvons aujourd'hui récupérer en moins d'une minute et de façon structurée les pénalités, les délais de réponses, les enjeux, etc. Un contrat qui nous demandait auparavant plusieurs heures ou jours à décortiquer et à synthétiser ne nous demande désormais que quelques minutes. Le gain de temps réalisé est très concret et important !

Enfin, un autre cas d'usage a porté sur l'assistance aux questions techniques des personnes de l'entreprise. Nous avons rapidement sensibilisé nos équipes aux nouveaux assistants, comme ChatGPT et leur avons mis à disposition via une API l'assistant d'OpenAI afin de pouvoir notamment tracer les typologies de questions posées et les réponses apportées par l'assistant. Ce dispositif de monitoring nous a rapidement permis de nous rendre compte que les questions techniques que posaient nos équipes n'étaient pas traitées correctement par ces assistants, trop généralistes. Pour les questions généralistes, l'assistant répondait bien, donc l'accès à ce dernier a été maintenu, mais nous avons dissuadé les personnes de l'entreprise de l'utiliser pour des questions techniques. Voici un exemple de question technique : « Ma climatisation est à 100 m de l'armoire électrique. Elle fait 4 kW en froid. Quel est le diamètre du câble et la protection requise ? » La réponse apportée par l'assistant à ce type de question renvoyait vers un câble trop gros, donc plus coûteux et potentiellement dangereux pour la sécurité. Pour répondre correctement à ce besoin, il faut plutôt renvoyer vers un calculateur (disponible dans le SI de l'entreprise). Pour toutes ces questions techniques, l'entreprise a donc utilisé des techniques de RAG[5] pour faire monter l'assistant en expertise technique. Ce travail d'apprentissage est continu mais il permet de bien mettre à plat l'expertise de l'entreprise, d'en tirer profit et de la structurer ! »

5 Voir la définition de ce terme au Chapitre 1, à la section « Les hallucinations ».

4.3 Coconcevez des solutions IA adaptées à vos besoins

Si vous avez suivi les différentes étapes que nous venons de présenter, vous avez maintenant listé vos cas d'usage, vous les avez évalués et priorisés. Vous devez donc commencer à réfléchir à leur conception et à leur réalisation. Pour cela, nous verrons qu'il est primordial d'embarquer les parties prenantes. Nous détaillerons ensuite la réalisation d'une fiche projet et des indicateurs importants.

Embarquez les différentes parties prenantes

La première étape consiste à identifier les parties prenantes. Il s'agit en priorité de déterminer les utilisateurs finaux afin qu'ils puissent se sentir investis dans le projet dès le début, ce qui facilitera l'adoption et réduira la résistance au changement. De plus, cette approche collaborative vous permettra de bénéficier des connaissances et des expériences du terrain de chacun, pour aboutir à des solutions plus innovantes et adaptées aux conditions réelles. Ces utilisateurs finaux peuvent éventuellement être le(s) ambassadeur(s) data et IA que vous aurez identifié(s).

Afin de bénéficier d'une vision holistique, il sera intéressant, autant que possible, d'inclure également des membres issus des différentes fonctions de l'entreprise qui sont pertinentes pour le cas d'usage traité. Chaque département apporte des perspectives uniques et des compétences spécifiques, qui enrichissent le processus de développement.

- L'acteur **technique** permettra de capitaliser sur le savoir technique et les processus de l'entreprise.
- L'acteur **juridique** s'assurera de la bonne prise en compte des sujets légaux (RGPD, *AI Act*).
- L'acteur **UX** (*User eXperience*, ou expérience utilisateur en français) permettra d'intégrer dès le début de la conception les clés de succès pour une adoption sans accroche.
- L'acteur **RH** s'assurera d'anticiper les possibles peurs suscitées par le changement induit par cette innovation et s'appuiera sur l'acteur **communication** interne pour mener à bien ce changement.

- L'acteur **marketing** pourra mieux anticiper dans ses actions à venir l'annonce de cette future innovation.
- L'acteur **vente/relation clients** pourra lui aussi anticiper lors de ses approches commerciales/clients les intérêts de ses prospects/clients pour ce futur développement et apporter des feedbacks précieux.
- Etc.

Comme le dit le proverbe, « tout seul, on va plus vite, à plusieurs on va plus loin ». Nous avons évoqué au Chapitre 2 une statistique populaire dans l'industrie selon laquelle huit POC sur l'IA sur dix finissent au « placard ». La principale raison de ces échecs provient du manque d'implication d'équipes transdisciplinaires dans ces projets : c'est l'erreur numéro 1 à ne plus commettre ! Il est donc primordial d'investir dans une approche **holistique**. Nous parlons d'investissement car il s'agit bien d'un coût en termes de temps au début du projet qui pourra frustrer certains en raison de la lenteur du démarrage du projet. Mais cet investissement se révélera rentable sur le moyen terme car il permettra un meilleur développement et une meilleure adoption de l'innovation auprès des utilisateurs finaux.

Afin de vous assurer que les personnes passent du temps sur le sujet, il est utile d'avoir bien ciblé leur apport au projet, mais aussi ce qu'elles vont en retirer. En effet, il est très difficile de demander un effort important à des personnes si elles n'en retirent aucun bénéfice (ne serait-ce qu'une mise en valeur de leur travail auprès des autres). Nous vous recommandons donc d'intégrer le plus possible de parties prenantes sur vos premiers sujets IA, en faisant en sorte, lors de la priorisation, de trouver des cas qui s'y prêtent et qui vont motiver ces équipes. Si vous n'avez pas certaines compétences en interne, ce qui peut arriver sur des sujets tels que l'UX ou le juridique, il peut être utile de faire appel à des prestataires externes spécialistes de ces domaines pour traiter ces parties et compléter l'approche holistique indispensable au succès du projet.

La fiche projet

« Ce qui se conçoit bien s'énonce clairement, et les mots pour le dire arrivent aisément. »
Nicolas Boileau

Vous avez identifié l'opportunité qui permettra de générer un impact intéressant pour votre entreprise, ainsi que le collectif pour y parvenir. Il est temps à présent de poser tout cela à plat par écrit pour que cela soit clair pour tous et qu'il n'y ait pas d'ambiguïté sur les objectifs et les étapes du projet à venir.

Cette trace écrite fera foi et facilitera les différentes étapes de vie du projet, notamment la toute dernière d'entre elles, à savoir la réunion de rétrospective post-déploiement, où vous pourrez évaluer les résultats obtenus face aux attentes initiales du projet consignées soigneusement par écrit.

Cette fiche projet doit s'écrire à partir de la fiche complète que vous aurez rédigée pour l'élaboration du cas d'usage et qui a servi à le prioriser. En effet, dans cette fiche de cas d'usage, plusieurs éléments importants sont déjà présents, comme l'objectif du cas d'usage, les principaux indicateurs à suivre, les efforts de gestion du changement à fournir et les données à mettre sous contrôle. Lors du passage à la fiche projet, vous devrez aller un cran plus loin. Il vous faudra définir l'équipe projet (en incluant les personnes internes et externes), évaluer les moyens alloués au projet (budget, temps, etc.) et poser les principes généraux du déroulement du projet (comme le fonctionnement du projet pour la réalisation d'un POC). Vous trouverez en annexe de ce livre un exemple de fiche projet à compléter et à valider avec votre collectif.

L'**indicateur de production** concerne les éléments que nous nous attendons à être produits à la fin du projet : fonctionnalités, actions de communication, éléments d'interface et visuels, etc. L'objectif est naturellement d'attendre 100 %, mais lors de la réunion rétrospective, vous constaterez que certains éléments n'auront pas pu être produits pour telle ou telle raison ; et par moment, des substituts non prévus initialement viendront combler ces manques pour le bien (ou non) du projet. Il conviendra de bien analyser tous ces deltas entre les attentes et les productions afin de vous améliorer sur les futurs projets.

Nous vous mettons néanmoins en garde : attention à ne pas vouloir mettre trop d'éléments dans la fiche projet. Nous parlons notamment de la tendance fréquente à vouloir ajouter beaucoup de fonctionnalités lors de la rédaction d'une fiche projet. Le succès des sujets IA réside plus dans le fait de commencer par des projets simples, focalisés sur une fonctionnalité principale. Privilégiez donc ce type de projet afin de ne pas vous retrouver avec des premiers projets où le POC est très long à faire et possède tellement de fonctionnalités qu'elles entrent en conflit les unes avec les autres, le rendant inutilisable. En visant une fonctionnalité claire avec un but bien défini dont vous pouvez facilement mesurer la valeur, vous arriverez plus rapidement et facilement à des résultats. Vous créerez ainsi de la valeur, mais susciterez aussi de la confiance de la part des équipes.

4.4 Les éléments clés à retenir

- L'IA est un outil qui peut servir les principaux objectifs de l'entreprise en automatisant certaines tâches répétitives, chronophages, ennuyeuses ou sujettes à des erreurs humaines, que vous pourrez identifier en cartographiant vos processus par métiers et en réalisant des enquêtes de terrain.
- L'IA permet également d'apporter davantage de créativité en créant du lien entre vos données internes et externes et faciliter ainsi vos tâches de réflexion, de prévention et d'identification.
- À l'image du modèle Foursight, tous vos salariés doivent être intégrés dans le processus d'innovation de l'entreprise et participer à la mise en place de l'IA dans les tâches de leur quotidien. Il est important de valoriser chaque initiative d'innovation pour encourager cette dynamique et inspirer d'autres salariés.
- Partagez une liste (suivant le formalisme proposé) de ces innovations pour contribuer à cette valorisation, créer des synergies entre services, éviter la redondance et créer une dynamique autour de l'identification des cas d'usage propice à l'intégration de l'IA.
- Priorisez vos cas d'usage de l'IA suivant trois types de valeurs (économique, sociale et écologique).
- Identifiez dès le début les différentes parties prenantes et coconcevez la fiche projet avec cette équipe.

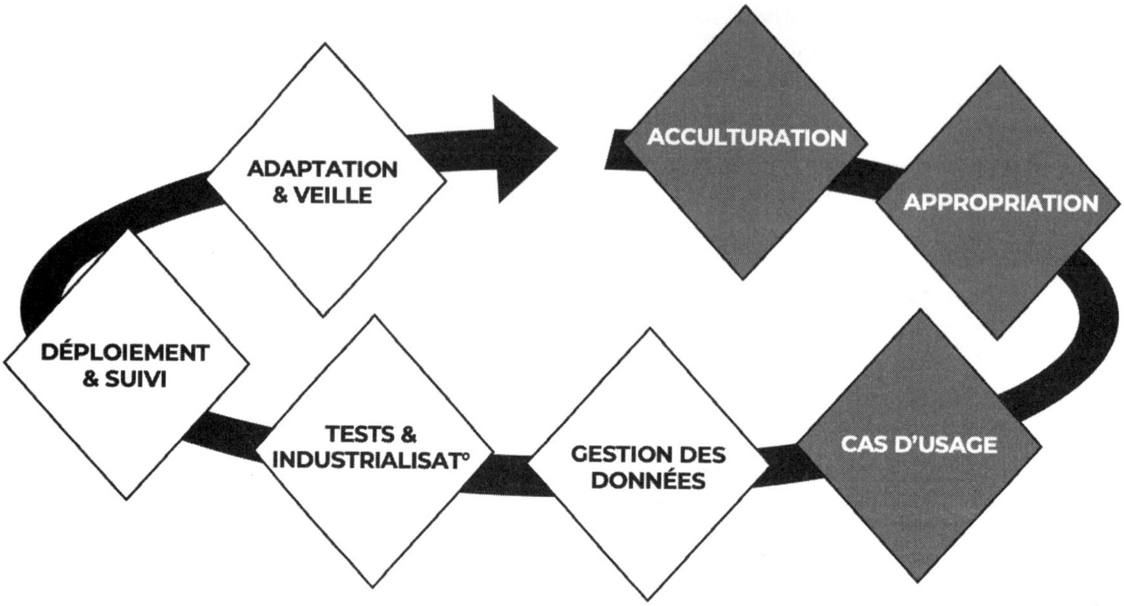
ADAPTATION & VEILLE
ACCULTURATION
APPROPRIATION
DÉPLOIEMENT & SUIVI
TESTS & INDUSTRIALISAT°
GESTION DES DONNÉES
CAS D'USAGE

Chapitre 5

Gérez correctement vos données : la gouvernance

5.1 Comprendre la gouvernance des données

Si vous souhaitez créer de la valeur par l'IA dans votre entreprise, vous allez devoir vous intéresser à la gouvernance des données à un moment donné. En effet, même si certains outils comme ChatGPT peuvent donner l'impression que l'IA est « magique », la réalité est toute autre. Afin de pouvoir arriver à un haut niveau de précision dans leurs réponses, les modèles qui ont été entraînés ont dû mobiliser des milliards de données, qui ont été nettoyées et annotées par plusieurs milliers de personnes au fil des ans. Pour résumer, les données sont à l'origine même des systèmes d'intelligence artificielle. Sans données pertinentes, il y a peu de chances d'arriver à un résultat convenable. C'est pour cela qu'il faut correctement gérer ses données en entreprise afin de pouvoir en tirer un maximum de valeur. Nous pourrions définir la gouvernance des données ainsi : il s'agit de la « gestion des données, de leur création à leur suppression en passant par leur utilisation ».

La gouvernance ne touche pas que le domaine de l'IA, mais l'ensemble des données de votre entreprise. Un e-mail commençant par « Bonjour Monsieur » alors qu'on s'adresse à une femme (ou par « Bonjour Madame » alors qu'on s'adresse à un homme) relève d'un problème de gouvernance des données. Si vous avez commandé un produit, mais que vous ne le retrouvez plus dans votre historique d'achat, c'est la même chose. Vous voyez donc toute l'importance de la gouvernance des données, non seulement pour réaliser des cas d'usage de l'IA, mais aussi tout simplement pour gérer vos opérations.

La gouvernance des données

Selon un livre de référence appelé le *DAMA-DMBOK*[1], la gouvernance des données est « l'exercice de l'autorité et du contrôle (planification, surveillance et application) sur la gestion des actifs de données ». De façon plus concrète, imaginez la gouvernance des données comme l'ensemble des rôles et des processus que vous pouvez mobiliser pour gérer tout le cycle de vie des données, de leur création à leur consommation en passant par leur mise à jour et bien d'autres étapes. Il s'agit de l'ensemble de ce que vous mettez en œuvre pour gérer vos données dans votre entreprise.

Il est intéressant de noter que, même si vous n'avez jamais engagé d'action particulière dans les domaines de la gestion des données et de l'IA, vous utilisez déjà des données chaque jour. En effet, les clients, les fournisseurs ou les partenaires avec qui vous travaillez constituent de premières données importantes pour l'entreprise. Les documents que vous utilisez chaque jour pour réaliser vos opérations en sont d'autres, tout comme vos informations financières. Quelle que soit votre maturité en matière d'IA, vous possédez donc déjà un patrimoine de données plus ou moins important. Cela constitue à la fois une chance et un problème :

- C'est une chance car cela signifie que vous avez sûrement déjà un certain nombre de données sur lesquelles vous reposer et avec lesquelles utiliser des systèmes d'intelligence artificielle.
- Ce peut aussi être un problème car vous avez accumulé des données dans des outils, des structures ou encore des formats qui peuvent rendre difficile leur exploitation.

Pour pouvoir exploiter vos données au mieux, vous devrez donc mettre en place une vraie logique de gouvernance des données que nous allons décrire en détail dans ce chapitre. Commençons par décomposer la gouvernance des données. En effet, dans ce domaine, trois grands éléments sont à prendre en compte :

1 *DAMA-DMBOK: Data Management Body of Knowledge, 2nd Edition*, Technics Publications, 2017.

- Le premier qui vient à l'esprit correspond aux processus. Ces derniers, que nous allons décrire, régissent l'ensemble des étapes du cycle de vie des données.
- Ensuite, il y a les outils. Pour maîtriser le respect des processus de gouvernance des données et faciliter leur réalisation, un certain nombre d'outils se révèlent très utiles.
- Enfin, ne négligez pas l'aspect humain, avec des rôles et des responsabilités attribués directement à des personnes de l'entreprise. Parmi les rôles très répandus, citons les *data owners*, les *data stewards* ou encore les data managers. Nous détaillerons ces fonctions dans la suite de ce chapitre.

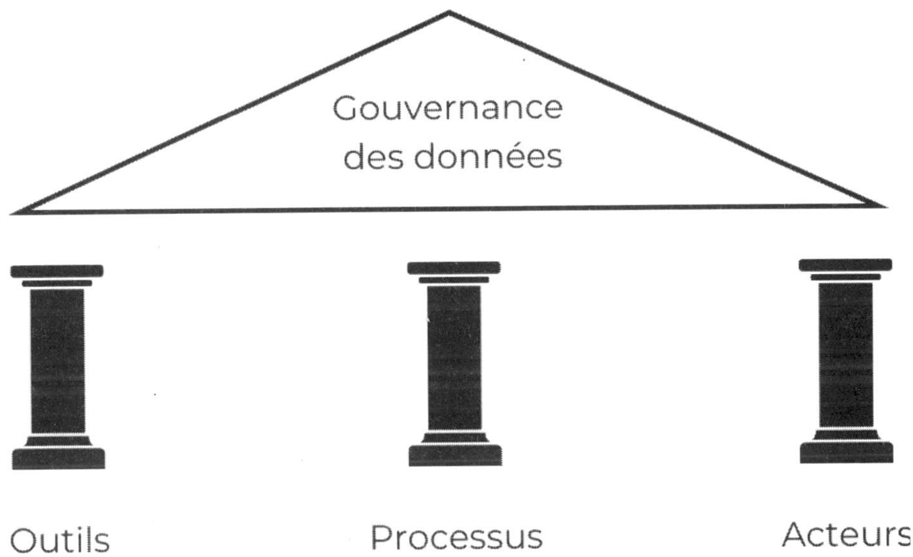

Figure 5.1 Les trois piliers de la gouvernance des données.

Outils et processus de la gouvernance des données

Parlons des processus liés à la gouvernance des données. La première difficulté à laquelle vous êtes probablement déjà confronté, consiste à savoir ce qu'une donnée représente. Il se trouve que c'est aussi la base de la gouvernance des données. La définition d'une donnée doit permettre de comprendre exactement ce qu'elle représente. S'il s'agit de données chiffrées, ce peut être par exemple le chiffre d'affaires journalier hors taxe, ou, s'il est question de données textuelles, le texte d'un e-mail client ou d'un document de référence du règlement intérieur. Ce qu'il faut retenir, c'est que pour être remplie, utilisée et analysée, une donnée doit être clairement définie. L'ensemble des définitions des données critiques pour l'entreprise constitue ce qu'on appelle le *dictionnaire des données de l'entreprise.*

Dans ce dernier, il est habituel d'ajouter les éléments concernant le format des données comme leur type (nombre entier, texte...), leur taille ou encore de potentielles valeurs par défaut. Ce dictionnaire, dont vous pouvez voir un exemple dans le Tableau 5.1, est un élément de base qui doit servir pour la documentation et la réalisation des outils opérationnels qui les utilisent. Pour pouvoir maintenir à jour et administrer ce dictionnaire de données, vous pouvez bien sûr utiliser des moyens simples comme un fichier Excel régulièrement mis à jour. Néanmoins, nous vous suggérons d'opter pour un outil appelé *catalogue de données.* C'est un logiciel qui vous permet de rentrer les informations pertinentes sur vos données en un seul et même endroit. Vous pourrez ainsi définir le *lignage* (*lineage* en anglais), c'est-à-dire préciser pour vos données les plus critiques les outils qui les créent, qui les consomment et qui peuvent les modifier ou les détruire. Parmi les catalogues de données, nous pouvons citer Collibra, DataGalaxy, Talend Data Catalog, Apache Atlas, Microsoft Azure Data Catalog ou encore Dataedo. Le choix d'un de ces logiciels se fera en fonction de la quantité de données que vous avez à gérer, de la simplicité d'intégration à votre entreprise, mais aussi du coût des licences. Nous vous conseillons très fortement de ne pas voir trop grand trop vite. En effet, l'intégration de ces outils au sein de votre activité nécessite un certain temps de prise en main et de maintenance une fois mis en place. Mieux vaut donc commencer par mettre sous contrôle vos données les plus critiques, quitte à commencer par une simple liste des données, de leur définition et de leur format sous Excel. Et si vous choisissez un des outils de catalogue de données listés ci-dessus, prenez-bien en compte la prise en main de l'outil dans vos estimations de temps et de budget.

Base	Champ	Définition	Type	Format	Obligatoire ?
Client_B2B	raison	Raison sociale du client B2B	Texte	255 caractères	Oui
Client_B2B	tel	Numéro de téléphone du client B2B	Numéro de téléphone	10 chiffres	Non
Client_B2B	e-mail	Adresse e-mail du client B2B	Texte	Adresse e-mail	Oui
Client_B2B	seg	Segment de marché du client B2B	Texte	Valeur choisie dans la liste déroulante - boucher - boulanger - chocolatier - restaurateur	Oui

Tableau 5.1 Exemple de dictionnaire de données.

Un autre processus clé dans la gouvernance des données concerne la qualité de ces dernières. D'ailleurs, commençons par déconstruire une idée préconçue : une donnée ne peut pas être intrinsèquement de bonne ou de mauvaise qualité. Cette notion de qualité ne peut se juger qu'en fonction de l'utilisation qui est faite des données. Pour illustrer cela, prenons un exemple simple. Imaginez que vous ayez une base de données clients avec comme champs le nom, le prénom, l'adresse e-mail, le numéro de téléphone, l'adresse de facturation et l'adresse de livraison. Si toutes vos interactions avec vos clients se réalisent par e-mail, il n'y a aucun intérêt à maintenir une qualité de données forte sur le champ « téléphone ». Le fait qu'il soit vide ne sera pas un problème puisqu'il n'est pas utilisé. En revanche, afin de facturer au bon endroit du premier coup, il semble important d'avoir la bonne adresse de facturation. Cela signifie que pour pouvoir déterminer le niveau de qualité pertinent pour une donnée, il faut juger *l'impact* de la qualité de la donnée lors de son utilisation. Il faut donc comprendre comment vos données sont utilisées concrètement.

Une fois que vous avez analysé cela ainsi que les impacts potentiels sur vos opérations d'une mauvaise qualité de données, vous pourrez déterminer le niveau de qualité nécessaire. Vous pourrez ainsi juger que, pour certaines données, il faut nécessairement que le champ soit rempli au format adresse, et que l'adresse soit vérifiée avec un outil comme PagesJaunes ou Google Maps. Pour d'autres, le simple fait que le champ soit rempli pourra garantir un niveau de qualité suffisant. Des outils permettent de mesurer et d'analyser la qualité des données, parmi lesquels nous pouvons citer DataRobot, Talend Data Fabric, Informatica Data Quality, Microsoft Azure Data Factory et Databricks. Contrairement au catalogue de données, l'analyse de la qualité est plus complexe à réaliser avec un simple fichier Excel. Il n'est pas impossible de concevoir un outil maison, mais vous devrez très probablement passer par une phase de codage sur mesure ou bien par l'utilisation de briques d'analyse de données telles que Microsoft Power Query. Parmi les indicateurs principaux de la qualité des données, nous pouvons citer plusieurs éléments classiques (sans être exhaustif) :

- **L'unicité** : les données ont une référence clairement identifiée et ne sont pas dupliquées dans plusieurs bases.
- **L'accès** : les données sont accessibles aux personnes et aux outils qui en ont besoin.
- **Le format** : ce format est précisé et respecté. Par exemple, les adresses sont toutes stockées de la même manière. Si ce n'est pas le cas, il est possible de se retrouver avec une base contenant des valeurs comme « Clermont-Ferrand », « 63000 », « clermont » ou « clt-fd » pour indiquer la même ville de Clermont-Ferrand.
- **La précision** : les données renvoient bien aux bons éléments. Typiquement, les mails indiqués dans la base sont valides et appartiennent bien aux clients spécifiés.
- **La fraîcheur** : les données sont mises à jour dès qu'un changement survient (coordonnées bancaires, adresse…).

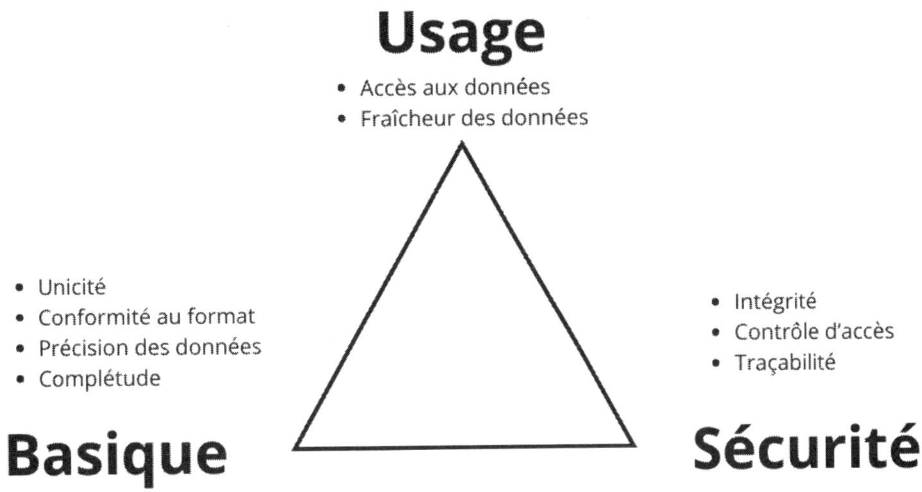

Figure 5.2 Les attributs classique de la qualité des données.

La gouvernance des données concerne aussi la sécurité de ces dernières, la confidentialité et la gestion des accès. À l'heure où les cyberattaques sont de plus en plus fréquentes partout dans le monde, ce processus est critique pour les entreprises. En effet, la gestion de vos données consiste également à les protéger aussi bien en interne que vis-à-vis de l'extérieur. En interne, il peut notamment s'agir de documents de bilans individuels réalisés avec les salariés que vous ne souhaitez pas forcément exposer aux autres salariés de l'entreprise. En ce qui concerne l'extérieur, il s'agit de ne pas dévoiler d'éléments pouvant compromettre les intérêts de l'entreprise. Afin de sécuriser ces aspects, il convient d'adopter une politique de gestion des accès aux bases de données et aux bases documentaires que vous administrez et de définir les politiques et règles d'accès aux données critiques. Là encore, nous vous suggérons de ne pas forcément commencer ce travail en visant le traitement de la totalité de vos données, mais plutôt en vous focalisant d'abord sur les données les plus critiques et les plus sensibles.

Les acteurs de la gouvernance des données

Comme nous venons de le voir, bien gérer ses données par une gouvernance implique la mise en place de processus et l'utilisation de certains outils. En outre, il va falloir mobiliser autour de ces processus et outils un certain nombre de personnes, dont nous allons maintenant présenter les différents rôles. Nous verrons plus loin dans ce chapitre que ces derniers peuvent se matérialiser de façon bien différente en fonction de la taille et de la maturité de l'entreprise. Tout comme pour les processus et les outils, il ne faut pas oublier que ces rôles sont mis en place pour assurer la bonne gestion des données et qu'il faut donc trouver l'équilibre entre le temps que cela demande aux personnes et les bénéfices qui en seront tirés. La littérature sur la gouvernance des données présente au moins trois rôles clés :

- les *data owners* ;
- les *data stewards* ;
- les *data managers.*

Ces rôles étant plus connus sous leur dénomination anglaise, nous les désignerons ainsi dans ce chapitre, tout en vous proposant une traduction française qui nous paraît pertinente.

Figure 5.3 Les acteurs classique de la qualité des données.

Data owner

Commençons par le *data owner.* C'est le responsable de la gouvernance des données dans un périmètre défini. C'est lui qui prend les décisions stratégiques concernant la criticité des données, la gestion de leur qualité et de leur confidentialité, les règles d'accès, etc. Il accomplit sa mission au regard des objectifs de l'entreprise et de sa connaissance de différentes activités de cette dernière. Ce rôle est plutôt occupé par quelqu'un qui connaît bien les opérations et qui est capable de comprendre les données sous-jacentes à l'activité et leur importance dans les opérations de l'entreprise. Le *data owner* appartient donc le plus souvent à l'équipe de direction ou à son environnement proche.

Si nous revenons maintenant sur le nom de ce rôle, nous trouvons que le terme *owner* (« propriétaire ») n'englobe pas toute sa richesse. En effet, le *data owner* a pour mission de s'assurer que les données sont bien gérées pour pouvoir être partagées de façon fluide avec des règles claires. Ce n'est pas lui que tout le monde vient voir dans l'entreprise pour demander un accès aux données. C'est pour cela qu'au lieu de la traduction littérale « propriétaire des données », nous vous proposons de franciser ce rôle en « pilote des données ». Cette appellation permet d'illustrer le fait que la personne s'assure que toutes les données arrivent en toute sécurité auprès des personnes et des applications nécessaires aux opérations de l'entreprise. C'est notamment lui qui va être responsable des choix structurants en termes de format des données, de champs obligatoires, d'intégrations dans les outils métiers de la collecte et de l'utilisation des données. Ce sera donc le principal responsable du dictionnaire de données de l'entreprise. Si votre entreprise compte plusieurs *business units* très différentes en termes d'activités, il peut être intéressant de désigner plusieurs pilotes des données (un par grand domaine d'activité) afin de garder au maximum des experts de leurs domaines sur le sujet.

Data steward

Abordons maintenant un deuxième rôle clé de la gouvernance des données. Il s'agit du *data steward*. C'est la force opérationnelle de la gouvernance des données. Il est chargé de la documentation, de la gestion de la qualité et plus globalement de la gestion des données au quotidien. C'est lui qui va gérer le catalogue de données quotidiennement et s'assurer que tout est conforme aux orientations décidées par le pilote des données. Il veille notamment à ce que les données soient précises, accessibles et correctement utilisées selon les politiques définies par le pilote des données. Plusieurs *data stewards* peuvent opérer dans le périmètre de gouvernance des données d'un seul et même pilote des données. De par leur côté très opérationnel, les *data stewards* sont le plus souvent choisis au sein des équipes métiers, pour assurer une proximité avec les utilisateurs et pour pouvoir les embarquer dans les tâches nécessaires afin de bien gérer les données.

En français, le terme « steward » existe déjà, notamment dans l'aviation. Nous proposons donc de garder la francisation « steward des données », qui permet en plus de rester cohérent d'un point de vue lexical avec le rôle de pilote des données présenté précédemment.

Data manager

Abordons maintenant un troisième et dernier rôle de la gouvernance des données très présent en entreprise : le *data manager* ou gestionnaire des données. Il est chargé de la conception et de la mise en place des architectures des systèmes informatiques et des processus qui permettent de collecter, stocker, exploiter et sécuriser les données de l'entreprise. Il doit notamment veiller à la mise en place des processus et des outils permettant aux stewards des données de pouvoir réaliser leurs missions au plus proche des politiques de gestion de la donnée définies par les pilotes des données. Ce rôle revêt un profil plutôt technique. Il peut donc se situer dans les équipes informatiques ou très proches d'elles et doit travailler en étroite collaboration avec les stewards des données.

Il est intéressant de noter que vous pouvez très bien décider de désigner une seule et même personne pour remplir plusieurs des trois rôles que nous avons décrits ici. Néanmoins, nous attirons votre attention sur le fait que le rôle de data manager demande des compétences informatiques en matière d'architecture. Si vous n'avez personne dans vos équipes à même d'assumer ce rôle, notamment si vous n'avez pas d'équipe SI (systèmes d'information) interne, nous vous conseillons d'étudier la piste d'une ressource externe sur le sujet, ou bien d'envisager de former une personne en interne.

5.2 Fédérer ses équipes sur l'enjeu de la donnée

Avouons-le tout de suite, il est beaucoup plus facile d'impliquer les équipes dans des outils d'IA que dans la gestion des données ! Pour vous en convaincre, il suffit de vous demander si vous préférez passer du temps à utiliser un outil d'IA comme ChatGPT ou à vous assurer que toutes les lignes d'une feuille de calcul Excel sont bien remplies, au bon format et avec des valeurs cohérentes... Pourtant, comme expliqué dans ce chapitre, si vous voulez réellement intégrer l'IA à votre entreprise, vous allez devoir sensibiliser vos équipes à l'importance d'une bonne gestion des données. Il va donc falloir trouver les arguments pour motiver les équipes et les convaincre de réaliser les tâches garantissant la fiabilité des données et qui permettent à la fois la visualisation, la prise de décision et l'utilisation d'outils d'IA de façon pérenne.

Ne mettez pas tout en place d'un seul coup

Les livres traitant de la gouvernance des données proposent souvent une vision idéalisée des rôles, des processus et des outils à utiliser. Nous vous conseillons de ne pas appliquer tout tel quel d'un seul coup, mais plutôt de comprendre d'abord pourquoi ces rôles, ces processus et ces outils sont définis et utilisés. De plus, si vous êtes au début de la mise en place de la gouvernance des données, vouloir imposer un cadre très strict va impliquer pour les équipes beaucoup de changements dont la mise en place prendra du temps. Si des résultats ne sont pas visibles très vite, la suite logique est une démobilisation de vos équipes, qui verront dans la démarche une perte de temps importante pour un gain faible. Il est donc important de commencer par identifier les points de douleur potentiels de votre entreprise dans la gestion de ses données.

Il peut s'agir de la sensation de perte de temps, de la réalisation de tâches peu appréciées ou de la duplication du même travail. Il faut réellement sensibiliser les équipes aux conséquences d'un manque d'accès aux données ou d'une mauvaise qualité de celles-ci. Par exemple, une entreprise qui réfléchissait à sa gouvernance voulait supprimer toutes les données doublonnées (c'est-à-dire présentes dans plusieurs bases de données différentes sans lien entre elles) pour ne conserver qu'une représentation unique et fiable. C'est a priori un bon sujet de gouvernance des données. Mais si nous rentrons plus dans le détail, pensez-vous réellement que ce travail soit nécessaire si les données doublonnées ne causent ni perte de temps ni problème opérationnel et ne risquent pas de le faire dans le futur ? Notre conviction est que ce n'est pas nécessaire. Il vaut mieux identifier les seules données doublonnées qui posent problème et ne pas chercher à viser une sur-qualité qui pourrait s'avérer coûteuse et démobiliser les équipes.

Pour fédérer les équipes, nous vous suggérons donc d'adopter une approche centrée sur leurs besoins sur le terrain et leur priorisation. Cette dernière doit être réalisée à l'aide de deux paramètres principaux : l'importance du besoin (ou du point de douleur) ressenti et l'effort à réaliser pour y répondre. Pour évaluer l'importance d'un besoin, vous pouvez prendre en considération plusieurs éléments :

- Quelle est la conséquence directe pour l'activité ou l'employé ? Exemples : perte de 30 minutes par jour pour accéder aux données, cinq erreurs de livraisons par mois ou encore deux clients non facturés.

- Quelle proportion de votre activité est touchée ? Exemples : cent employés, cinq sites industriels ou encore un seul pays.

Grâce à ces éléments, vous serez en mesure de quantifier un impact du besoin sur votre entreprise. Nous verrons dans la suite de ce chapitre que ce calcul servira de base pour mesurer l'impact et l'avancée du chantier de gouvernance des données. Afin de pouvoir prioriser les sujets, vous pouvez les positionner sur une échelle d'impact allant de 1 à 5 (1 correspondant à un impact faible et 5 à un impact très important). La note obtenue peut être influencée par un élément tel que le ressenti. En effet, parfois, certains sujets ne seront pas notés comme ayant un impact important, mais pourront apporter, une fois résolus, un vrai confort mental à l'entreprise et ses employés.

Ensuite, pour pouvoir prioriser les sujets à traiter, il faut aussi définir l'effort à fournir pour répondre au besoin. Pour cela, vous devez encore adopter une approche pragmatique et vous focaliser sur des éléments tangibles. Nous pouvons par exemple citer :

- le nombre de personnes à mobiliser pour traiter le besoin (remplissage de données clients ou fournisseurs, analyse et traitement des doublons...) ;
- la présence d'un historique à traiter et sa taille (correction d'une base de 15 000 lignes ou d'un petit fichier de 150 lignes) ;
- la capacité à mobiliser des outils d'automatisation pour traiter le cas (par exemple pour l'identification des doublons) ;
- le temps à passer sur chaque correction (possibilité de correction massive avec quelques secondes par entrée ou besoin de correction minutieuse impliquant des appels téléphoniques ou l'envoi d'e-mails pour vérifier des informations).

Tous ces éléments vous permettront d'avoir une idée plus précise de la quantité de travail à fournir pour répondre au besoin. Une fois encore, nous vous recommandons de les positionner sur une échelle de 1 à 5 (1 correspondant à un faible effort et 5 à un effort très important). Vous pouvez dès lors représenter vos besoins selon la matrice donnée en exemple (voir Figure 5.4).

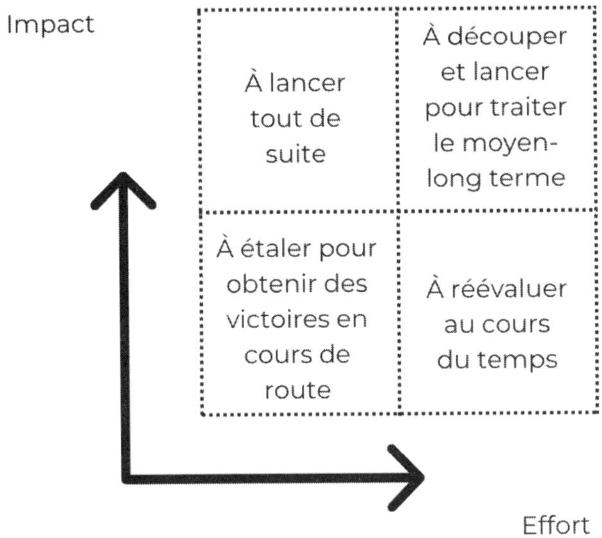

Figure 5.4 Classification des besoins en fonction de l'impact et de l'effort à fournir.

Si vous classez vos cas dans ces tableaux, les besoins en haut à gauche représentent les cas à forte valeur et à faible effort, à lancer au plus vite pour engranger de premières victoires significatives qui donneront de la confiance dans la démarche. Nous vous conseillons de réfléchir au lancement d'une initiative dans la zone en haut à droite. En effet, les initiatives se trouvant dans cette zone nécessitent des efforts plus importants. C'est pourquoi il est important de trouver le juste équilibre entre la réponse à des besoins qui vont apporter des résultats tangibles très vite et ceux qui mettront plus de temps à arriver. Les besoins présents dans la zone en bas à gauche demandent peu d'efforts, mais leurs résultats seront limités. Il est donc intéressant d'insérer la réponse à ces besoins au milieu de travaux sur des besoins nécessitant plus d'efforts. Vous l'aurez compris, pour fédérer les équipes autour des enjeux de gouvernance des données, il est important d'équilibrer les efforts demandés et les bénéfices tangibles perçus.

La carotte ou le bâton

Abordons maintenant un autre aspect qu'il est important d'appréhender pour fédérer les équipes autour de ces enjeux de gestion des données : la motivation. Bien entendu, le minimum consiste à ce que vous présentiez aux personnes concernées le sens de la démarche et les raisons pour lesquelles le chantier de gouvernance des données est lancé. Néanmoins, la pratique montre qu'il ne suffit pas de donner du sens pour assurer la motivation et l'adhésion des équipes. Il s'agit bien sûr également de créer une dynamique autour du sujet. Dans ce cadre, la technique de « la carotte et du bâton » décrite par le manager d'une grande entreprise européenne revient souvent. Comme vous l'avez sûrement déjà compris, la carotte représente toutes les récompenses qu'il est possible de mettre en place pour favoriser certains comportements. Au contraire, le bâton correspond aux sanctions pour les personnes qui n'adoptent pas certains comportements.

Figure 5.5 Exemple imagé de la technique de « la carotte et du bâton ».

Illustrons ce point avec un exemple qui vous parlera sûrement : la qualité des données clients. Il est important pour une entreprise d'avoir des données clients et prospects de qualité pour pouvoir réaliser des campagnes marketing efficaces, facturer correctement les clients, etc. Pour pouvoir maintenir un bon niveau de qualité des données clients, les équipes commerciales sont souvent en première ligne. Imaginons que vous souhaitiez les inciter à entrer des données de qualité dans votre outil de gestion de la relation clients (ou CRM pour *Customer Relationship Management*). Pour cela, la « carotte » pourra consister à mettre en place un challenge entre les représentants commerciaux. Vous identifiez, mesurez et mettez à jour un indicateur de qualité des données, calculé pour tous les représentants commerciaux. Ensuite, à fréquence régulière, par exemple chaque mois, vous récompensez les trois représentants ayant les meilleurs indicateurs de qualité, pas forcément de façon pécuniaire, mais en mettant à l'honneur l'importance de leur rôle lors d'une réunion.

Considérons maintenant le même exemple, mais plutôt sous l'angle du « bâton ». Vous avez mis en place les indicateurs cités dans le paragraphe précédent, sauf que cette fois, au lieu de récompenser les premiers du classement, vous allez en réprimander les derniers (ou ceux qui sont en dessous d'un certain score). Cela revient à organiser des réunions d'explication et de clarification avec ceux qui ne réalisent pas les tâches attendues. Nous vous mettons tout de même en garde sur cette technique du bâton. En effet, même si nous sommes persuadés qu'il est nécessaire de dire à ses employés que leur travail n'atteint pas les objectifs espérés, il faut veiller à les respecter et à ne pas utiliser cette technique de façon violente. En effet, il ne s'agit pas de dénigrer en public les personnes qui n'obtiennent pas les résultats escomptés, mais bien de leur rappeler que la tâche qu'ils ne réalisent pas correctement est importante pour l'entreprise. Peut-être que ces collaborateurs n'ont pas bien saisi l'importance de cette qualité de la donnée et les bénéfices qu'ils pourront en tirer eux-mêmes, et ce n'est pas un mal de revenir sur ces sujets. Vous apprendrez peut-être aussi dans ces réunions de clarification que les outils ou les processus que vous avez mis en place ne sont pas bons et qu'il pourrait être intéressant d'en changer !

Mobilisez les acteurs de la gouvernance au sein des équipes

Parmi les acteurs de la gouvernance des données, deux se situent au niveau des équipes métiers : le **pilote des données** et le **steward des données**. Il est très important de pouvoir mobiliser sur ces rôles des personnes de vos équipes métiers. En effet, si les rôles en question sont assurés par des personnes extérieures aux équipes métiers (le dirigeant lui-même ou bien les équipes informatiques), les décisions ne refléteront souvent pas la réalité du terrain. Et il se peut qu'une distance se crée entre ces acteurs et les équipes métiers, ce qui nuirait gravement à l'utilisation des données et de l'IA dans votre entreprise. Il faut donc être capable de mobiliser des personnes au sein même des équipes.

Comme précisé plus haut, les deux rôles en question n'exigent pas le même niveau de connaissance du métier ni le même niveau de prise de décision. Pour le pilote des données (*data owner*), il s'agira de trouver quelqu'un au sein de l'équipe qui connaît suffisamment le métier pour prendre les décisions les plus importantes. Il faut aussi qu'il manipule fréquemment les données de sorte à bien les connaître. Cela lui permettra d'être à l'aise dans les tâches qui lui seront demandées. La motivation est un autre élément clé. Il s'agira ainsi de trouver une personne qui semble motivée par les sujets liés aux données et à l'IA. Ce conseil fonctionne également pour le rôle de steward des données. Et ce, même si ce dernier aura un rôle plus opérationnel en s'assurant que les règles proposées par le pilote des données et les processus associés soient bien respectés. Si votre entreprise comporte déjà plusieurs dizaines de salariés et que vous avez identifié plusieurs pilotes et stewards des données, nous vous conseillons de mettre en place des échanges (formels et informels) afin de créer un sentiment d'équipe et des instances de partage entre ces personnes. Ce sera l'occasion de mettre en avant leur importance stratégique pour votre entreprise et de les remercier pour leur investissement.

Témoignage

Vincent Bessière, Head of Data chez Eurécia

« – Vincent, j'ai besoin de data fiable, car aujourd'hui c'est compliqué, je n'ai pas de data et quand on compare les chiffres avec les autres services, nous avons toujours des écarts !

Cette phrase, je l'ai entendue à mon arrivée en tant que Head of Data chez Eurécia (éditeur d'une suite logicielle de système d'information des ressources humaines depuis 2007).

Cette phrase prononcée par une personne du top management ne m'a pas surprise, car ce n'était pas la première fois que je l'entendais. C'est une problématique classique dans les sociétés dans lesquelles la data n'est pas gérée de manière spécifique. Je dirais même que cela m'a rassuré, tout d'abord parce qu'elle démontre un véritable besoin en data et parce que, venant du top management, je savais que j'aurais les appuis nécessaires pour mener à bien mon travail. Ce dernier point est un atout considérable quand il faut aborder des sujets sensibles. J'ai déjà eu à travailler par le passé sans appui de la direction, et les projets data étaient souvent mort-nés.

Il ne restait donc plus qu'à se mettre en action. La première étape a été de construire un pôle data solide et pérenne. Nous étions convaincus que prendre quelques semaines de réflexion au lancement évite des mois d'écueils par la suite et nous avons donc fait le choix de réaliser un audit interne afin de comprendre la situation actuelle, appréhender les besoins et les contraintes pour finalement définir une stratégie et une feuille de route.

L'audit s'est étalé sur six à huit semaines durant lesquelles j'ai rencontré un maximum de collaborateurs : P.-D.G., responsable et manager opérationnels des différentes directions (RH, finance, marketing, commerce, support…), directeur technique, directeur produit, responsables des applications métiers (CRM, ticketing, facturation…), développeur, exploitation…

→

L'analyse s'est articulée autour de plusieurs axes :

- les principaux besoins et usages attendus (pilotage, vision 360 clients, IA...) ;
- les compétences utiles pour mettre en œuvre la feuille de route (data analyst, data engineer, data scientist...) ;
- le positionnement du pôle dans l'organisation (pôle centralisé, pôle embarqué dans les équipes métiers ou pôle hybride) ;
- les contraintes financières et réglementaires ;
- les enjeux de confidentialité et de sécurité ;
- l'architecture et les outils technologiques ;
- les enjeux de qualité de données ;
- la gouvernance des données à mettre en œuvre (process, responsabilité...).

Concrètement, l'audit a révélé que tous les services avaient des besoins, qu'il s'agisse de tableaux de bord de pilotage, d'analyses ad-hoc, ou encore de projets d'IA, de machine learning, et de chatbot. Il est également apparu que les sujets fonctionnels se recoupaient souvent, comme l'analyse des ventes par le marketing et la direction financière. Le pôle data a donc été positionné de manière transverse, en support de toute l'organisation, avec toutes les ressources data centralisées dans une même équipe.

Pour répondre aux différents besoins, nous avons opté pour une démarche itérative et pragmatique, en commençant par poser les briques fonctionnelles de base avant de répondre à des sujets complexes d'IA, de machine learning, etc.

Nous avons débuté par la construction des « référentiels » de données autour des sujets clés : les clients, les commandes, les factures, les tickets du support, les opportunités commerciales, etc. Ce travail nécessite dans un premier temps de poser des définitions communes pour toute la société (par exemple, qu'est-ce qu'un client, quelles différences entre un client et un prospect, etc.), d'identifier les process métiers et techniques (quel service met à jour la donnée, dans quel système trouver la bonne donnée, etc.). Dans un second temps, il s'agit de mettre en œuvre la solution et enfin d'accompagner les métiers à l'utilisation de cette donnée. Pour éviter un effet tunnel dangereux pour l'adoption des métiers, nous attaquons les briques de base à travers des cas d'usage concrets. Par exemple, nous avons traité les factures et les commandes en nous concentrant sur le reporting financier, ou les tickets de support en mettant en place un tableau de bord de pilotage.

Cette approche a orienté les premiers recrutements : un data analyst/BI expérimenté était essentiel pour analyser, communiquer, challenger les métiers, modéliser les données et développer des flux de données. Le recrutement de profils spécialisés en data engineering ou en data science n'était pas utile durant les deux premières années.

En ce qui concerne l'architecture et les outils, nous avons opté pour la simplicité : faible maintenance, prise en main facile, limitation du nombre d'outils. Trois outils suffisent pour l'instant : Google BigQuery,

→

une base de données cloud managée (sans infrastructure à gérer), Google Dataform, un outil de transformation de données en SQL (car dans la data, tout le monde doit parler SQL) et le logiciel Tableau, un outil de visualisation de données pour les tableaux de bord et les analyses.

Aujourd'hui, nous avons posé des fondations solides qui permettent à l'ensemble de l'organisation de bénéficier de données fiables et exploitables, ouvrant ainsi la voie à des initiatives ambitieuses en IA. »

5.3 Gérez vos données, le RGPD et la loi européenne sur l'IA (*AI Act*) dès la conception

Quand on parle de gestion des données, on parle également du respect de la réglementation européenne concernant les données personnelles (ou RGPD, « règlement général sur la protection des données ») ou encore de la loi européenne sur l'IA (*EU AI Act*) : mieux vaut réfléchir à ces sujets dès la conception des projets, cela vous permettra de gagner beaucoup de temps. Nous allons voir dans cette partie qu'il est possible de prendre en compte certains de ces aspects avec des réflexes simples. Vous éviterez ainsi de devoir passer un temps parfois considérable à déconstruire des choses pour les mettre en adéquation avec la gouvernance de vos données ou avec des contraintes réglementaires.

Pensez à l'usage dès le début

En matière de gouvernance des données, le patrimoine de données déjà existant dans l'entreprise est bien sûr la première chose qui vient en tête. Comme nous l'avons vu dans ce chapitre, nous vous déconseillons de vous attaquer à l'ensemble du patrimoine de données d'un seul coup : il faut choisir les thématiques de gouvernance des données les plus pertinentes. Il est aussi intéressant d'intégrer les bonnes pratiques de gouvernance des données, de RGPD et de la loi sur l'IA (*AI Act*) de l'EU dès le début du traitement des nouveaux cas d'usage de l'IA de l'entreprise.

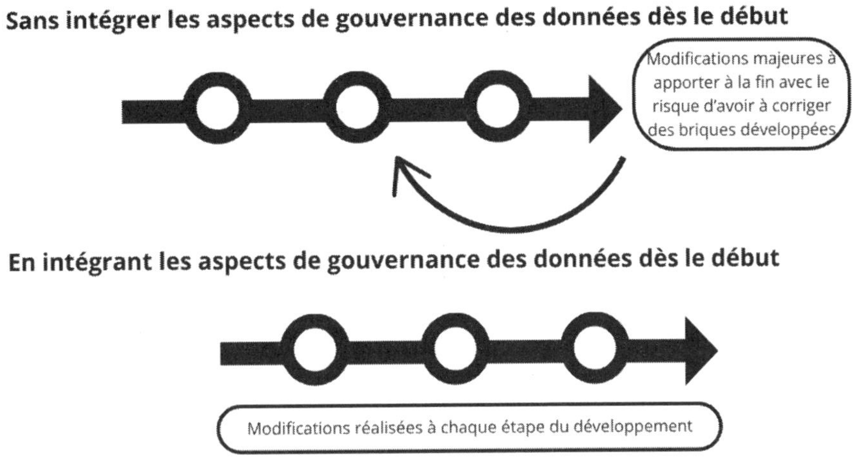

Figure 5.6 Modélisation de l'impact sur des projets d'IA de la prise en compte des bonnes pratiques de gouvernance de données, du RGPD et de la loi européenne sur l'IA.

Pour comprendre cette problématique, prenons une analogie simple, celle du rangement. Si plusieurs pièces sont mal rangées chez vous, cela va vous prendre un temps considérable d'y remédier. En revanche, si vous construisez une nouvelle pièce, vous avez tout intérêt à prendre l'habitude de la ranger correctement dès le départ. Cela vous permettra de partir sur des bases solides. De même, il sera intéressant de bien lister dès le départ tout ce que vous aurez besoin de ranger ou a minima de laisser la possibilité de ranger facilement d'autres éléments. Sinon, vous devrez sûrement tout déranger pour ranger à nouveau, ce qui implique une perte de temps importante.

Pour éviter cela en IA, il faut adopter des principes très semblables à ceux du rangement. Par exemple, pour formaliser vos cas d'usage de l'IA, nous vous recommandons d'utiliser des modèles incluant certaines cases importantes. La première d'entre elles correspond aux données nécessaires pour pouvoir réaliser le cas d'usage. Il peut d'ailleurs être intéressant de faire apparaître clairement les données les plus critiques pour la réussite du cas d'usage. Une seconde case importante correspond à l'identification des données personnelles que vous pouvez être amené à utiliser. Prenons l'exemple de l'analyse des réponses des clients de votre entreprise à une enquête de type « Net Promoter Score ». Au cours de cette enquête, vous demandez à vos clients s'ils recommanderaient votre entreprise à des pairs en lui attribuant un score allant de 0 à 10. Si la réponse est comprise entre 0 et 6, ce sont des *détracteurs*. Si la réponse est 7 ou 8, ils sont dits *passifs*. Enfin, si la réponse est 9 ou 10, ce sont des *promoteurs*. Il est d'usage de leur demander de justifier la note sous forme de texte libre. Nous avons tenté d'identifier les éléments clés pour un tel cas d'usage dans le Tableau 5.1. Comme vous pouvez le voir, les données critiques sont :

- **L'identifiant client** : il permet de faire le lien avec le client de façon unique dans les bases de données et doit donc permettre de retrouver d'autres données, comme le nom du client ou son adresse e-mail.
- **La note du client** : cette valeur est utilisée pour analyser les résultats de l'enquête « Net Promoter Score ».
- **Le verbatim du client** : cette donnée permet de connaître les raisons de la note du client. C'est la donnée brute qui peut être exploitée pour identifier le(s) sujet(s) dont parle le client et le sentiment qu'il exprime dans son message.

Il est aussi possible de voir que certaines données à caractère personnel peuvent être utilisées dans ce cas. Votre exposition au RGPD ne sera pas la même selon que vos clients sont des entreprises ou des particuliers. Si vous travaillez avec des clients particuliers, vous devrez intégrer comme donnée critique le consentement de l'utilisateur à l'exploitation de ses données personnelles en vue de réaliser l'analyse de l'enquête « Net Promoter Score ». Si vous ne souhaitez pas traiter des cas personnels à travers l'analyse de cette enquête, vous pouvez aussi supprimer tout lien avec des données d'identification et ne faire l'analyse que sur des notes et verbatims anonymes. Vous voyez donc toute l'importance de bien identifier au départ ce que vous souhaitez faire : c'est **le but de votre cas d'usage de l'IA.**

Données pertinentes (en *italique*, les données critiques qui ont été identifiées)	*Identifiant client*, nom du client, e-mail du client, *note du client*, *verbatim client*, nom du représentant commercial interne en charge du client
Données personnelles	Nom du client, e-mail du client, nom du représentant commercial interne en charge du client

Tableau 5.2 Identification des données pertinentes pour un cas d'usage de type analyse du *Net Promoter Score*.

Documentez au fur et à mesure

Comme nous venons de le voir, dans la réalisation des cas d'usage et l'identification des éléments de gouvernance des données associée, il est primordial d'avoir clairement défini l'objectif métier, c'est-à-dire le but du cas d'usage. Et pour être sûr que tout le monde le comprenne, nous vous conseillons de l'écrire et de le valider au plus tôt au sein de l'équipe. Cette phase de capitalisation passe par la mise en place d'un document (comme un fichier Word ou Excel) qui servira de modèle pour proposer un nouveau cas d'usage. L'idée est qu'aucun élément clé ne soit oublié lors du lancement d'un nouveau cas d'usage. La mise en place d'un tel document permet de faire le lien avec un autre sujet très important des projets d'IA : **la capitalisation** et **la documentation**.

Nous savons bien que cet aspect documentaire n'est pas le plus attractif lorsqu'on se lance dans un nouveau sujet technologique. Il est plus habituel de vouloir réfléchir dès le départ à l'interface qu'on veut mettre en place, à son design ou aux fonctionnalités principales. Néanmoins, si vous ne capitalisez pas sur les discussions que vous avez et sur les décisions que vous prenez, il est très probable que votre avancée soit limitée à cause d'une asymétrie d'information entre les acteurs ou de l'oubli d'informations ou de décisions importantes. De plus, il est très compliqué de réaliser la documentation d'un projet d'IA complet après son déploiement. Au mieux, certaines fonctionnalités seront documentées grossièrement ; au pire, aucune documentation ne sera jamais écrite.

Au-delà des aspects liés à l'utilisation et à la technique, certains règlements sur les données ou l'IA nécessitent que les entreprises aient documenté et spécifié un certain nombre d'éléments. Par exemple, lorsque vous utilisez des données personnelles, vous devez avoir documenté la manière dont vous les utilisez, à quelles fins vous les utilisez, et comment vous recueillez le consentement des utilisateurs. De la même façon avec la loi sur l'IA de l'EU, vous devez documenter quelles technologies d'IA vous utilisez, leur impact potentiel et leur rôle dans les processus de prise de décision. Pour ces règlements, l'objectif est clair : s'assurer que les personnes et leurs données soient traitées de façon responsable par les entreprises. Et il est important d'aborder ces sujets au fur et à mesure des projets d'IA, en documentant précisément les éléments nécessaires. En effet, cela vous permettra de gagner du temps à la fin du projet, mais aussi de réfléchir à la meilleure façon de gérer ces aspects au sein même des développements, donc lors de la phase de conception des solutions IA.

Sur ces sujets, nous vous conseillons donc de consigner dans des documents (même sommaires) les principales décisions que vous prenez. Vous pouvez aussi utiliser les dernières technologies de prise de notes automatiques lors de vos réunions (comme Otter.ai, Fireflies.ai, Duet AI de Google, Copilot ou Team Premium de Microsoft). Ces technologies utilisent la retranscription vocale et des outils d'IA génératives pour permettre de retranscrire les notes et d'établir une synthèse de la réunion. Cela peut vous permettre de gagner du temps sur une tâche qui est parfois fastidieuse.

Faites appel à des professionnels pour les sujets importants

Les éléments que nous avons déjà cités devraient vous permettre de traiter les sujets les plus simples. En revanche, vous aurez peut-être à traiter des sujets plus critiques, comme ceux impliquant l'utilisation de données personnelles sensibles (informations médicales, appartenance religieuse, régime alimentaire, sexualité de la personne...). Nous pouvons aussi qualifier de critique un domaine dans lequel un système IA est amené à prendre des décisions impliquant fortement les personnes. Par exemple, un algorithme d'IA qui déciderait de vous octroyer ou non un prêt pour l'achat d'un bien immobilier. Dans de tels cas, il est important de bien connaître le domaine pour prendre les décisions les plus éclairées. Ces dernières peuvent être des éléments de documentation ou d'information qui seront ajoutés au produit d'IA. Mais il peut aussi s'agir de décisions de modification du produit lui-même pour éviter les biais qu'il pourrait induire, ainsi que les risques sur les données personnelles.

Le RGPD régit le cycle de vie des données personnelles que vous utilisez dans votre entreprise. Il vise à protéger les données personnelles en forçant les entreprises à spécifier aux utilisateurs les raisons pour lesquelles elles collectent et utilisent leurs données. Un consentement est alors demandé aux personnes afin de valider la capacité de traitement de leurs données par l'entreprise. Si vous manipulez des données personnelles, vous devez vous conformer à cette réglementation. Et ce, d'autant plus que vous utilisez des données personnelles dites « sensibles », parmi lesquelles vous pouvez retrouver les données médicales, religieuses, politiques... Pour plus d'informations sur le RGPD, nous vous conseillons de vous rendre sur le site de la CNIL : `https://www.cnil.fr/fr/rgpd-de-quoi-parle-t-on`, où vous pourrez notamment retrouver un guide de sensibilisation pour les petites et moyennes entreprises.

L'œil de l'experte

Magali Germond, directrice de LumIAire Conseils : focus sur l'*AI Act*

« L'année 2024 marque le départ d'une nouvelle ère réglementaire afin de mieux encadrer et maîtriser les systèmes d'intelligence artificielle (SIA)[2]. Depuis l'arrivée de l'IA générative dans le quotidien de la population, un grand nombre de craintes, d'incompréhensions et de méfiances se font ressentir. Ainsi, afin de rassurer les utilisateurs sur la « carte d'identité » des SIA, la Commission européenne a entamé un long travail qui a débouché sur un texte qui devrait apporter des clés de lecture et de compréhension sur la conception, le développement, l'industrialisation et l'utilisation des systèmes d'IA. Ne plus parler de boîtes noires mais de SIA « dignes de confiance ». Ce règlement, nommé AI Act ou loi sur l'IA de l'EU, a été adopté le 13 mars 2024 par le Parlement européen comme texte de régulation des intelligences artificielles. La version en vigueur du texte a été publiée le 12 juillet 2024. Ce dernier a pour vocation d'assurer que les systèmes d'IA utilisés et exploités dans l'UE sont sûrs, transparents, compréhensifs, traçables, sécurisés, non discriminatoires et respectueux des droits fondamentaux des citoyens, des citoyennes et de l'environnement.

En résumé, il doit permettre d'assurer que les SIA sont alignés avec les valeurs de l'UE et d'encadrer leurs usages. Ce texte est considéré comme la première loi sur l'IA au monde !

Voici cinq points importants concernant la compréhension de cette réglementation et surtout sa mise en œuvre en entreprise de manière simple et pragmatique :

- *Une approche par le risque : le règlement européen AI Act impose des obligations et des exigences liées au niveau de risque que représente le SIA à partir d'une évaluation centrée sur l'humain. En d'autres termes, cela revient à s'interroger sur le risque engendré par l'utilisation d'un système d'IA au regard des droits fondamentaux des humains. Les entreprises doivent ainsi évaluer le niveau de risque de chacun de leur SIA à partir du référentiel proposé par l'UE, qui comporte quatre niveaux de risques, par ordre décroissant : risque inacceptable, haut risque, risque moyen et faible risque. Les concepteurs, développeurs, fournisseurs et utilisateurs devront alors respecter les obligations associées.*

→

2 « Système automatisé conçu pour fonctionner à différents niveaux d'autonomie, qui peut faire preuve d'une capacité d'adaptation après son déploiement, et qui, pour des objectifs explicites ou implicites, déduit, à partir des entrées qu'il reçoit, la manière de générer des sorties telles que des prédictions, du contenu, des recommandations ou des décisions qui peuvent influencer les environnements physiques ou virtuels » *Loi sur l'IA de l'EU*, Article 3, Définitions.

- *Un SIA est identifié comme inacceptable s'il représente une menace pour les personnes : ces SIA sont interdits sur le territoire européen. Sont considérées comme inacceptables toutes utilisations permettant d'influencer de manière subliminale et préjudiciable une personne, toute manipulation comportementale cognitive de personnes ou groupe de personnes vulnérables, l'évaluation de la fiabilité des personnes sur la base de leur comportement social, statut socio-économique ou à caractéristiques personnelles (notation sociale), l'identification biométrique en temps réel et à distance, telle que la reconnaissance faciale.*
- *Un SIA est considéré à haut risque s'il engendre une incidence négative sur la sécurité ou les droits fondamentaux. Sont considérés comme risques élevés toutes utilisations répertoriées dans un des domaines suivants : biométrie, infrastructures critiques, éducation et formation professionnelle, emploi et recrutement, accès et droit aux services privés essentiels et aux services publics et prestations sociales essentiels[3]. Ces SIA doivent respecter un certain nombre d'exigences :*
  - *mettre en place, maintenir et documenter un système de gestion des risques identifiés ou par anticipation ;*
  - *qualifier selon les critères de l'UE les données d'entraînement, de validation, de tests et établir une gouvernance des données liées aux SIA ;*
  - *maintenir une rédaction et un suivi d'une documentation technique précise avant la mise sur le marché du SIA ;*
  - *effectuer un enregistrement automatique des événements (journaux) tout au long de la durée de vie du système d'IA pour assurer sa traçabilité ;*
  - *livrer des notices d'utilisation pour garantir la compréhension de la conception, du développement et du fonctionnement du système afin de garantir sa transparence ;*
  - *assurer la maîtrise et le contrôle des SIA par l'intermédiaire d'interfaces hommes-machines, appelés également « contrôle humain » ;*
  - *tester, valider, garantir et documenter que la conception et le développement des SIA permettent d'atteindre un niveau approprié d'exactitude, de robustesse et de cybersécurité, et de fonctionner de façon constante à cet égard tout au long de leur cycle de vie.*
- *Les SIA qualifiés de risque moyen et faible engendrent des mesures simplifiées. Néanmoins, un niveau de documentation est attendu afin de garantir leur explicabilité.*
- *Un texte complémentaire aux autres textes qui régulent l'univers de l'IA (Data Act, RGPD, directive NIS2, Data Governance Act…) afin de proposer un cadre de support à l'innovation et non un frein à celle-ci.*

→

3 *Loi sur l'IA de l'EU, annexe III.*

- *Une méthode à appliquer tout au long du cycle de vie d'un système d'IA et dès l'émergence du projet, car l'intégrer c'est avant tout être AI Act « by design »[4] et donc conforme et concurrentiel.*
- *S'engager dans une démarche de conformité par rapport à la loi sur l'IA de l'EU équivaut à s'engager dans une vision éthique des systèmes d'IA et à respecter les sept principes éthiques non contraignants[5] pour des IA de confiance.*
- *L'entrée en vigueur du texte réglementaire est prévue au 2 août 2026. Toutefois dans certains cas le texte sera applicable plus tôt[6].*

En résumé, que vous soyez une start-up, une TPE/PME/ETI, un grand groupe, et quel que soit votre profil (concepteur, fournisseur, utilisateur), vous devez anticiper la mise en application du texte en établissant une cartographie des SIA, en évaluant leur niveau de risque, en travaillant sur la méthodologie de respect des obligations, en vous assurant que vos prestataires sont informés et engagés dans une démarche de conformité par rapport à la loi sur l'IA de l'EU. De plus, il est essentiel de mettre en place une politique d'usage des SIA afin d'en garantir une utilisation digne de confiance. »

5.4 Les clés pour mettre en place un suivi pertinent

Maintenant que nous avons vu ensemble ce qu'était la gouvernance des données, comment fédérer les équipes autour de ce sujet et comment traiter les questions réglementaires, nous allons aborder le sujet du suivi des efforts en la matière. Une fois que vous aurez choisi les sujets principaux à traiter dans votre entreprise en matière de gouvernance des données, vous devrez suivre leur réalisation et évaluer les résultats obtenus. C'est très important à la fois pour valider la pertinence des sujets choisis, mais aussi pour mobiliser les équipes et leur montrer les progrès accomplis. Nous verrons également dans cette section l'importance de l'installation progressive des rôles et des règles de la gouvernance des données pour accompagner cette montée en puissance.

4 C'est-à-dire intégrer les exigences de l'AI Act dès la phase de conception de vos projets d'IA.

5 Lignes directrices du *Livre Blanc sur l'intelligence artificielle de la Commission européenne*, février 2020.

6 *Loi sur l'IA de l'EU*, article 113.

Montrez les progrès accomplis

Comme nous l'avons rappelé à plusieurs reprises, il ne faut pas faire de la gouvernance des données par principe, mais pour chercher à apporter une réelle valeur à l'entreprise. Nous avons vu dans la section 5.2 de cet ouvrage l'importance des choix et de ne pas mettre tout en place d'un seul coup. Nous avons notamment présenté une méthodologie pour quantifier la valeur potentielle des sujets liés à la gouvernance des données que vous pourriez réaliser. Il s'agit par exemple de quantifier l'impact sur l'activité (en quantité et/ou qualité). Il est très important de pouvoir identifier des indicateurs clés. En voici quelques exemples :

- Une perte de 30 minutes par jour pour quatorze personnes (soit sept heures perdues par jour au total) à cause d'un mauvais partage de la donnée. Nous pouvons par exemple imaginer que chacune des quatorze personnes doive récupérer un fichier, le corriger manuellement et l'utiliser. Il est alors facilement possible de quantifier cela sur une période pour évaluer l'amélioration.
- Une non-facturation de clients pour des montants de 3 000 € en moyenne par mois. Dans cet exemple, il sera également facile de suivre les avancées et les impacts liés à la gouvernance des données en suivant cet indicateur métier.

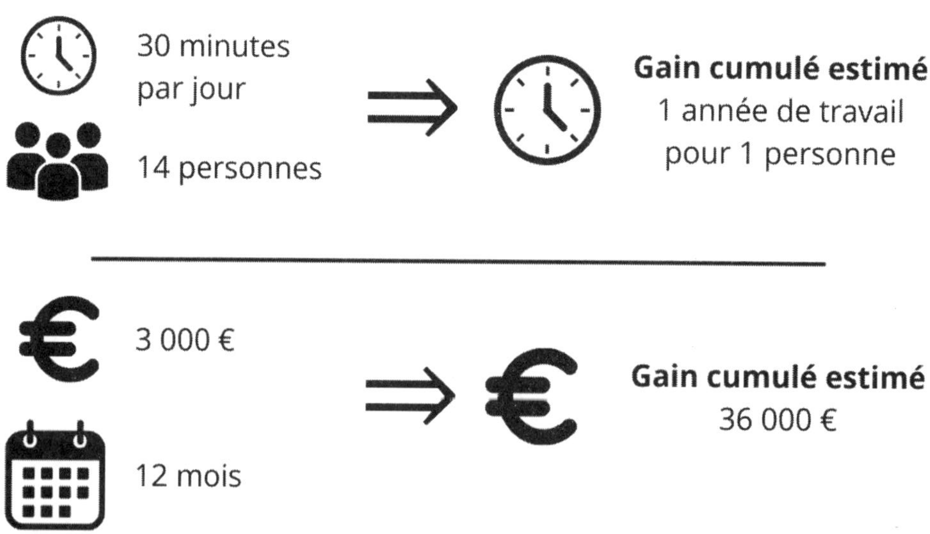

Figure 5.7 Quelques exemples de mesures des progrès possibles en entreprise.

Ces exemples montrent qu'il est important de choisir pour démarrer des sujets avec des indicateurs facilement quantifiables et compréhensibles par les équipes métiers. En effet, il sera ainsi très facile de montrer l'impact du chantier de la gouvernance des données et d'embarquer ces équipes métiers avec vous.

Nous pensons qu'il est également important de s'engager sur les sujets et les indicateurs associés. Si vous n'arrivez pas à faire suffisamment avancer un sujet ou si certains indicateurs n'évoluent pas autant que prévu, il est important de ne pas le cacher. Il faut plutôt que vous réfléchissiez à remettre en question l'effort à fournir pour arriver à résoudre le sujet de la gouvernance des données ou bien la valeur que vous espériez en tirer. En effet, c'est souvent en agissant qu'il est possible de se rendre compte de la meilleure façon de traiter un sujet. Et il se peut que ce soit plus compliqué que prévu. Mais ce n'est pas grave ! Il faut juste prévoir des points d'étape et une certaine agilité pour pouvoir s'adapter à la situation et réorienter les priorités vers les sujets les plus prometteurs. Et si cela vous arrive, cela montrera aux équipes que vous êtes capable de prendre des décisions pour maximiser la valeur pour eux.

Installez les rôles et les règles progressivement

Lorsque vous déployez vos efforts pour gérer correctement vos données et rendre ainsi accessible les technologies liées à l'IA pour votre entreprise, vous devez agir progressivement. Tout comme le choix des sujets clés à traiter doit faire l'objet d'une réflexion en termes de calendrier, l'installation des rôles et des règles répond aux mêmes impératifs. Si votre entreprise est assez petite, vous aurez sûrement à gérer des sujets transverses dès le départ. Si votre entreprise est plus grande et comporte plusieurs pôles, unités, usines, etc., il pourrait être intéressant de réfléchir à commencer par instaurer la gouvernance des données sur certaines entités plus critiques. Peut-être que certaines des entités de votre entreprise expriment plus de problèmes liés aux données (mauvaise qualité, difficultés d'accès, etc.) qui les entravent au quotidien. Si tel est le cas, c'est sûrement un terreau fertile sur lequel semer les graines de la gouvernance des données.

En effet, une personne éprouvant déjà des difficultés fortes liées aux données sera beaucoup plus encline à passer du temps sur le sujet pour simplifier ses tâches. Vous pourrez ainsi facilement trouver quelqu'un pour occuper les rôles de pilote des données et de steward des données tels que définis en début de chapitre. De même, il sera plus facile de mettre en place un certain nombre de règles, qui seront définies par les personnes occupant les rôles clés de la gouvernance des données. Ces règles pourront concerner le remplissage obligatoire de certains champs dans des outils tels que l'outil de gestion de la relation clients (CRM) ou l'outil de gestion de l'entreprise (ERP). Elles pourront aussi porter sur la gestion documentaire, la classification et le partage d'e-mails et bien d'autres aspects encore. L'important est de faire en sorte d'avoir à chaque étape l'adhésion la plus forte possible des équipes en équilibrant la balance entre les efforts demandés et la valeur perçue des sujets traités.

5.5 Les éléments clés à retenir

- La gouvernance des données correspond à la gestion des données tout au long de leur cycle de vie : création, utilisation, suppression.
- Les trois éléments clés à gérer dans la gouvernance des données sont : les processus, les rôles et les outils.
- La gestion des données de l'entreprise nécessite de fédérer les équipes métiers car ce sont elles qui connaissent les données. Étant donné l'effort qui leur sera demandé, il faut analyser dès le départ les sujets les plus pertinents à traiter et qui présenteront un bénéfice fort pour ces équipes.
- Au lancement d'un chantier de gouvernance des données, il ne faut pas commencer par se focaliser sur les règles ou les rôles. Optez plutôt pour une approche progressive, centrée sur la valeur créée pour l'entreprise et ses salariés.
- L'intégration le plus tôt possible de sujets comme le RGPD ou la loi sur l'IA de l'EU permet de gagner du temps sur la suite du projet. En effet, cela permet d'éviter d'avoir à modifier après coup des parties importantes des programmes.
- Il faut documenter dès le départ, même succinctement, ce qui est réalisé car cela permet de limiter l'effort à fournir à la fin de la réalisation des cas d'usage.
- Le suivi est un élément essentiel. Il permet de montrer à vos équipes les avancées réalisées et de leur inspirer confiance.

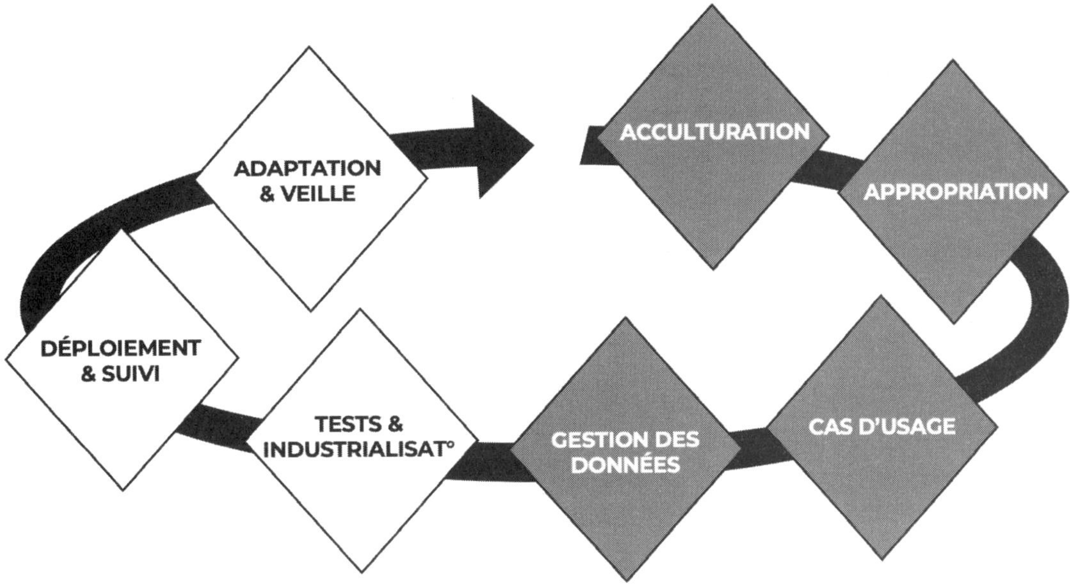
ADAPTATION & VEILLE
ACCULTURATION
APPROPRIATION
DÉPLOIEMENT & SUIVI
TESTS & INDUSTRIALISAT°
GESTION DES DONNÉES
CAS D'USAGE

Chapitre 6

Adoptez une démarche de test et d'industrialisation

6.1 Prototypage et test des solutions IA en mode agile

Vous avez terminé la phase de conception en précisant les attentes de votre projet d'IA et vous disposez des données nécessaires. Vous êtes désormais fin prêt pour passer à l'étape suivante : le prototypage agile.

Le prototypage agile

Le **prototypage agile** est une approche flexible et itérative bien connue pour le développement de solutions informatiques. L'idée centrale de cette méthode est de créer rapidement des versions simplifiées, mais fonctionnelles, d'une solution ou d'un produit afin de valider la phase de conception et de recueillir le plus tôt possible de premiers retours d'expérience de la part des utilisateurs finaux. Contrairement aux approches traditionnelles de développement qui peuvent être longues et coûteuses, le prototypage agile favorise une évolution rapide et continue, en collaboration avec les utilisateurs finaux, ce qui réduit les risques d'échecs.

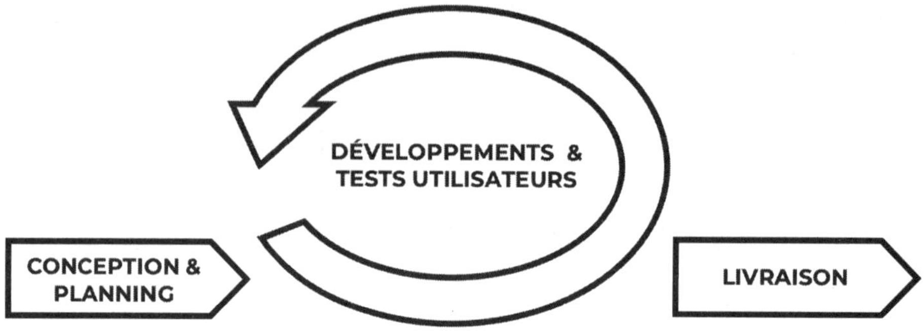

Figure 6.1 Cycles de feedback utilisateurs/sprints.

Le cœur du prototypage agile repose sur l'idée de **cycles de feedback utilisateurs en boucle courte**. Cela signifie que les prototypes sont créés et testés sur de courtes périodes (souvent via des *sprints* de deux semaines), avec des itérations successives et rapides. Chaque cycle commence par le développement d'un prototype minimal viable (MVP, *Minimum Viable Product*), qui peut être un modèle réduit ou une simulation de la solution finale. Idéalement, ce prototype est utilisé sur des données réelles de l'entreprise en lien avec le cas d'usage, et le plus souvent sur une partie d'entre elles ce qui permet de vérifier sa pertinence. Comme son nom l'indique, vous devez investir le moins de temps et d'argent possible lors de cette phase. C'est pourquoi il peut être intéressant d'envisager les solutions d'IA en « mode Netflix » (voir Chapitre 3) comme des briques de base facilement accessibles pour réaliser ce MVP. Ce prototype est ensuite soumis aux utilisateurs finaux afin qu'ils puissent l'expérimenter et fournir des retours immédiats.

L'intégration des utilisateurs finaux dans ce processus est cruciale. Ils jouent un rôle actif dans l'amélioration du prototype, en partageant leurs observations, leurs suggestions et leurs critiques. Ce retour d'information, souvent obtenu par le biais de tests utilisateurs, d'entretiens ou de questionnaires, est analysé et utilisé pour orienter les itérations suivantes. L'objectif est de corriger rapidement les erreurs, d'ajuster les fonctionnalités et d'optimiser l'expérience utilisateur avant d'investir davantage de ressources dans le développement.

Les cycles de feedback utilisateur en boucle courte permettent non seulement de s'assurer que la solution en développement répond aux besoins réels des utilisateurs finaux, mais aussi d'encourager l'innovation et d'embarquer ces futurs utilisateurs qui se sentiront écoutés et valorisés à chaque étape du projet. **Cette valorisation facilitera grandement l'adoption de**

l'outil dans la phase de déploiement, le point le plus critique dans le déploiement d'un outil d'IA. Chaque itération avec ces utilisateurs finaux offre également une opportunité d'apprentissage, en permettant de découvrir des insights inattendus qui peuvent déboucher sur des améliorations significatives ou même sur une redéfinition complète du projet.

Nous recommandons de définir **l'organisation et la planification de ces cycles courts d'itération, ainsi que le protocole de remontée et d'analyse des feedbacks des utilisateurs** avant le développement du prototypage. Cela permettra de préparer les utilisateurs finaux à être sollicités régulièrement et à bien anticiper ces temps de tests et d'évaluations. Il est évident qu'il faudra inclure dans ces utilisateurs finaux vos ambassadeurs (voir Chapitre 3), ainsi que des profils de types développeurs ou actionneurs (voir Chapitre 4).

Faire ou faire faire le prototypage ?

La question du recours à un prestataire externe peut se poser à plusieurs moments d'un projet d'IA. Par exemple, pour la priorisation des cas d'usage (voir Chapitre 4), avoir un expert IA à disposition peut permettre de mieux quantifier la valeur à atteindre, mais aussi les coûts potentiels. En cela, le diagnostic data et IA du programme « IA Booster France 2030 » est une piste à étudier. Ensuite, lors de cette phase de prototypage et de développement, il n'est pas toujours facile de choisir entre un développement interne et un développement externe.

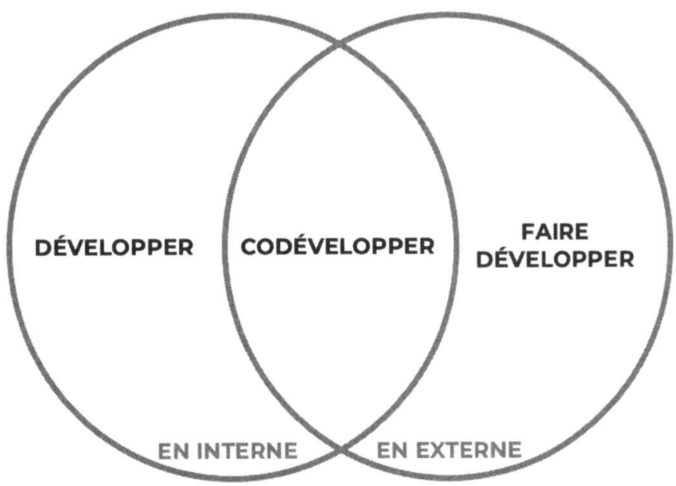

Figure 6.2 Les différentes options pour le développement du prototype.

Développer en interne

Certaines technologies d'IA peuvent être très intéressantes à développer en interne pour faire monter en compétences vos équipes techniques sur le sujet et espérer gagner dès aujourd'hui en rapidité, en efficacité, en coût et surtout en personnalisation. Cette montée en compétences peut également constituer un gain significatif pour de futurs développements sur d'autres cas d'usages de l'IA similaires. Voici quelques questions qui pourront vous aider dans votre choix :

- Cette technologie d'IA pourra-t-elle être réutilisée et capitalisée sur d'autres projets ?
- Est-ce vraiment à la portée de vos équipes techniques et dans des délais raisonnables et alignés avec votre stratégie d'entreprise ? Sous-entendu également : est-ce que ce projet ne va pas cannibaliser des ressources de développement sur d'autres projets en cours jugés plus prioritaires ?
- Est-ce que cela peut motiver vos équipes (montée en compétences sur une nouvelle technologie, nouvelle vocation) et ainsi les fidéliser davantage et renforcer votre image de marque innovante ?
- Est-ce que cette technologie risque de devenir obsolète d'ici un à deux ans ?

Sur la question de l'obsolescence, en lien avec la fameuse dette technique des logiciels (des développements personnalisés qui, avec le temps, sont devenus obsolètes et demandent une mise à jour plus ou moins coûteuse), l'émergence de solutions *no code* et *low code* (voir Chapitre 3) peut s'avérer satisfaisante. Ces solutions reposent en effet sur des briques qui évoluent sans trop de difficulté au fil des nouvelles technologies, ce qui limite le risque d'obsolescence. Elles présentent toutefois un risque de dépendance à la plateforme offrant ces services. Elles sont par ailleurs faciles à appréhender par les équipes métiers, non expertes en développement. Nous en reparlerons plus bas.

Faire développer en externe

Faire appel à un prestataire externe, expert et expérimenté, peut apporter certaines garanties, comme celle de mieux maîtriser les coûts et les délais du projet. Fort de son expérience sur des cas potentiellement similaires au vôtre, le prestataire pourra vous conseiller et vous ouvrir les yeux sur certains changements à apporter à la conception de votre projet. Vous risquez cependant de devenir dépendant du prestataire pour la maintenance et l'évolution, voire pour le paiement d'une licence d'exploitation.

Codévelopper

Comme souvent, une approche hybride peut être la bonne solution, en l'occurrence le **codéveloppement du prototypage avec un prestataire externe**. Cette approche, qui peut également être sponsorisée par les différentes aides financières déjà présentées (« IA Booster France 2030 » de Bpifrance ou le Pack IA du HubFrance IA), présente les bénéfices suivants :

- un regard extérieur ;
- une expérience externe éprouvée et une capacité à vous conseiller ;
- une montée en compétences interne ;
- une meilleure garantie des coûts et des délais ;
- une plus grande capacité de personnalisation ;
- une maintenance et des évolutions facilitées grâce à la passation que pourra opérer le prestataire externe auprès de vos équipes devenues plus expertes grâce au projet.

Que vous fassiez faire ou que vous codéveloppiez avec un prestataire externe, il conviendra bien entendu de rédiger clairement votre cahier des charges et vos attentes (voir Chapitre 4), de réaliser un benchmark efficace des différents candidats (forces, faiblesses, bénéfices, risques) et de bien négocier.

Voici plusieurs questions qui pourront vous aider dans le choix du prestataire :

- Quelle est son ancienneté dans l'expertise recherchée ?
- Quels retours d'expériences clients similaires à votre situation consulter ? Existe-t-il une communauté d'utilisateurs ?
- Quels engagements sur les délais et les résultats pouvez-vous intégrer dans le contrat ?
- Quelles dépendances allez-vous créer ? Aurez-vous accès au code source créé et aux services tiers utilisés ?
- Quels éléments de réassurance sur la prise en compte des sujets sécurité, RSE et légaux ?

- En cas d'abonnement de services, existe-t-il des plafonds sur les consommations ? Et quelles sont les conditions de résiliation ?

Ne rien développer

Enfin, une dernière approche doit également et impérativement être envisagée : **s'appuyer sur une solution « sur étagères » du marché.** Parfois, le plus simple et le plus rentable consiste en effet à utiliser une solution existante qui pourrait répondre parfaitement ou suffisamment à vos besoins, sans avoir à réinventer la roue ! C'est ce que nous appelons l'IA en « mode Netflix » (voir Chapitre 2). Le marché de l'IA est en pleine expansion, et de nombreuses entreprises proposent des outils et des plateformes prêts à l'emploi qui peuvent répondre à une grande partie de vos besoins. Ces solutions sont souvent bien documentées, testées et évolutives, ce qui en fait un choix attrayant pour les entreprises qui cherchent à intégrer rapidement l'IA sans se lancer dans des développements complexes.

Les solutions « sur étagères » permettent de fait un déploiement rapide et à moindre coût, tout en minimisant les risques techniques. Ne négligez pas cette option, qui s'avère de plus en plus (selon notre expérience) efficace. Certes, ces solutions pouvaient naguère pécher par leur manque d'interopérabilité avec le reste du SI. Mais avec le déploiement massif de solutions SaaS (*Software as a Service*, logiciel en tant que service), toute nouvelle solution qui sort aujourd'hui sur le marché est désormais en capacité d'offrir des API (*Application Programming Interface*, interface qui connecte des logiciels, des services et des applications aux différents environnements afin qu'ils puissent connecter leurs données) facilitant l'interconnexion et l'interopérabilité avec votre SI (dont une grande partie repose déjà aujourd'hui sur des outils SaaS).

Voici deux exemples d'entreprises que nous avons accompagnées et dont le choix de passer par une solution « sur étagères » s'est avéré salvateur :

- **Marketing en ligne :** une entreprise souhaitait améliorer la rédaction de ses articles pour le SEO (*Search Engine Optimization*, optimisation pour les moteurs de recherche). Face à la montée en puissance des nouveaux assistants LLM, nous avions envisagé de créer un assistant LLM capable d'intégrer toutes les bonnes pratiques SEO reconnues et validées par l'entreprise pour rédiger facilement des articles SEO à la volée, en précisant uniquement la thématique et quatre mots-clés. Ces derniers auraient également été générés avec l'assistant LLM à partir de différentes instructions que nous aurions configurées en amont.

En comparant les solutions du marché, nous avons découvert un produit français, Semji, capable non seulement de répondre à notre besoin mais de pouvoir également apporter des fonctionnalités supplémentaires pertinentes, comme celles de vérifier les sources des informations sur lesquelles l'IA s'est fondée dans sa rédaction d'articles (*AI fast-checking*), de combattre les hallucinations, ou encore de pouvoir identifier les mots-clés en fonction d'une analyse plus poussée du site de l'entreprise, mais aussi de ses concurrents. Semji étant expert dans son domaine, nous pouvons nous attendre à l'apparition de nouvelles fonctionnalités, qui viendront enrichir l'offre existante sans que nous ayons besoin de les développer et sans payer davantage.

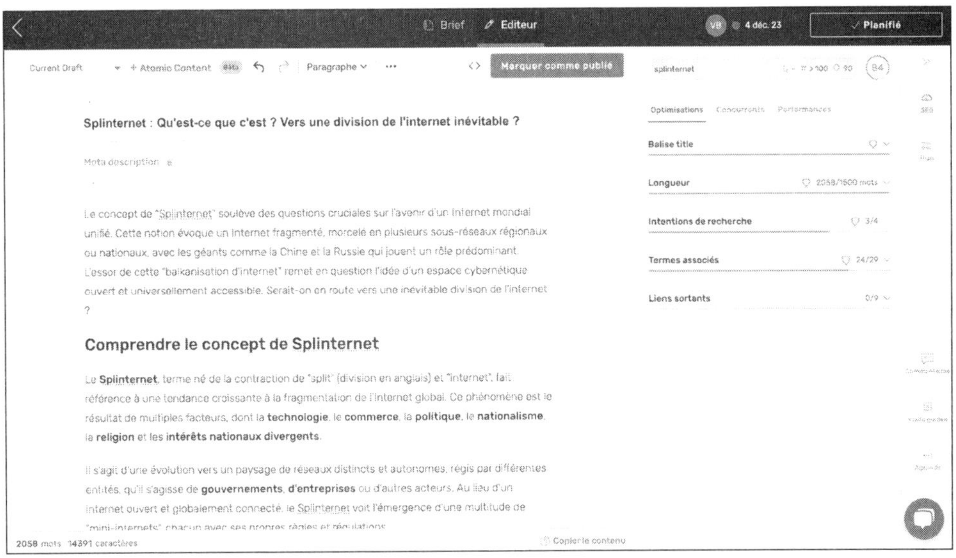

Figure 6.3 Écran de Semji.

- **Commerce :** une entreprise qui enregistrait les visioconférences de ses commerciaux avec ses prospects pour améliorer ses méthodes de vente à distance souhaitait pouvoir analyser davantage ces transcriptions de réunions. Comme dans le cas d'usage précédent sur le marketing en ligne, face à la montée en puissance de nouveaux assistants LLM, nous avions envisagé d'en créer un capable d'analyser plusieurs transcriptions d'un même commercial pour vérifier si ce dernier parvenait à appliquer correctement la méthodologie de vente construite au fil des années et plébiscitée par la direction. Nous souhaitions nous assurer ainsi de la bonne formation des commerciaux, de la bonne application de la méthodologie et, suivant les taux de conversion, remettre en question certains éléments de cette dernière. En comparant les solutions du marché, nous avons découvert un produit français, Modjo, capable non seulement de répondre à ce besoin, mais aussi de couvrir le canal téléphonique (et pas uniquement la visio) et de modifier facilement à la volée la méthode de vente et nos critères d'évaluation. Le suivi des taux de conversion était grandement facilité et directement synchronisable avec le CRM (Salesforce, Hubspot...). Étant dans une forte dynamique de marché, Modjo nous a partagé une *roadmap* de nouvelles fonctionnalités tout aussi puissantes, dont les équipes commerciales de l'entreprise pourront prochainement bénéficier, sans devoir payer un centime de plus et sans devoir faire un seul développement !

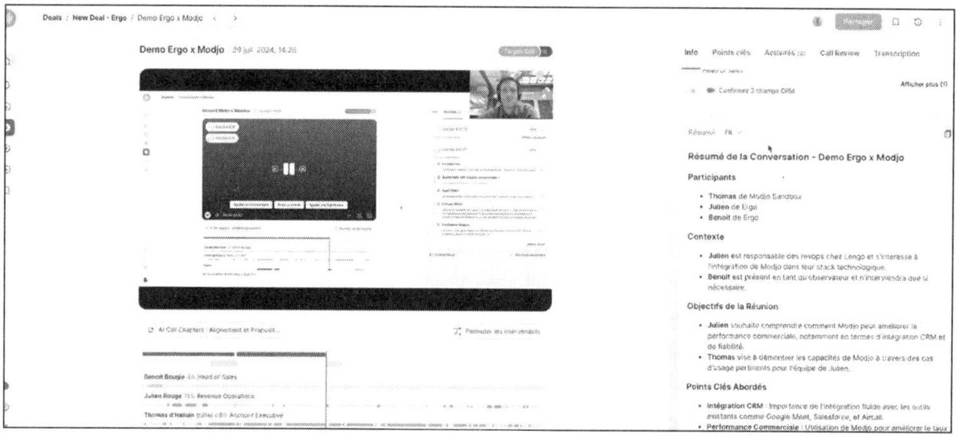

Figure 6.4 Écran de Modjo.

Autre point positif, ces acteurs disposent souvent de communauté d'utilisateurs avec lesquels vous pourriez échanger sur leurs retours d'expériences pour vous conforter dans votre choix avant de vous lancer, puis partager, une fois embarqué dans la solution, les bonnes pratiques d'usage. Vous pourriez même partager ces bonnes pratiques avec certains de vos concurrents, qui seraient également utilisateurs de la solution « sur étagères » et mettre ainsi en application le concept de « coopétition[1] » !

Comme nous l'expliquerons dans le Chapitre 8, le rythme accéléré d'apparition des nouvelles technologies modifie également le rythme d'arrivée de ces nouveaux outils ou fonctionnalités. Tous nos métiers, quels qu'ils soient, reposent sur des outils. Ne négligez donc pas cette étape de benchmarking qui pourrait vous faire gagner beaucoup de temps et de productivité.

1 https://fr.wikipedia.org/wiki/Coop%C3%A9tition

Ces solutions étant bien entendu payantes, avec une licence par utilisateur de plusieurs dizaines ou centaines d'euros par mois, il conviendra de faire une analyse de retour sur investissement (ROI). Mais face à l'évolution rapide des technologies, si vous parvenez à parier sur le bon cheval, le ROI sera souvent garanti immédiatement ou dès les nouvelles mises à jour de l'outil.

En avant !

Que le développement de votre solution se fasse en interne ou avec un prestataire externe, il est de plus en plus aisé et intéressant d'impliquer les équipes métiers dans cette phase – à condition que ce soit techniquement possible.

En effet, suivant la complexité du projet, grâce à la montée en puissance d'outils *no code* et *low code*, de plus en plus de métiers peuvent participer, après une petite formation, au développement technique d'un prototype. Un outil comme Dust (`https://dust.tt/`) permet par exemple de créer facilement des assistants LLM capables « d'ingérer » vos données en toute sécurité et simplicité, ce qui peut répondre aujourd'hui à de nombreux cas d'usages de l'IA sans faire appel à des équipes techniques ou à un partenaire externe[2].

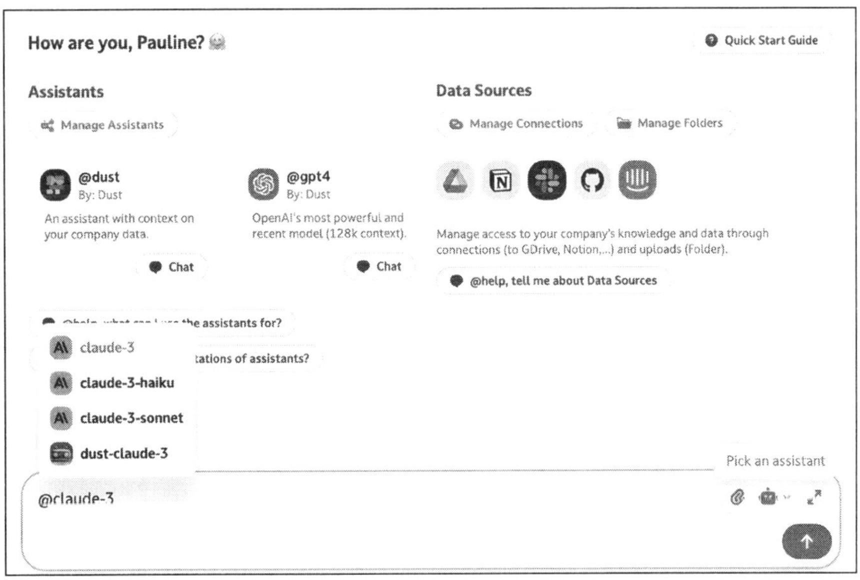

Figure 6.5 Écran de Dust.

2 Découvrez en replay comment le néo-assureur Alan a pu développer plus de trente assistants avec l'outil Dust.tt à l'adresse `https://mozzabytes.substack.com/p/replay-revolution-ia-chez-alan-les`.

Pour l'interface utilisateur, vous pouvez également vous reposer sur les autres outils *no code/low code* présentés au Chapitre 3. À l'heure où nous écrivons cet ouvrage, Streamlit (`https://streamlit.io/`) est un outil *low code* de construction d'interface utilisateur lors de la phase de prototypage, qui a le vent en poupe. Il permet, sans expertise en interface utilisateur, de pouvoir déployer rapidement des interfaces *user friendly* pour tester des fonctionnalités.

Figure 6.6 Écran de Streamlit.

Des outils d'orchestration grand public comme Make ou Zapier sont également intéressants pour créer des automatisations de flux de travail (workflow), un point souvent recherché dans les cas d'usage de l'IA. Malheureusement ces solutions sont moins réputées pour satisfaire les exigences sécuritaires et RGPD des entreprises européennes. Elles peuvent aider à valider un concept en amont de la phase de développement, mais elles seront rarement retenues aujourd'hui pour la phase de déploiement. Elles restent cependant, par leur nature B2C, beaucoup plus puissantes et connectées à des API tiers que des produits pour entreprises (comme Google AppSheet ou Microsoft Power Automate), car elles assurent un haut niveau de sécurité et une conception facilitant une meilleure garantie de conformité au RGPD.

Ces outils B2C peuvent vous aider à convaincre les décideurs ou les utilisateurs finaux avant d'engager davantage de ressources. Mais si ces derniers sont déjà acquis à votre cause, essayez dès la phase de prototypage les outils cibles repérés durant la phase d'industrialisation et de déploiement : cela vous permettra de prendre rapidement en compte certaines contraintes importantes et potentiellement structurantes (légales et sécuritaires, principalement) !

IA et cybersécurité

Comme tout outil, l'IA peut être utilisée de façon bienveillante comme malveillante. Certes, elle a permis de développer de nouvelles méthodes pour se protéger contre les attaques informatiques, mais elle a également doté les hackers d'un outil puissant pour rendre leurs attaques encore plus efficaces. Comme nous l'explique Damien Lescos ci-dessous, tels le chat et la souris, les cyberattaquants et les cyberdéfenseurs doivent constamment faire évoluer leurs mécanismes d'attaque et de défense.

Lors de l'intégration des outils d'IA sur mesure ou/et « sur étagères » avec l'aide de partenaires, il vous faudra être vigilant sur ces nouvelles expositions aux risques engendrées par l'IA dans votre entreprise.

L'œil de l'expert

Damien Lescos, fondateur de SitInCloud : IA et cybersécurité

Damien Lescos est le fondateur de SitInCloud, une société qui développe des modèles d'IA pour résoudre des problèmes complexes de cybersécurité et qui est membre du GICAT[3]. Il donne également des cours de cybersécurité et d'IA appliquée à la cybersécurité dans différentes écoles d'ingénieurs.

« La cyberguerre est une lutte profondément asymétrique. D'un côté, des sociétés exposent de vastes surfaces d'attaque, en raison de leurs systèmes informatiques complexes, de leurs nombreux utilisateurs (parfois nomades) et de leurs échanges avec des tiers (par exemple via des systèmes ERP ou EDI). De l'autre, des groupes de hackers, souvent de petits réseaux plus ou moins bien organisés, mènent des attaques qui se fondent dans une masse gigantesque d'informations, rendant leur détection difficile. Dans ce contexte, une course à l'armement numérique s'est engagée, où l'IA joue un

→

3 Groupement des industries françaises de défense terrestres et aéroterrestres.

rôle grandissant. Et nous ne mentionnerons pas ici le fait que les modèles d'IA puissent eux-mêmes faire l'objet de cyberattaques. Les attaquants raffinent leurs techniques :

- *Des modèles spécialisés, comme* **WormGPT***, facilitent la création de code malveillant.*
- *Des LLM permettent d'automatiser l'envoi de courriels de* **phishing** *personnalisés (spear-phishing), à vrai dire souvent plus efficacement que ne le feraient les hackers eux-mêmes.*
- *Des modèles d'IA sont en mesure de générer des* **deepfakes** *sophistiqués – la version 2.0 de l'« arnaque au président »*[4].

Les défenseurs (dont les sociétés) s'adaptent :

- *Ils utilisent l'IA pour filtrer d'énormes volumes de données, comme les connexions réseau, afin de repérer des comportements inhabituels ou anormaux, qui nécessiteront ensuite une analyse humaine.*
- *L'IA sert aussi à classifier automatiquement différents types d'objets, tels que des e-mails (spam) ou des fichiers exécutables, en se fondant sur leur comportement. Elle permet aussi de corréler des signaux faibles qui pourraient indiquer une cyberattaque.*
- *Enfin, des solutions spécialisées (comme* **OwlyScan***) sont capables de scanner automatiquement les contenus du Darknet ou de Telegram, fournissant ainsi des informations exploitables aux entreprises et aux services gouvernementaux.*

Se protéger à l'heure de l'IA

À l'ère de l'intelligence artificielle, la quantité de données en ligne concernant les entreprises, souvent issues des groupes de ransomwares (ou rançongiciels), atteint des niveaux astronomiques. Les attaques récentes ont révélé des informations détaillées sur presque toutes les entreprises, y compris des documents commerciaux critiques, tels que des factures, des contrats ou des notes de projets. Ces fichiers, qui décrivent souvent l'identité des interlocuteurs, les produits, les projets, et même les prix, deviennent des armes redoutables dans les mains des cybercriminels.

Lorsque ces données sont exploitées intelligemment, elles permettent de mener des campagnes de phishing ciblées (spear phishing) d'une précision alarmante. Les hackers savent désormais exactement qui contacter et sur quels sujets, ce qui rend ces attaques bien plus convaincantes. Plutôt que de tenter des approches généralistes, ils n'ont plus qu'à trier cette montagne d'informations pour identifier de nouvelles cibles.

→

---

4 « L'arnaque au président consiste pour le fraudeur à contacter une entreprise cible, en se faisant passer pour le président de la société mère ou du groupe. Le contact se fait par courriel ou par téléphone. » (`www.economie.gouv.fr/dgccrf/Publications/Vie-pratique/Fiches-pratiques`)

En réalité, les hackers pratiquent une forme de « pêche au chalut », industrialisant cette opération grâce à des outils d'IA comme ChatGPT. Ces derniers leur permettent de trier efficacement les données et d'extraire les connaissances nécessaires à la préparation de futures attaques.

Cette évolution exige donc une vigilance accrue de la part des entreprises, quelle que soit leur taille, et touche en particulier les sous-traitants, qui ont souvent accès à des informations sensibles, sans disposer des moyens de grandes entreprises en matière de cyberdéfense Nous sommes loin des arnaques classiques à l'héritage bourrées de fautes de français. Désormais, les cyberattaques sont bien plus sophistiquées, et leur personnalisation, rendue possible par l'IA, les rend d'autant plus difficiles à détecter.

Pour se prémunir contre ces détournements de données, des outils spécialisés existent. Par exemple, OwlyScan est un moteur de recherche conçu pour explorer le Darknet, là où ces données sont souvent échangées. Grâce à des technologies de surveillance de ces espaces, les entreprises peuvent identifier quelles informations sensibles sont disponibles et potentiellement utilisées contre elles. Elles peuvent ainsi informer leurs salariés des risques courus et ajuster leur défense en conséquence. »

L'IA de confiance

Que vous ayez développé, fait développer ou acquis une solution à base d'IA « sur étagères », il conviendra de bien expliquer, autant que possible, comment l'IA parvient à obtenir tel ou tel résultat et de présenter des preuves d'utilisation. Ces éléments sont importants pour mettre en **confiance** les futurs utilisateurs de l'outil en cours de développement ou d'adoption (voir « L'œil de l'expert » de François-Marie Lesaffre ci-dessous).

L'œil de l'expert

François-Marie Lesaffre, ingénieur IA chez Sopra Steria : IA de confiance, pour l'usage de l'IA dans les entreprises

Diplômé de l'École Centrale Paris et titulaire d'un DEA en IA, François-Marie Lesaffre a débuté sa carrière dans la première société d'IA en France dans les années 1980.Il a ensuite rejoint ArcelorMittal pour développer des systèmes d'IA pour les processus industriels. Il a par la suite dirigé les travaux du système SACHEM, l'un des plus importants projets d'IA civil des années 2000. Il a fondé, puis dirigé dès 2004 son centre de R&D dédié aux technologies de la connaissance. Aujourd'hui, François-Marie anime le volet Innovation de l'IA Cluster Aniti dévolu à l'IA de confiance pour les systèmes critiques.

« Voici un dialogue réel entendu dans une grande entreprise industrielle :

- *Mon système a une précision de classification de plus de 95 %. Il classifie même mieux que l'opérateur !*
- *Ah bon ? Et donc il est utilisé ?*
- *Eh non, parce que ce n'est que 95 % : l'opérateur vérifie quand même derrière !*

Conclusion : un développement qui ne débouche sur rien. La performance technique, bien que nécessaire, ne suffit pas pour que le système d'IA soit utilisé. Il faut que l'utilisateur ait suffisamment confiance dans le système pour l'utiliser.

Le vocable « IA de confiance » recouvre ainsi les dispositifs mis en jeu pour, in fine, assurer l'usage et donc l'utilité du système pour l'entreprise.

En quoi ces dispositifs consistent-ils ? Comme tout système, c'est par la construction avec les utilisateurs que la confiance s'installera. En particulier la façon dont ceux-ci coopéreront avec le système d'IA. Il n'est pas rare que la mise en place d'un système d'IA induise une modification des organisations opérationnelles.

La technique a bien sûr un rôle à jouer. L'industrie française s'est mobilisée en recherche (avec l'IA Cluster Aniti de l'Université de Toulouse, par exemple) et en industrialisation (avec le programme Confiance.ai) pour produire des méthodologies et des outils permettant d'instaurer de la confiance. L'explicabilité des systèmes d'IA, essentielle pour comprendre leurs résultats, la robustesse, l'équité ou l'absence de biais, et la connaissance du domaine d'application du système sont parmi les propriétés les plus importantes qui ont été développées pour une IA de confiance.

Ces techniques sont aujourd'hui disponibles et continuent à être étudiées et développées dans toutes les dimensions de l'IA : analyse et génération d'images, génération de textes, traitement du signal ou aide à la décision.

En tant que TPE/PME/ETI, pensez à demander à vos fournisseurs d'IA les preuves d'utilisation de ces techniques pour vous aider à consolider la confiance dans l'usage de leurs solutions d'IA auprès de vos équipes. Et pour être finalement conforme aux exigences de l'AI Act. »

Hackathon et ateliers collaboratifs

Que la complexité technique soit élevée ou pas, que l'usage de solution *no code/low code* soit possible ou pas, un « hackathon » ou atelier interne collaboratif (d'une demi-journée à plusieurs jours) constitue un moment privilégié de cohésion entre équipes et apportera des bénéfices à plusieurs niveaux :

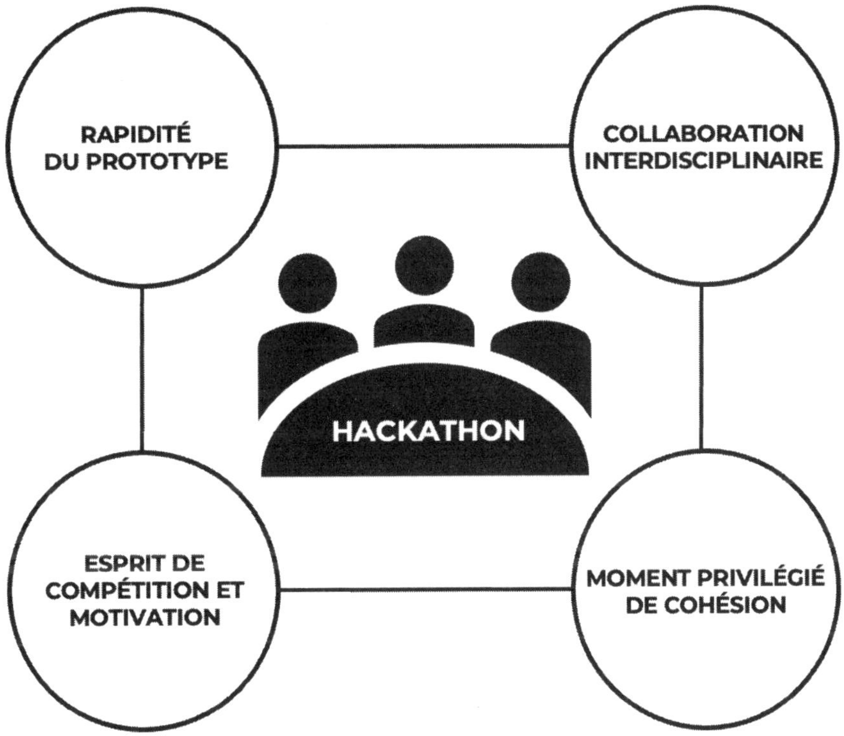

Figure 6.7 Les quatre grands bénéfices d'un hackathon.

- **Rapidité de création du prototype :** un hackathon, par nature, va encourager la création rapide du prototype. En un laps de temps limité, les participants se concentrent sur le développement d'une solution fonctionnelle, ce qui permet de tester rapidement des idées et d'obtenir des résultats tangibles en seulement quelques heures ou quelques jours.

- **Collaboration interdisciplinaire :** les hackathons réunissent des personnes aux compétences variées (développeurs, data scientists, experts métiers, etc.). Cette diversité favorise l'innovation et permet d'explorer des perspectives différentes et d'enrichir le prototype final.
- **Esprit de compétition et motivation :** l'aspect compétitif d'un hackathon incite les participants à donner le meilleur d'eux-mêmes. Le peu de temps à disposition et l'envie de réussir stimulent la créativité et l'innovation, ce qui peut aboutir à des solutions inattendues et innovantes.
- **Moment privilégié de cohésion :** tel un événement de team building, le hackathon permet de renforcer les liens entre les équipes et de faciliter les synergies futures entre les départements en présence. Dans certaines situations, ce bénéfice peut à lui seul justifier la mise en place d'un hackathon.

Le plus grand inconvénient d'un tel événement reste la mobilisation de plusieurs personnes sur une période plus ou moins conséquente. Cette mobilisation vient casser un rythme de travail déjà bien dense et difficile à alléger. Bien que ces événements soient très bénéfiques comme nous venons de le voir, il conviendra donc de limiter leur nombre à un maximum de quatre par personne et par an afin de ne pas surcharger les agendas et les obligations des différentes équipes concernées et d'éviter l'épuisement et le désintérêt de ces dernières pour ces initiatives.

Pour optimiser ce type d'événements, il est recommandé de les associer à des présentations de cas inspirants (provenant de l'entreprise ou d'entreprises similaires) ou à des formations à de nouvelles pratiques (comme le *no code/low code*, par exemple). La participation à l'événement devient alors doublement productive car elle permet d'avancer rapidement sur un projet en particulier, mais aussi de monter en compétences sur de nouvelles pratiques qui pourront être mises en œuvre pour optimiser le quotidien en dehors de ce projet en particulier.

Lors de ces hackathons, il faut accorder beaucoup d'importance à l'expérience des participants, car il peut parfois en ressortir des éléments inattendus. Voici un exemple de ce que nous avons pu vivre dans une équipe de qualité industrielle. À l'issue d'une séance d'inspiration et d'idéation, trois sujets avaient été choisis pour réaliser un hackathon. Pour les mener à bien, nous avions réuni toute une journée des personnes des équipes qualité en central, de l'usine et des data scientists, avec pour mission d'aboutir à un prototype. Un des questionnements portait sur le fait de décider s'il fallait détruire le produit, le corriger ou l'accepter en fonction des éléments fournis par les utilisateurs dans un champ texte. Durant la journée, les participants, notamment les équipes métiers, se sont rendu compte avec l'aide des data scientists que le champ texte était rempli avec autant de formats différents que de personnes qui le remplissaient. Il était donc impossible d'extraire facilement des informations importantes pour réaliser un traitement automatique. Ils se sont donc mis d'accord sur un format à utiliser, avant d'envisager une évolution probable de l'outil d'encodage et de pouvoir enfin obtenir le cas d'usage de l'IA attendu. Nous avons donc assisté à une prise de conscience de la part des participants de l'importance de l'appropriation de l'IA d'une part et de la bonne gestion des données d'autre part (voir Chapitre 5).

Critères de succès et RETEX

Comme pour tout projet collectif, il conviendra en amont de définir les critères de succès de ce prototype (PoC ou MVP), qui peuvent différer des critères de succès visés sur la phase de déploiement et définis lors de la conception du projet (voir Chapitre 3). Un retour d'expérience (ou RETEX) avec toutes les parties prenantes permettra de mettre à plat et d'évaluer collectivement les écarts potentiels entre les attendus et les résultats obtenus et d'identifier des axes d'amélioration pour de prochaines itérations sur le projet ou tout simplement pour d'autres projets. Comme toute boucle de feedback interne, ces RETEX sont indispensables pour donner la parole à tous les acteurs du projet et gommer tout obstacle ou frein potentiel.

Lors de chaque RETEX, il ne faudra pas hésiter à prononcer un « no go » pour un projet dont les résultats et axes d'améliorations envisagés sont jugés insuffisants pour satisfaire les objectifs visés durant la phase de déploiement.

L'échec n'existe pas dans un projet : soit on réussit, soit on apprend ! Un « no go » pour un prototype ne doit pas être mal vécu, surtout si vous avez bien suivi les étapes décrites précédemment dans ce livre (acculturation avec appropriation, formation, outillage, coconception, gouvernance des données). C'est tout le but d'un prototype : valider ou invalider la pertinence d'un projet avant d'aller plus loin et de risquer un plus gros échec.

6.2 Passage de la phase de test à la phase d'industrialisation

Rappelez-vous qu'actuellement huit PoC en IA sur dix sont rapidement enterrés. Une des principales raisons de ces échecs ne vient pas d'une mauvaise gestion du passage à la phase d'industrialisation (sujet de ce chapitre) ou de déploiement (sujet du chapitre suivant), mais à une mauvaise acculturation et appropriation de l'IA par les équipes dès le début du projet.

Si vous êtes arrivé jusqu'à cette étape en ayant bien intégré les différentes parties prenantes et que le PoC a bien validé ses critères de succès, vous êtes tout près de réussir l'industrialisation et le déploiement de votre projet d'IA à plus large échelle. Il vous faudra pour cela continuer d'avancer avec les différentes parties prenantes :

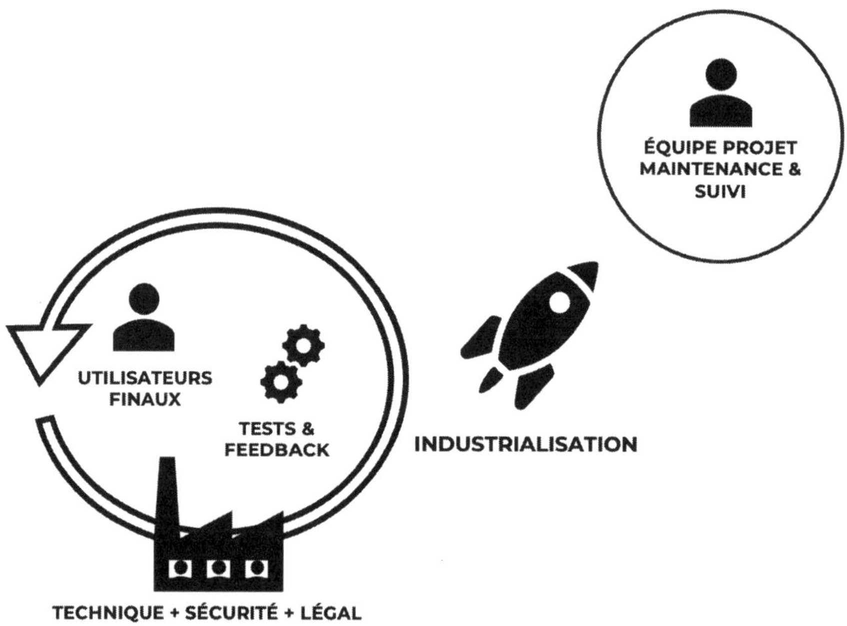

Figure 6.8 Les différentes parties prenantes et actions à mener pour l'industrialisation.

- **les utilisateurs finaux,** en prenant en compte leurs retours remontés lors de l'évaluation du PoC pour itérer sur une nouvelle version du produit et en vous concentrant davantage dans cette dernière phase sur l'interface utilisateur (UI, user interface) qu'ils pratiqueront au quotidien ;

- **les équipes techniques, sécurité et juridiques** pour bien documenter et mettre la solution en conformité avec vos processus internes afin de pérenniser et de stabiliser cette dernière dans votre écosystème (profil « implémenteur » vu au Chapitre 4) ;
- création et réalisation de **tests de charge** sur votre nouvel outil pour valider sa robustesse et sa fiabilité ;
- formation d'**une équipe projet** chargée de suivre, de maintenir et de faire évoluer la solution post-déploiement à partir notamment d'outils de reporting, à élaborer durant cette phase d'industrialisation.

L'importance d'une bonne expérience utilisateur dans l'industrialisation

Lors de la phase de PoC, les utilisateurs finaux ont surtout évalué la capacité de la solution à répondre à leurs besoins. Il convient désormais de valider avec cette même équipe la meilleure interface utilisateur (UI) possible afin qu'elle soit agréable à utiliser, facile à prendre en main et adaptée à un usage récurrent dans le temps. Une bonne UI bien pensée avec les utilisateurs finaux contribuera à apporter à ces derniers une bonne expérience utilisateur (UX, *user experience*) de l'outil. Si l'UI est peu agréable à regarder ou nécessite trop de clics et de manipulations ou encore si son accès n'est pas facile ou nécessite l'installation d'un navigateur que vous n'utilisez pas en temps normal, l'expérience globale en sera entachée et créera des réticences d'usage au quotidien qui, à terme, risquent de « tuer » la solution, car si pas d'usage régulier, pas d'intérêt ! L'UI et UX ne sont donc pas à négliger, et ce n'est en aucun cas un détail. À l'ère où l'hyper-sollicitation et le multitâche sont le lot quotidien des salariés, il est important que le nouvel outil que vous mettez à leur disposition ne constitue pas un nouvel effort supplémentaire à fournir, mais au contraire un soulagement.

Posez-vous les questions suivantes :

- Est-il possible d'intégrer ces nouveaux outils dans ceux que les utilisateurs finaux emploient régulièrement ?
- Combien d'étapes et de temps sont nécessaires pour lancer l'outil et obtenir un résultat ?

Il peut y en avoir beaucoup d'autres, mais les réponses à ces deux questions vous permettront déjà de réfléchir à des éléments clés de l'UX. L'expertise en UI/UX ne s'improvise cependant pas ; c'est un métier à part entière, donc pensez à bien solliciter vos équipes expertes en interne ou un partenaire externe afin de vous faire accompagner sur le sujet.

Des outils comme Streamlit, Framer, Bubble ou Webflow (voir Chapitre 3) proposent des templates qui vous donneront des indications éclairantes sur les bonnes pratiques et standards UI/X à mettre en œuvre. Pensez à bien vous appuyer sur ces outils afin de ne pas réinventer la roue et éviter de perdre trop de temps.

Les tests d'évaluation et de charge

Beaucoup de solutions d'IA que vous développerez viseront à automatiser des tâches existantes que vous savez évaluer. Suivant le besoin à remplir par votre solution d'IA, établissez un processus de test et d'évaluation.

Tests d'évaluation

Dans le cadre d'un projet d'IA reposant sur un assistant LLM, par exemple, construisez avec des experts métiers une cinquantaine, voire une centaine de couples questions-réponses (*in/out*) que vous jugerez pertinentes. Ce corpus constitue votre référentiel à satisfaire. Suivant la complexité des réponses, vous pourrez soit tester manuellement chaque question auprès de votre assistant en cours de développement, soit instruire un autre assistant comme évaluateur de votre assistant en cours de développement. Vous pourrez soumettre à cet assistant évaluateur le corpus (questions-réponses), le laisser converser avec votre assistant en cours de développement, le laisser évaluer chaque réponse apportée et vous fournir une synthèse des axes d'amélioration. Des outils techniques comme LangSmith (fonctionnant avec LangChain[5]) peuvent vous aider.

Bien entendu, ce corpus pourra évoluer au fil du temps, en post-déploiement notamment. Il sera précieux et réutilisable afin de retester régulièrement votre assistant. Les modèles d'IA évoluant rapidement, vous pourriez être naturellement tenté de changer de modèle, ce qui pourrait avoir des effets de bords sur certaines questions et donc amoindrir la performance globale de votre assistant. En quelques clics, vous pourrez ainsi comparer sa performance globale par rapport à un test précédent et identifier rapidement les correctifs à apporter.

5 LangChain est une bibliothèque permettant de créer des applications utilisant des LLM. LangChain peut être vu comme un orchestrateur (à l'image de Make ou Zapier), mais en *low code* et spécialisé pour les LLM.

Autre point à évaluer : les biais et le périmètre de votre solution. Cette évaluation peut être organisée autour de challenges poussant vos collaborateurs à mettre en échec la solution en lui faisant dire ou produire n'importe quoi. Tels des « bug bounty hunters » (littéralement, des chasseurs de primes traquant les bogues), vos équipes pourront jouer avec leur imagination afin de déjouer les erreurs de l'outil.

Dans le cadre d'un projet intégrant un assistant LLM, il existe à date peu de pratiques documentées pour bien cadrer et restreindre ce dernier, et c'est souvent avec des questions créatives que vous pourrez piéger un assistant. D'où l'intérêt de convier différentes personnes à tester l'outil.

Si votre projet d'IA concerne plutôt de l'analyse d'images, il s'agira de faire tester l'outil par des personnes qui n'en ont pas l'habitude. Par exemple, ces dernières pourraient prendre des photos sous un angle ou avec un zoom que vous n'aviez pas prévu, ce qui pourrait mettre l'algorithme IA en défaut. Il est aussi possible d'exposer volontairement l'algorithme à des cas extrêmes difficiles à identifier. Il faut néanmoins toujours rester dans le domaine où un humain est capable d'identifier lui-même le résultat.

Si votre projet concerne de la reconnaissance vocale pour de la synthèse d'entretiens ou d'appels téléphoniques, il est important d'ajouter à la base de tests les accents les plus courants ainsi que plusieurs formats de réunions ou d'appels typiques afin de valider la bonne réalisation de la synthèse.

Enfin, si votre projet concerne de l'analyse de texte, par exemple des messages de satisfaction clients, il est possible que des personnes labellisent les messages en termes de sujets exprimés et/ou sentiments associés (positif, négatif, neutre) sur une quantité suffisante de messages différents (le plus souvent entre 100 et 2 000 messages selon la taille de la base).

Tests de charge

Les tests de charge permettent de tester la capacité du serveur de la solution afin d'évaluer son dimensionnement en vue de la phase de déploiement. Elle ne doit être ni sous-dimensionnée afin de ne pas pénaliser l'expérience utilisateur (UX) avec des réponses trop longues à arriver, ni surdimensionnée afin de ne pas dépenser plus d'argent que nécessaire. Plusieurs outils sont destinés à vous aider dans ces évaluations, comme Locust, Jmeter et Gatling. Il ne faut pas négliger dans votre budget le coût du serveur de l'IA, lequel peut même entamer la rentabilité du projet ! Il est parfois possible d'obtenir des crédits auprès de grands fournisseurs de cloud afin de limiter les investissements en début de projet.

Tous ces fournisseurs proposent également des fonctionnalités dite d'*autoscaling* afin d'ajuster au mieux les capacités de vos serveurs à la charge reçue (voir Figure 6.9). L'intérêt de cette option est multiple :

- assurer une qualité de service à vos utilisateurs (haute disponibilité) quelle que soit la charge ;
- optimiser les coûts en évitant le surdimensionnement ;
- réduire le temps quotidien consacré à gérer les montées et descentes en charge.

Mais il reste néanmoins un gros inconvénient : il est difficile de définir un budget fixe sur des coûts de serveurs.

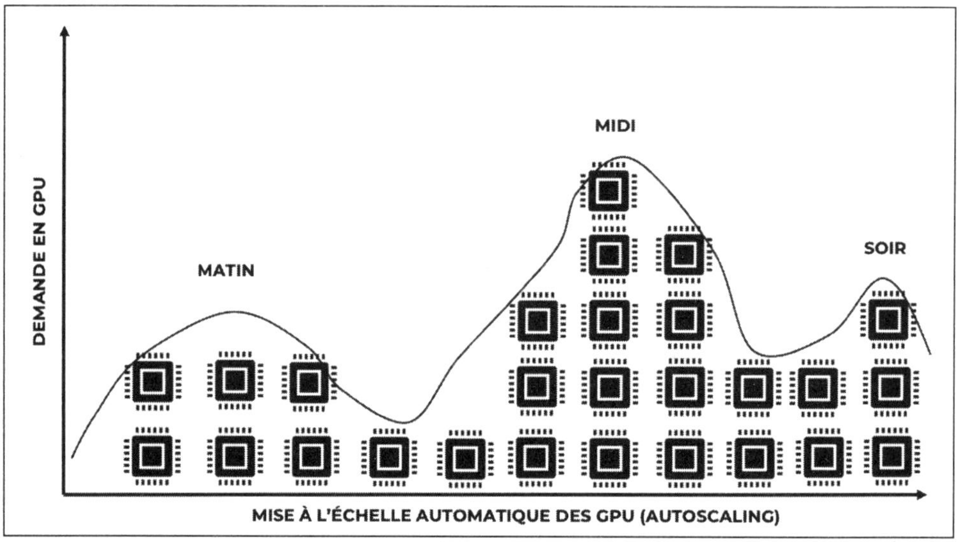

Figure 6.9 Mise à l'échelle automatique (autoscaling) des serveurs (GPU).

Témoignage

Ludovic Relandeau, Chief Product & Technology Officer et Eva Jaidan, Head of Data Analytics & AI chez MEGA International : du prototype à la phase d'industrialisation, retours d'expérience

MEGA International, leader français des logiciels d'architecture d'entreprise, accompagne les organisations à travers le monde dans la conception et la mise en œuvre de modèles d'entreprises performants et durables. Grâce à sa plateforme SaaS HOPEX, MEGA offre un environnement collaboratif qui facilite la gestion des projets de transformation digitale dans le respect des réglementations. Au travers d'une vision globale, les entreprises ont une meilleure compréhension du fonctionnement de l'organisation pour mettre en place un système d'information agile, anticiper les risques et optimiser leurs processus. Depuis 2019, l'entreprise s'est engagée dans un projet ambitieux visant à intégrer l'intelligence artificielle dans ses produits.

La classification automatisée des actifs technologiques

« Un des premiers cas d'application de l'IA chez MEGA International a été de fournir à nos clients une solution d'automatisation d'inventaire et de classification de leur actifs technologiques et applicatifs (APM, Application Portfolio Management). Ce processus, essentiel pour les architectes d'entreprise, consiste à recenser et à classifier dans une cartographie toutes les applications et technologies déployées sur les ordinateurs et serveurs d'une organisation (par exemple, Excel, VS Code, Python, Photoshop, Zoom, Canva, Salesforce…). Cette cartographie, riche de centaines, voire de milliers d'objets permet d'avoir une vision claire des applications et technologies utilisées dans l'entreprise, de créer des synergies, d'éviter les doublons, d'optimiser les coûts de licences et de prévoir leur obsolescence.

Avant l'intégration de l'IA, cette tâche était très fastidieuse et laborieuse, tant dans son initialisation que dans sa maintenance, nécessitant des heures de travail manuel pour analyser des milliers d'objets (logiciels, bases de données, applications, etc.) et les associer à leurs usages métiers respectifs.

Nous avons donc décidé de développer un modèle d'IA capable de classifier automatiquement tous ces actifs en scannant tout le réseau de l'entreprise. Le modèle, supervisé et entraîné à partir de données réelles, a permis d'accélérer considérablement le processus. Les résultats de la classification étaient accompagnés d'un score de confiance permettant à l'utilisateur final de valider ou ajuster les classifications. Grâce à cette approche human in the loop (« l'humain dans la boucle ») et dans le cadre d'une IA responsable, l'IA a allégé la charge de travail tout en permettant un contrôle humain des décisions critiques.

→

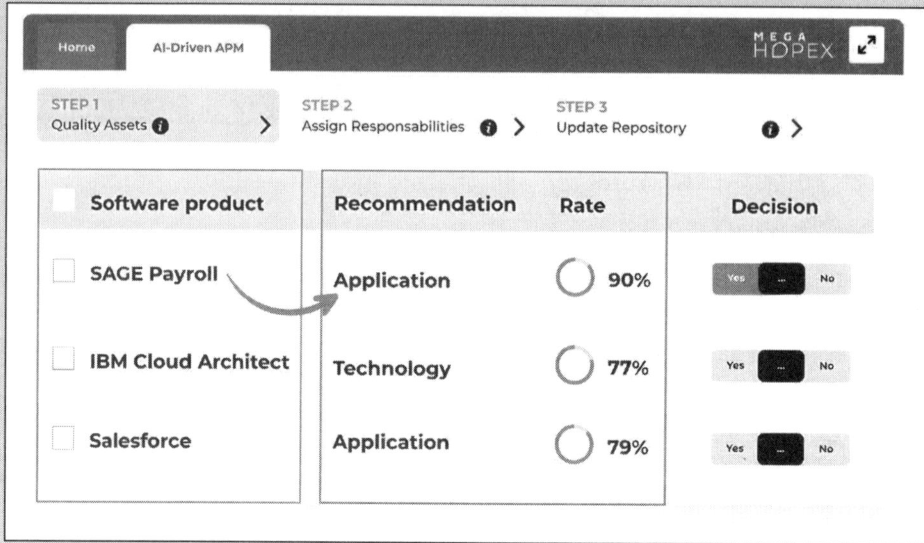

Figure 6.10 Solution d'APM pour faciliter l'identification des applicatifs avec un contrôle humain.

Cependant, ce projet n'a pas été sans défis. L'une des principales difficultés a été la gestion de la qualité des données. La présence de doublons et d'éléments obsolètes ou mal catégorisés fournis par les scanners nécessitait un nettoyage préalable et un enrichissement avant de pouvoir exploiter les données. Aussi, l'intégration de l'IA dans la plateforme HOPEX et le déploiement du service à l'échelle mondiale ont nécessité un travail important incluant la mise en place d'un processus MLOps (Machine Learning Operations) d'amélioration continue des modèles visant à garantir la conformité avec l'AI Act (loi européenne sur l'IA), à respecter les réglementations de sécurité et à répondre aux exigences des industries. Malgré ces défis, les bénéfices ont été évidents : une réduction significative du temps nécessaire pour classifier et enrichir la description de tous les actifs technologiques, une meilleure précision des analyses et une productivité accrue pour les architectes d'entreprise dans le temps.

L'assistant conversationnel Hexa

Selon Capgemini Invent, qui collabore régulièrement avec MEGA, l'intégration d'Hexa, un assistant conversationnel fondé sur un modèle de langage étendu (LLM), a permis de réduire le temps d'apprentissage des utilisateurs d'HOPEX d'au moins 60 %. Cet outil facilite l'apprentissage et l'utilisation des logiciels HOPEX, mais aussi des méthodes de modélisation et de conception. Hexa permet aux utilisateurs de poser des questions sur les méthodologies et l'utilisation des produits HOPEX et fournit des réponses précises en puisant dans une base de connaissances de plusieurs milliers de pages.

→

L'objectif principal d'Hexa était de simplifier l'accès à la connaissance et de fluidifier l'expérience utilisateur. Avant l'introduction de cet assistant, la documentation, bien que complète, pouvait sembler dense et complexe à parcourir. Grâce à Hexa, les utilisateurs peuvent désormais obtenir des réponses immédiates et contextualisées, accélérant ainsi leur apprentissage et leur adoption des solutions HOPEX.

Bien que la phase de prototypage ait rapidement produit des résultats très satisfaisant grâce à la puissance des LLM, pouvant laisser penser que 90 % du travail était fait, le passage du prototype à une version commerciale a nécessité de nombreuses itérations. Ce travail d'industrialisation a été aussi long que la phase de prototypage. Lors de cette phase d'industrialisation, des ajustements ont dû être faits pour adapter les réponses de l'IA aux besoins spécifiques des utilisateurs. Nous avons dû également intégrer un système de justification des réponses, expliquant comment et pourquoi une certaine recommandation était faite. Cette approche de l'IA explicable a renforcé la confiance des utilisateurs dans l'outil, ce qui est un facteur clé de son succès. Enfin, nous avons également dû nous assurer que l'IA respectait les exigences strictes en matière de sécurité et de confidentialité des données.

L'approche pragmatique et progressive de MEGA International, associée à une forte culture d'expérimentation, a permis à l'entreprise de relever ces défis avec succès. Aujourd'hui, MEGA continue de développer de nouvelles solutions fondées sur l'IA, avec l'ambition de renforcer encore davantage la valeur ajoutée qu'elle offre à ses clients dans un monde de plus en plus digitalisé. »

6.3 Les éléments clés à retenir

- Comme à chaque étape de projet d'IA, il convient ici de rester dans le collectif en codéveloppant la solution IA avec vos équipes pluridisciplinaires.
- Quatre options s'offrent à vous pour développer votre outil :
  - le développer en interne ;
  - le développer en externe ;
  - le codévelopper ;
  - ne rien développer et vous appuyer sur des solutions « sur étagères » à « benchmarker ».

- Chaque option présente ses avantages et inconvénients, mais doit être étudiée dans un contexte où les technologies émergent à un rythme exponentiel, ce qui peut mettre en difficulté la résilience de votre organisation.
- Le format « hackathon » est à privilégier, mais avec modération (au rythme de quatre par an au maximum). Son organisation n'est pas à prendre à la légère, mais ses avantages sont nombreux.
- Pensez bien à définir précisément en amont les critères de succès pour valider ou invalider votre PoC lors du RETEX.
- L'UI/UX est une étape fondamentale pour faciliter l'adoption de la solution dans le quotidien des utilisateurs finaux. Coconstruisez et surtout validez cette étape avec eux avant la phase de déploiement.
- Anticipez dans votre planning les tests d'évaluation et de charge et construisez-les de manière à pouvoir les utiliser sur les phases de post-déploiement en vue de faciliter la maintenance et la détection des régressions lors des futures évolutions
- Ne sous-estimez pas le temps à consacrer au passage entre la phase de prototypage et celle d'industrialisation. Malgré les résultats positifs d'un PoC, son adaptation à votre environnement de déploiement peut doubler la durée globale du projet.

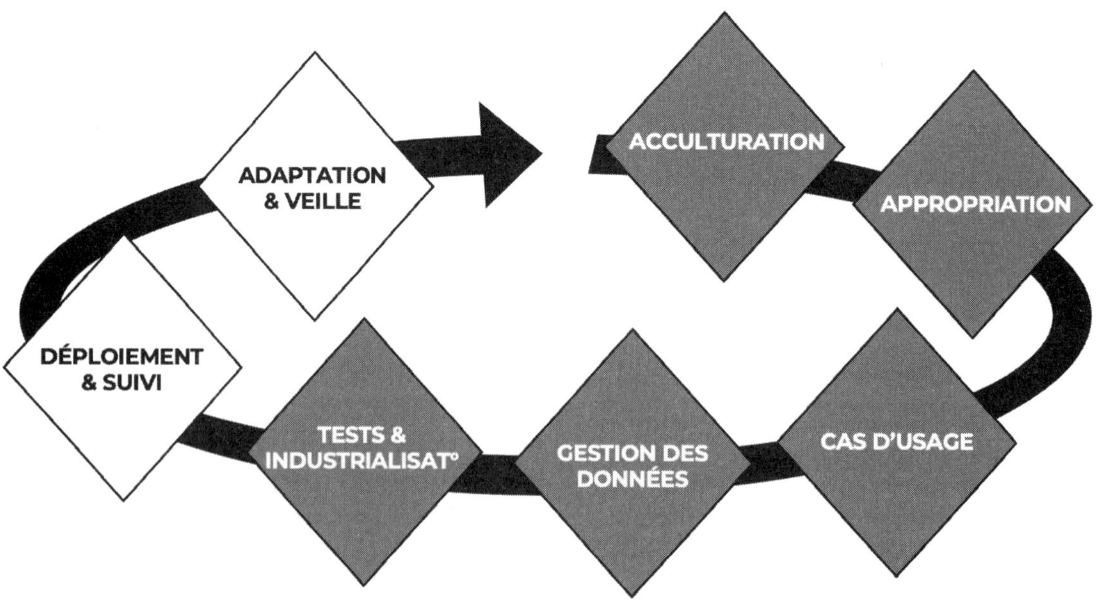

Chapitre 7

Déployez et suivez vos projets d'IA

7.1 Adoptez une stratégie de déploiement adaptée

Une fois que vous aurez identifié les sujets pertinents, réalisé des tests, puis industrialisé une solution, il sera temps de la déployer et de suivre son adoption et son utilisation. C'est précisément ce que nous allons aborder dans ce chapitre. Commençons par établir la distinction entre industrialisation et déploiement. Ce qui a été présenté dans le Chapitre 6 concernant l'industrialisation permet de mettre en place le fonctionnement automatique d'un certain nombre de fonctionnalités liées à des cas d'usage. Cela permet aussi de préparer le déploiement en permettant le passage à l'échelle du cas d'usage traité. C'est donc un élément essentiel pour retirer un maximum de valeur des cas d'usage de l'IA de votre entreprise. Néanmoins, il est tout à fait possible de réussir la phase d'industrialisation mais d'échouer dans celle du déploiement. Cette dernière va consister à donner accès aux utilisateurs potentiels aux outils d'IA mis au point, à les accompagner dans leur adoption grâce à de la communication et à de la formation et à corriger les problèmes susceptibles d'apparaître lors de leur utilisation par un nombre plus ou moins élevé de nouvelles personnes.

Adoptez une démarche progressive

Lorsqu'un nouvel outil est disponible, il peut être tentant de vouloir très vite le déployer à l'ensemble de vos salariés. Néanmoins, nous vous conseillons vivement d'adopter une démarche progressive pour déployer les nouvelles fonctionnalités d'IA que vous développez. C'est ce qui se fait couramment dans le domaine informatique lorsqu'un nouveau logiciel est mis en place. La vitesse de déploiement et les précautions à prendre vont dépendre du niveau de criticité de l'outil pour l'entreprise :

- Certains outils ont un caractère **critique pour l'entreprise**, c'est-à-dire qu'ils peuvent avoir un impact direct ou indirect sur la sécurité des personnes ou des biens, sur le chiffre d'affaires, sur les conditions de travail des salariés. Nous vous suggérons dans ce cas d'adopter une approche très progressive en définissant des groupes de personnes à faire évoluer vers le nouvel outil les uns après les autres. Une autre stratégie complémentaire peut consister à laisser la possibilité aux utilisateurs d'utiliser un ancien outil en cas de problème.
- Certains outils ont un caractère **non critique pour l'entreprise** (par exemple ceux qui font de la retranscription de réunions ou préparent des pré-rapports ou des réponses à des appels d'offres que vous allez retravailler quoi qu'il arrive). Dans ce cas, vous pouvez déployer assez vite l'outil à l'ensemble des utilisateurs. Si cela ne marche pas, ils se contenteront de ne pas l'utiliser.

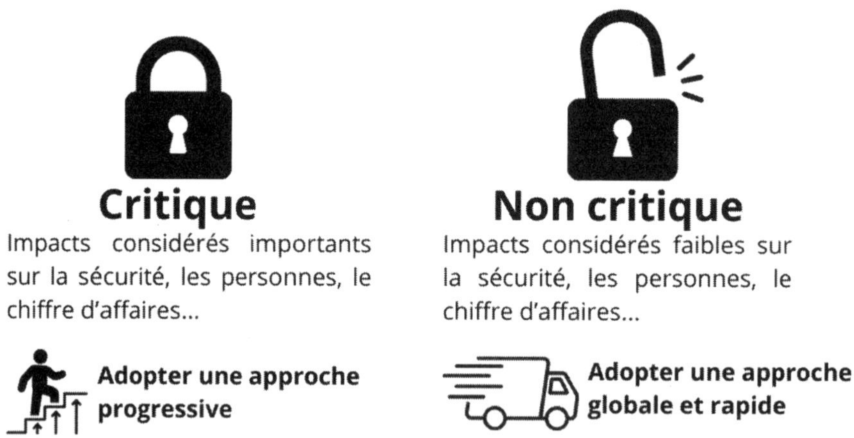

Figure 7.1 Caractère critique ou non critique des outils d'IA pour l'entreprise.

Comme vous pouvez le voir au travers des exemples cités précédemment, la notion de criticité est aussi fortement rattachée à la place donnée à la solution IA au sein du processus métier. Ainsi, il est possible de transformer un sujet critique en sujet non critique. Imaginons par exemple que vous vendiez des produits sur Internet à un tarif flexible. Chaque jour, vous devez mettre à jour vos prix sur tout un ensemble de plateformes de distribution. Vous décidez de réaliser une solution IA qui, sur la base de la météo, de l'historique de commandes et d'un certain nombre d'autres paramètres, fixe automatiquement les prix pour chacun des sites où sont distribués vos produits. Si la solution réalisée est directement branchée sur les sites de vos distributeurs, elle sera considérée comme critique car elle aura un impact direct sur votre chiffre d'affaires et votre marge. En cas d'erreur, l'impact négatif peut être assez fort en fonction du chiffre d'affaires quotidien que vous réalisez habituellement le(s) jour(s) où la solution commettra des erreurs. En revanche, si vous positionnez plutôt la solution IA comme un système qui propose des prix à placer sur les plateformes des distributeurs, la solution n'est plus critique. En effet, il s'agit juste d'un système de proposition qui sera ensuite revu par une personne qui pourra contrôler, puis mettre les prix les plus cohérents sur la plateforme des distributeurs.

Néanmoins, prenez garde à un effet pervers trop souvent constaté. Lorsqu'un système d'IA réalise, comme dans le cas précédent, des propositions de prix, même si un humain est placé dans la boucle, il se peut qu'il ne prenne pas suffisamment de temps pour juger des résultats fournis par la solution IA. En effet, si cette dernière donne des résultats cohérents pendant plusieurs semaines, la tendance sera forte de lui faire aveuglément confiance. Dans ce type de cas, nous recommandons donc d'ajouter à la surveillance humaine **des aides** afin d'identifier grâce à des processus statistiques ou mathématiques (voir Figure 7.2) des changements trop importants ou des valeurs qui peuvent sembler aberrantes. Le plus simple à faire est par exemple de mettre des seuils minimaux et/ou maximaux, voire d'implémenter des formules simples auxquelles se comparer et qui vont déclencher des alertes spécifiques.

Date	Produit	Prix proposé par l'IA
14/08/2024	Pneu A	55 €
14/09/2024	Pneu A	58 €
14/10/2024	Pneu A	127 € ⚠
14/11/2024	Pneu A	59 €
14/12/2024	Pneu A	5 € ⚠
14/01/2025	Pneu A	58 €

Figure 7.2 Exemple de changement aberrant sur le prix d'un produit.

Prévoyez l'accompagnement suffisant

Pour déployer vos cas d'usage de l'IA, vous devrez faire plus qu'envoyer un e-mail à toute vos équipes en présentant votre solution miraculeuse à leurs problèmes métiers. Si vous avez suivi nos conseils, vous avez sûrement intégré très tôt dans le projet des utilisateurs métiers, idéalement le(s) ambassadeur(s) IA de votre entreprise ainsi que le(s) sponsor(s) associé(s). Ces personnes ont un rôle particulier à jouer lors de la phase de déploiement en favorisant le projet auprès de leurs collègues. Toutes ces personnes, et notamment le(s) ambassadeur(s) IA doivent vous permettre d'identifier au mieux les actions pertinentes à réaliser pour le déploiement.

Vous devrez notamment réfléchir avec eux aux aspects liés :

- à la **communication** auprès des utilisateurs ;
- à la **formation** de ces utilisateurs ;
- aux **modalités d'accès aux nouveaux outils d'IA** qu'ils devront utiliser.

Concernant la communication, il faudra veiller à l'adapter pour qu'elle soit la plus pertinente possible. Par exemple, ne prévoyez pas une réunion d'information avec toute l'entreprise si la solution IA ne concerne que (ou ne sera disponible que pour) le quart de son effectif. Sur certains sujets sensibles pour lesquels vous avez détecté des manifestations de peur ou de rejet, mieux vaudra éviter les réunions en trop grand nombre pour privilégier des sessions de travail par petits groupes, qui montreront que vous prenez cet aspect au sérieux dans le déploiement de la solution. Il peut aussi être pertinent de faire témoigner les utilisateurs qui ont contribué à l'élaboration de la solution IA : cela permet de crédibiliser la démarche et de renforcer la confiance des équipes.

Pour ce qui est de la formation, il vous faudra également vous adapter au contexte. Là encore, nous vous conseillons de vous appuyer sur les ambassadeurs IA que vous avez identifiés. S'ils sont eux-mêmes bien formés et qu'ils en ont envie, ils peuvent éventuellement prendre en charge une partie des formations. Dans tous les cas, ils doivent vous permettre d'identifier, lorsque c'est nécessaire, les types de formations les plus adéquats pour vos utilisateurs métiers (sessions en e-learning, formations en présentiel, tutorat, etc.). Construisez donc vos plans de formation avec eux. Nous souhaitons attirer votre attention sur le fait qu'une formation n'est pas forcément longue, mais qu'elle est souvent nécessaire, ne serait-ce que pour rappeler le contexte d'utilisation, les limites des outils développés et effacer certaines craintes persistantes qui constitueraient un frein à l'adoption.

Mobilisez les équipes techniques

Dans le cadre de votre stratégie de déploiement, vous ne devez pas oublier de mobiliser une ressource fondamentale : **les équipes techniques**. Nous parlons bien entendu des équipes qui ont développé les briques techniques sur lesquelles reposent les solutions IA que vous avez réalisées. En fonction de ce que vous avez décidé, ces équipes sont soit un prestataire externe soit des employés de l'entreprise. Dans les deux cas, vous devez prévoir qu'ils consacrent du temps pour la phase de déploiement.

La raison en est très simple. Imaginez que vous lanciez votre nouvelle solution IA qui permet de fixer les prix de vos produits sur les sites de vos distributeurs. Quelques jours après, vos équipes vous signalent que la solution IA donne systématiquement des prix trop bas sur certains sites. Si vous n'avez pas anticipé dans la charge de travail de vos équipes techniques le nombre suffisant de jours pour corriger le bug, le doute va s'installer sur les capacités de la solution IA que vous déployez. Les gens finiront par ne plus croire que l'outil va leur permettre d'améliorer leur travail. À l'inverse, si vos équipes techniques résolvent immédiatement le problème, les utilisateurs se diront que l'outil est vraiment évolutif et qu'il est là pour les aider dans leur quotidien. Cela créera de la confiance.

Pour éviter ce genre de situation et d'avoir à mobiliser vos équipes techniques à un niveau trop élevé, nous vous invitons à fixer des points réguliers avec ces dernières à une fréquence à définir selon le contexte (une fois tous les quinze jours ou chaque semaine, ou plusieurs fois par semaine). Ces points permettront d'aborder les éventuels retours utilisateurs sans avoir à mobiliser les équipes à temps plein pour traiter les urgences.

7.2 Favorisez l'adoption et l'engagement

Afin de tirer le maximum de valeur de vos cas d'usage de l'IA, vous devez faire en sorte que les solutions que vous développez soient adoptées et utilisées. Nous allons ici détailler comment faciliter et suivre leur adoption de manière concrète. Nous commencerons par voir comment communiquer avant et pendant les premières phases de déploiement auprès des utilisateurs pour s'assurer qu'ils soient au courant que la solution existe et qu'ils sachent comment l'utiliser. Ensuite, nous aborderons le sujet des outils en eux-mêmes et notamment des types de suivis qu'il est possible d'intégrer à ces derniers. Enfin, nous parlerons de l'importance de la valorisation des retours d'expériences des utilisateurs et de la mise en avant du travail des équipes techniques.

Préparez la communication autour de votre solution IA

Cela peut paraître évident, mais disons-le tout de même : il ne faut pas que les salariés de votre entreprise découvrent l'existence de votre solution IA une fois que celle-ci est finalisée et prête à être déployée. La phase de communication démarre bien avant et si vous avez suivi nos conseils (tirés de notre expérience professionnelle), ce doit être le cas. En effet, l'embarquement des équipes se réalise dès le lancement du projet de transformation par l'IA de votre entreprise. Les équipes sont ainsi au courant que des solutions IA vont être développées et seront prêtes à aider dès la phase de réflexion autour des cas d'usage possibles. C'est ce que nous avons notamment décrit dans le Chapitre 4 autour de la détection des cas d'usage, par exemple lors d'ateliers d'idéation où il leur est demandé d'imaginer comment les technologies d'IA peuvent leur être utiles au quotidien.

Cette communication se poursuit lors de la phase de test, car vous devez inclure au mieux les équipes pour réaliser les tests sur les premiers prototypes réalisés. Cette phase très importante permet de réfléchir non seulement à l'intégration de l'outil dans le quotidien de vos employés mais aussi d'identifier de potentielles évolutions des façons de travailler et des processus associés. Il est très important que de telles modifications soient discutées et validées directement avec vos équipes métiers concernées. De plus, cela permet d'identifier la meilleure façon d'industrialiser et d'intégrer la solution IA dans votre environnement de travail. N'hésitez pas à communiquer pendant cette phase des dates de nouveaux prototypes, d'industrialisation de l'outil ou encore de déploiement, de sorte que les personnes soient au courant de ce qui les attend dans les semaines à venir.

Figure 7.3 La communication en fonction de la taille de l'entreprise.

Avant de déployer votre solution, il faut savoir que l'effort de communication nécessaire ne sera pas le même selon la taille de votre entreprise (voir Figure 7.3). Si elle compte moins de trente personnes, beaucoup de gens seront déjà au courant, et vous pourrez vous contenter d'expliquer l'avancement et préparer le terrain au déploiement lors de réunions régulières d'équipes ou de simples pauses café. Si votre entreprise compte entre trente et cent-cinquante salariés, vous devrez participer à des réunions des entités concernées pour leur expliquer ce qui va arriver et où vous en êtes. Idéalement, vous aurez déjà présenté le projet au tout début devant ces équipes et aurez inclus des utilisateurs et/ou ambassadeurs IA dans les différentes phases du projet. Nous vous conseillons d'animer cet échange avec ces utilisateurs qui sauront trouver les mots les plus pertinents pour expliquer l'intérêt de la solution qui va être déployée. Vous pouvez adapter vous-même le support en lien avec ces utilisateurs et/ou ambassadeurs à chaque entité que vous allez rencontrer. Enfin, si votre entreprise compte plus de cent-cinquante employés, nous vous conseillons une approche différente. Vous devez dans ce cas avoir identifié des ambassadeurs dans les différentes entités concernées par le projet d'IA. Vous préparerez la communication avec ces ambassadeurs en ayant à l'esprit l'élaboration d'un support facilement adaptable à chaque entité et que chacun pourra s'approprier pour présenter le projet devant son équipe. Comme vous ne pourrez pas être présent partout en même temps, nous vous conseillons de vous rendre disponible pour des échanges avec les différentes entités, mais de bien laisser les ambassadeurs porter le projet auprès de leurs collègues. Pour nous, un élément clé sur ce sujet est de proposer les formats les plus simples possible dans les supports de communication communs. Ne mettez qu'un message par *slide* dans une présentation PowerPoint. S'il s'agit d'un document Word, essayez de bien séparer les paragraphes en idées simples (« Pourquoi ce projet ? », « Qu'est-ce qu'il fait ? », « Qu'est-ce que ça implique pour vous ? », « Comment l'outil est-il amené à évoluer ? », etc.).

Suivez l'adoption en incluant les bons indicateurs dans vos outils d'IA

Contrairement à ce que nous pourrions croire, lorsque la solution IA est industrialisée et déployée, ce n'est pas fini pour autant ! En effet, pour réaliser la valeur que vous avez identifié pour votre cas d'usage lors de la phase d'identification des cas, vous devez faire en sorte que l'outil soit adopté et utilisé. Pour suivre cette avancée, nous vous recommandons de suivre **l'adoption** et **l'engagement** des utilisateurs sur les solutions développées. La raison en est très simple : cela permet de détecter au plus tôt si l'outil développé trouve sa place chez les utilisateurs avant d'avoir éventuellement une surprise désagréable lorsque vous regarderez vos indicateurs de performance qui n'auront pas évolué.

Commençons par parler de l'*adoption* de l'outil. Autrement dit : est-ce que les utilisateurs de votre solution IA l'utilisent ? Au minimum, ils l'ouvrent et réalisent au moins une action avec. Pour suivre l'adoption, nous vous recommandons d'inclure dans vos solutions IA des capteurs qui vont se déclencher lorsque l'outil est ouvert ou bien lorsqu'une action précise est réalisée. Une notification est alors envoyée à une base de données consolidée qui vous permettra de suivre la progression de l'adoption de votre outil d'IA parmi les entités. Si l'outil identifie la personne qui l'utilise, vous pouvez même aller un cran plus loin en remontant les informations aux entités qui utilisent le plus l'outil, voire aux personnes si vous avez prévu ce cas dans la définition de votre politique RGPD. Pour information, certains outils incluent nativement ce type de statistiques, notamment si vous travaillez avec des environnements intégrés comme ceux de Microsoft. Vous pourrez alors identifier les personnes qui regardent vos rapports de données avec l'outil de *Business Intelligence* Power BI ou encore ceux qui utilisent vos applications développées avec Power Apps.

De plus, pour prendre des décisions sur les évolutions à venir de votre solution, les feedbacks de vos utilisateurs finaux devront être complétés par l'analyse de statistiques quantitatives. Interrogez-vous donc sur les indicateurs d'usage et de performance à générer automatiquement et quotidiennement :

- Quels indicateurs suivre pour attester d'un niveau d'utilisation de la solution ? Nombre de connexions quotidiennes par utilisateur, temps passé sur l'outil, top 5 des fonctionnalités employées par utilisateur, etc.
- Quels indicateurs suivre pour attester de la performance de la solution ? Il s'agit là des indicateurs que vous aurez définis en début de projet, lors de la phase de conception, pour attester du ROI de la solution. Reprenez et implémentez-les.

L'outil de reporting doit être facile d'accès et d'utilisation. Ne vous limitez pas à l'export d'un fichier .csv qu'il faudra retravailler au quotidien pour en exploiter les données et analyses. Si cette tâche d'analyse des indicateurs est trop fastidieuse, vous ne la ferez qu'une ou deux fois au tout début du projet et l'abandonnerez malheureusement par la suite au détriment du projet. Ayez le bon réflexe et intégrez ces données directement dans votre BI (voir le Chapitre 5 sur la gouvernance des données) pour gagner du temps lors de la phase de déploiement. Appuyez-vous encore une fois sur des outils experts sur ces sujets tels que Microsoft Power BI, Qlik Sense, Tableau, Google Looker ou Zoho Analytics.

Abordons maintenant la notion d'*engagement*, c'est-à-dire à la quantité d'interactions réalisées par les utilisateurs sur l'outil d'IA. Là où l'adoption analyse si les utilisateurs emploient bien l'outil pour réaliser certaines tâches, l'engagement quantifie le nombre de tâches réalisées avec l'outil, le temps que les personnes passent effectivement dessus et établit d'autres statistiques qui permettent de savoir si les gens apprécient de passer du temps sur la solution que vous avez développée.

Pour illustrer la différence entre adoption et engagement, voici un exemple provenant d'une grande entreprise (voir Figure 7.5). Un nouvel outil à base d'IA y avait été développé pour entrer des données dans l'outil de gestion clients (CRM). Une tâche obligatoire bien précise qui était auparavant réalisée par un autre outil ne pouvait plus être faite que dans cette nouvelle solution, qui proposait également d'autres fonctionnalités. Au bout de quelques semaines, le taux d'adoption de l'outil était de 95 %, mais avec un taux d'engagement proche de 10 %, car les utilisateurs réalisaient la tâche obligatoire dans l'outil, puis le quittaient aussitôt afin de reprendre leurs processus habituels pour ce qu'il leur restait à faire. En suivant uniquement l'adoption sur un cas similaire, vous pourriez donc vous dire que vous avez vraiment changé les habitudes de travail. Mais en suivant l'engagement, vous vous rendez compte qu'il y a encore du travail à réaliser pour rendre l'outil vraiment utile et pertinent pour ses utilisateurs.

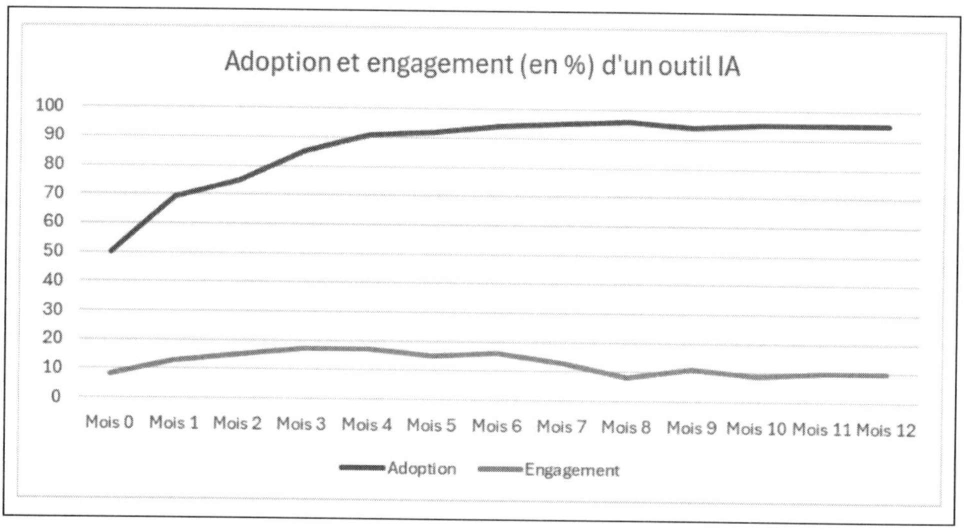

Figure 7.4 Exemple de déploiement d'un outil d'IA avec une adoption forte et un engagement faible.

Vous l'aurez compris, il faut suivre attentivement ces deux indicateurs. Bien plus important encore, il faut agir pour les améliorer. Pour cela, nous allons voir que des échanges réguliers avec les utilisateurs et les équipes techniques sont nécessaires.

Témoignage

Vincent Malka, directeur de PAC France : l'IA comme accélérateur des activités d'analyse et de conseil

Pierre Audoin Consultants (PAC) est une entreprise reconnue en Europe d'études de marché et de conseils stratégiques dans le secteur des services informatiques, de l'édition de logiciels et du numérique.

PAC collecte des données concernant l'évolution de l'offre et de la demande pour préparer des analyses de marché, des tendances, des profils d'acteurs et les restituer auprès de l'écosystème du numérique (offreurs, décideurs, investisseurs). L'entreprise manipule beaucoup d'informations qualitatives et quantitatives et opère dans plus de trente pays et régions. Son activité se compose à parts égales de recherche et analyse de marché d'une part, et de consulting d'autre part. Les consultants et analystes de PAC doivent rechercher, analyser et contextualiser de très nombreux documents, structurés ou non, auprès de différentes sources. L'idée d'utiliser l'IA générative pour les aider dans ces tâches a alors commencé à germer, notamment chez le directeur de PAC France, Vincent Malka. L'intérêt pour l'adoption de l'IA portait également sur les fonctions marketing, ventes et *customer front-end* mais nécessitait initialement de se forger des convictions à travers des besoins internes.

Et c'est lors d'échanges avec un éditeur spécialisé en IA (Konverso) que Vincent a décidé de passer de l'idée au projet. Afin de pouvoir se lancer, il lui a fallu convaincre lors d'une présentation les dirigeants, puis les actionnaires de l'entreprise. Grâce à l'utilisation du Pack IA développé par le Hub France IA en collaboration avec la région Île-de-France, PAC a pu bénéficier d'une subvention de 50 % dans le cadre d'un projet d'IA avec Konverso dont le coût global était inférieur à 50 000 €. Après avoir mis en place l'équipe projet côté PAC, Vincent nous raconte :

« Nous avons fait un appel à candidatures et suggestions sur des cas d'usage et nous en avons capté plus de cinquante. Il a donc fallu mettre en place une démarche de scoring en quantifiant les impacts potentiels pour en extraire une liste réduite et les développer.

Parmi ces cas d'usage, il y a la facilitation de la recherche dans une liste de documents. Il y a aussi la capacité à générer automatiquement une synthèse de chaque document trouvé et à partir de plusieurs documents sélectionnés. Ces trois cas d'usage ont été identifiés comme prioritaires. Il y a eu beaucoup d'essais sur la partie technique. Un jour, les résultats nous ont semblé satisfaisants et nous avons ouvert l'outil à tous les analystes pour avoir leur feedback et procéder à plusieurs évolutions/optimisations de manière itérative.

Cependant, tout ne s'est pas passé comme prévu. Nous espérions que tout le monde

→

allait se jeter dessus pour tester. Mais dans les faits, il n'y a pas eu une forte adhésion. C'est ce qui nous a permis de prendre conscience qu'un projet d'IA n'est pas qu'un projet technique, mais aussi un projet d'entreprise nécessitant beaucoup de communication et d'acculturation. Néanmoins, ce projet subventionné a permis à PAC de tester les capacités de l'IA et de valider l'intérêt pour les activités d'analyse de marché et de conseil spécialisé. Dans cette phase de découverte/test, le principal objectif pour PAC était de valider l'intérêt de l'IA pour des activités fondées sur le knowledge et les données structurées/non structurées. Cette première expérimentation a posé les briques fondatrices pour envisager une potentielle phase deux que nous sommes en train d'investiguer en interne et pour laquelle nous visons un effet plus conséquent et un meilleur embarquement des personnes. Nous sommes en train d'étudier cela avec Konverso qui est un partenaire de confiance et qui nous a permis d'avancer sur le sujet de l'IA.

Un dernier conseil aux PME qui souhaiteraient se lancer dans l'IA : pensez votre projet d'IA comme un véritable projet d'entreprise. Pour cela, il faut dès le départ embarquer la direction et se poser la question de la mesure des résultats (avec les indicateurs clés associés). Et pour cela, il ne faut pas être plus royaliste que le roi. Ne partez pas sur des ambitions trop fortes, restez pragmatique et visez plutôt des objectifs atteignables pour démarrer sur le sujet, en évitant impérativement l'approche « big bang ». »

Prévoyez des échanges réguliers entre les utilisateurs et les équipes techniques

Lorsque vous mettez des capteurs dans vos outils d'IA, il devient possible de suivre leur utilisation en votre absence. En effet, vous n'avez pas à regarder par-dessus l'épaule des utilisateurs pour savoir comment ils s'en servent. Les utilisateurs sont seuls devant leur outil et y recourent de manière standard dans le cadre de leur travail. C'est toute la puissance des indicateurs liés à l'adoption et à l'engagement dont nous venons de parler. Ils vous aident à mieux cerner la situation, à comprendre si les outils sont utiles, ou s'ils ne sont pas utilisés. Vous devez ensuite aller plus loin, tenter de comprendre pourquoi et améliorer la situation autant que possible. Pour cela, vous devrez prévoir des échanges réguliers aussi bien avec les utilisateurs qu'avec les équipes techniques.

Les utilisateurs sont la clé de ce processus, et nous vous conseillons d'élargir le cercle au-delà des utilisateurs et/ou des ambassadeurs qui ont déjà été sollicités dans les phases précédentes. La raison en est simple : impliquer des personnes qui ont moins suivi le développement de la solution IA proposée permettra d'avoir un avis moins biaisé sur la situation. Il est toujours plus difficile de remettre en cause des choix lorsqu'on a contribué à les réaliser. Si vous disposez de données d'utilisation précises des outils, n'hésitez pas à proposer à des profils d'utilisateurs très différents de participer. Il est aussi possible de le faire sans ces données issues de l'informatique, mais vous devrez demander aux personnes quel est leur degré d'utilisation de l'outil et essayer de leur poser quelques questions sur l'utilisation qu'elles en font. Et lorsque nous parlons de profils différents, nous pensons aussi bien à des personnes qui utilisent fréquemment la solution IA, qu'à d'autres qui ne l'utilisent pas ou presque pas, en passant par les niveaux intermédiaires.

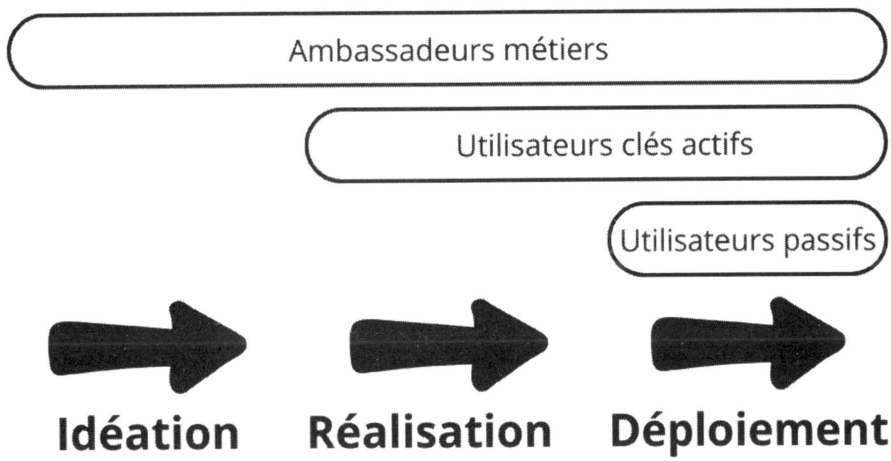

Figure 7.5 Implication des utilisateurs et des ambassadeurs lors des phases de développement des solutions d'IA.

Une fois que vous avez identifié les utilisateurs participants et qu'ils ont accepté de vous aider en donnant leur avis et en partageant leur expérience, plusieurs options s'offrent à vous. Vous pouvez décider de les faire intervenir en équipe, ou bien les rencontrer individuellement. Vous pouvez même décider de les réunir avec les équipes techniques, comme nous le décrirons très prochainement. Nous pensons que ce qui fonctionne le mieux est une combinaison de ces approches. Commencez par échanger individuellement avec les utilisateurs pour identifier les bénéfices qu'ils perçoivent de l'outil, les limites ou blocages et les évolutions potentielles à prévoir. Une fois ce premier travail réalisé et consolidé, vous disposerez de bases solides pour préparer une réunion en groupe. Si les thématiques qui ressortent concernent surtout la difficulté d'intégration de l'outil dans les processus métiers, une mauvaise connaissance ou compréhension de l'outil, ou tout autre sujet en lien avec la technique sous-jacente à l'outil, vous devrez privilégier une réunion uniquement avec des utilisateurs. En revanche, si les thématiques font ressortir des bugs récurrents, des lenteurs de l'outil, des résultats erronés, un champ d'application plus large qu'imaginé, ou toute autre question pour laquelle la technique peut avoir un rôle à jouer, il peut être intéressant d'inclure les équipes techniques lors de la réunion avec le groupe d'utilisateurs. En effet, cela leur permettra de mieux comprendre les problèmes et d'imaginer les solutions les plus adaptées pour les équipes métiers. Cela fera donc gagner du temps dans le développement du projet.

Enfin, au-delà des réunions dont nous venons de parler, prévoyez également des échanges réguliers avec les équipes techniques. Ces derniers ont pour but de faire un suivi du déploiement de l'outil, de parler de potentiels bugs ou erreurs qui pourraient survenir et de la manière de les corriger. Il est très intéressant de pouvoir présenter lors de ces réunions les taux d'adoption et d'engagement. S'ils sont élevés, cela permettra de féliciter les équipes et de mettre en avant leur travail. S'ils sont moins bons, cela permettra d'expliquer la situation et de justifier les travaux et réunions avec les utilisateurs pour résoudre la situation. Cela permet également de conserver une dynamique technique sur le projet. Si les équipes techniques passent à un autre sujet sans garder un peu de temps pour celui qu'ils viennent de traiter, cela risque de retarder les corrections de bugs ou le développement d'évolutions qui peuvent largement favoriser le succès du projet d'IA.

Valorisez les efforts consentis

Un dernier point important pour pérenniser l'adoption et l'engagement consiste à valoriser tous les efforts consentis par les utilisateurs finaux dans les changements provoqués dans leur quotidien par la nouvelle solution IA déployée. Il s'agit de la phase **R** de renforcement du modèle ADKAR (voir Chapitre 2) afin de garantir que vos utilisateurs finaux ne reviennent pas aux anciennes pratiques. L'appropriation complète d'un changement nécessite généralement un certain laps de temps. Selon une étude publiée dans le *European Journal of Social Psychology*, il faut environ 66 jours pour consolider une nouvelle habitude[1] !

Plus le changement sera complexe à adopter, plus ce processus de consolidation peut être long. Pour garantir que vos utilisateurs finaux adhèrent aux changements mis en place, il est donc crucial de conserver un *renforcement positif* afin de les maintenir sur la bonne voie ! Ce renforcement peut inclure différents « rituels » de communication à intégrer dans votre planning post-déploiement, comme des expressions de reconnaissance, des récompenses, des évaluations de performances et des retours positifs confirmant l'intégration du changement.

7.3 Analysez l'impact des outils d'IA et faites-les évoluer

Si vous avez suivi avec succès toutes les étapes décrites jusqu'ici, vous devriez avoir identifié des opportunités, réalisé des prototypes, industrialisé ce qui fonctionne et déployé l'outil auprès des utilisateurs concernés. Si tout cela vous a déjà permis d'apporter concrètement de la valeur à votre entreprise et à vos employés, c'est que vous avez réussi à intégrer l'IA dans votre entreprise : bravo !

Vous devez alors continuer dans cette voie. En particulier, il ne faut pas hésiter à faire évoluer des outils déjà développés pour qu'ils s'adaptent à de nouvelles situations ou qu'ils remplissent de nouvelles fonctionnalités. Et une fois de plus, vous aurez largement besoin des utilisateurs.

Validez la valeur de vos cas d'usage

Lors de la définition de vos cas d'usage, vous avez défini avec les utilisateurs finaux la valeur que votre entreprise et les utilisateurs pouvaient espérer retirer de ces cas d'usage. Lors de cette phase, il est notamment important, comme nous l'avons expliqué, de pouvoir mettre en place des indicateurs mesurables. Parmi ceux-ci, citons comme exemple un nombre de pannes à réduire, une quantité d'heures passées sur une tâche à diminuer ou encore un chiffre d'affaires à augmenter sur une catégorie de produit. D'ailleurs, après avoir fixé un premier indicateur et un gain espéré sur ce dernier, vous

1 *« How are habits formed: Modelling habit formation in the real world », European Journal of Social Psychology,* Phillipa Lally *et al.*, 2010, `https://onlinelibrary.wiley.com/doi/10.1002/ejsp.674`.

avez peut-être fait évoluer ces éléments lors de la phase de prototypage ou d'industrialisation. C'est tout à fait normal, car votre connaissance du métier et de ce que l'IA pouvait apporter s'est progressivement améliorée. Maintenant que vous avez finalisé la solution IA, que vous l'avez déployée et qu'elle a été adoptée, il est temps de valider la valeur réellement apportée. Pour cela, reprenez les indicateurs que vous aviez fixés au départ et calculez le gain réalisé après le déploiement de l'outil. Afin de pouvoir le déterminer, vous devez avoir effectué une mesure de ces indicateurs *avant* le déploiement de la solution IA. En effet, si ce n'est pas le cas, il sera difficile d'estimer la valeur apportée par vos cas d'usage.

Dans certaines situations, il pourra vous sembler difficile d'effectuer cette mesure, notamment avant le déploiement. C'est le cas quand les capteurs de mesure sont intégrés au nouvel outil que vous développez et qu'il n'a pas été possible de les intégrer avant le déploiement des nouveaux outils. Dans ce cas, nous vous recommandons de trouver des solutions alternatives afin de réaliser les mesures (voir Figure 7.6) :

- mesurer le nombre d'heures passées sur une tâche par vos utilisateurs grâce à l'observation ou en leur demandant de remplir un registre avec les horaires de début et de fin de la tâche durant quelques jours ;
- trouver d'autres indicateurs qui permettent d'obtenir une estimation approchée de l'indicateur que vous cherchez, par exemple analyser le temps d'immobilisation de la machine en appliquant un ratio pour distinguer le temps de pause ou de rotation du temps de maintenance ;
- réaliser une enquête auprès des utilisateurs pour connaître leur perception de l'indicateur avant et après le déploiement.

Figure 7.6 Exemples d'indicateurs permettant de mesurer la réussite du déploiement d'un outil d'IA.

Une fois que vous aurez réussi à calculer la valeur réellement apportée par le cas d'usage, vous pourrez statuer sur son apport à votre entreprise. Cela vous permettra également d'identifier des pistes potentielles d'évolution de l'outil pour augmenter la valeur en question ou trouver de nouvelles pistes de valeur.

Adaptez vos outils en fonction de la valeur apportée

Abordons maintenant une question importante : comment réagir en fonction de la valeur apportée par les cas d'usage de l'IA ? Commençons par la situation idéale : votre cas d'usage apporte une valeur très proche de celle que vous espériez. Dans ce cas, vous pouvez continuer à le déployer conformément au planning initialement prévu, à moins que vous n'identifiiez des difficultés ou des blocages potentiels pour d'autres groupes d'utilisateurs qui n'utilisent pas encore la solution IA. Vous devrez alors surmonter ces difficultés ou blocages pour pouvoir continuer.

Considérons maintenant une autre situation possible : le cas d'usage n'apporte pas la valeur souhaitée. Vous allez alors devoir mener une analyse plus poussée pour comprendre ce qu'il se passe. La première chose que nous vous conseillons de vérifier, ce sont les *taux d'adoption* et *d'engagement*. Ces deux taux vous permettront de vérifier si le manque d'impact sur les indicateurs est dû à une utilisation trop faible de l'outil d'IA. En effet, la valeur n'est parfois pas atteinte simplement parce que, malgré le déploiement, les salariés n'utilisent pas l'outil ou alors seulement pour réaliser une partie du travail, comme nous l'avons expliqué précédemment. Mais si ces taux semblent corrects, il faudra pousser plus loin vos investigations, et considérer trois aspects différents :

- technique ;
- managérial ;
- humain.

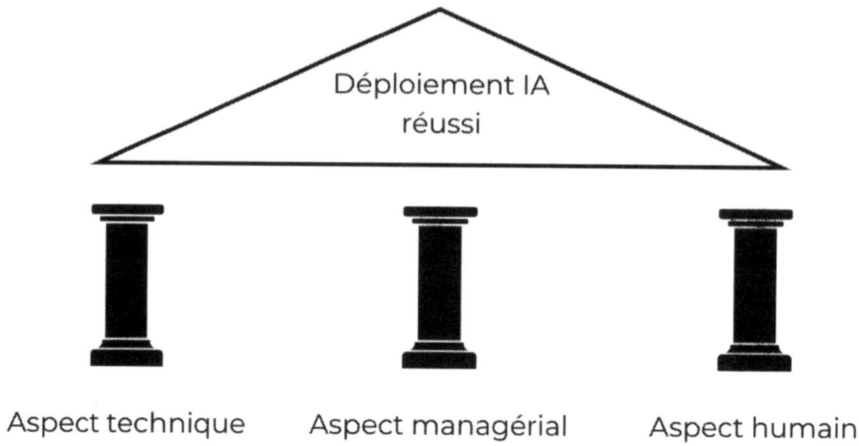

Figure 7.7 Les trois aspects fondamentaux à gérer pour un déploiement réussi.

Gérez l'aspect technique

Concernant l'aspect **technique**, vous devez d'abord vous assurer que l'outil d'IA fonctionne sur des exemples simples et concrets. Le mieux est de prendre des cas qui se sont réalisés, sur lesquels vous avez pu noter un certain nombre d'éléments et de les confronter aux sorties de l'outil. L'objectif est notamment de comprendre s'il y a eu des problèmes dans la conception de l'outil :

- Une base d'apprentissage pour les algorithmes d'IA qui ne reflète pas la réalité. Il faudra alors refaire l'entraînement des algorithmes avec une base plus complète. Par exemple, pour de la reconnaissance d'images ou d'objets dans les images, peut-être que les photos sont prises dans des cadres ou avec des arrière-plans trop différents, empêchant les algorithmes de fonctionner correctement. Il pourra être utile de compenser cet aspect avec des outils numériques permettant d'assurer un meilleur cadrage ou choix d'arrière-plan.
- Un dysfonctionnement de l'algorithme lui-même, par exemple si les paramètres importants n'ont pas été inclus lors de l'apprentissage. Ce peut être le cas pour de la maintenance prédictive si les capteurs pertinents n'ont pas été intégrés dès le départ. Il manquera donc une partie des informations (température, vibration...) qui peuvent influer sur le comportement de la machine et sans lesquelles l'IA ne peut fonctionner.

- Un bug informatique. Ce peut être aussi simple que cela. Tout code informatique peut présenter des bugs, même après avoir été testé. Et ces derniers peuvent se révéler en se confrontant à des cas réels parfois difficilement envisageables lors des phases de prototypage et d'industrialisation.

Si l'un de ces cas survient, il convient de réaliser les actions pertinentes avec l'aide de vos équipes techniques. Ces dernières pourront vous permettre de sortir de cette situation, mais aussi de capitaliser dessus afin de mieux anticiper les choix de capteurs, d'outils digitaux, les tests, etc. pour vos prochains cas d'usage.

Gérez l'aspect managérial

Parlons maintenant de l'aspect managérial. Cet aspect vous concerne tout particulièrement si votre entreprise compte plus de trente employés, car vous devrez passer par des strates de management intermédiaires. Si vos cas d'usage n'apportent pas la valeur escomptée, l'aspect managérial est l'une des causes : des managers limitent d'une façon ou d'une autre l'impact auprès de leurs équipes des solutions IA que vous proposez. Il est important de noter que ce peut être fait de façon consciente comme inconsciente :

- **De façon consciente,** des managers de votre entreprise peuvent avoir des problèmes avec les nouvelles technologies comme l'IA, ne pas leur faire confiance voire percevoir les outils d'IA que vous développez comme limitant leur « pouvoir ». Dans les Chapitres 1 et 2, nous nous sommes efforcés de vous donner les clés pour éviter cela, mais cette situation peut tout de même se produire si un manque de confiance persiste. Dans cette situation, les managers vont mettre en place des mécanismes pour limiter l'impact des outils que vous développerez. Ce peut être en demandant aux salariés de ne pas les utiliser ou au moins d'utiliser en double l'ancienne procédure pour validation. Bien évidemment, si une personne est obligée de réaliser une tâche de deux manières et que celle qui compte pour son manager est clairement identifiée, elle va peu à peu délaisser l'autre. Ces mêmes managers peuvent aussi être dans une posture où ils vont mettre l'accent sur tous les bugs des outils d'IA que vous développez ou sur les comportements qui ne correspondent pas à leur « façon de faire ». Pour éviter cela, il est important de les « embarquer » avec vous au plus tôt dans le processus de choix des cas d'usage, de prototypage et de déploiement. Cela permettra de mieux les associer aux projets et de vous assurer leur adhésion.

- Les managers peuvent également être des freins pour la réalisation de la valeur des cas d'usage de l'IA **de manière inconsciente**. Cela intervient notamment lorsqu'ils ne prennent pas le temps d'échanger avec leurs équipes sur les nouveaux outils d'IA. C'est souvent le cas lorsque des sujets de gouvernance de données nécessitent l'implication des équipes. Pour que vos employés perçoivent l'intérêt pour eux de réaliser des tâches de nettoyage de données, qui sont finalement celles qui vont faire toute la différence dans la réussite des cas d'usage de l'IA, une implication des managers est nécessaire. Nous l'avons d'ailleurs largement décrit dans le Chapitre 5 de cet ouvrage, à la section « La carotte ou le bâton ».

Gérez l'aspect humain

Enfin, si la valeur de vos cas d'usage n'est pas au rendez-vous, c'est peut-être dû à l'aspect humain. Derrière cet aspect se cachent toutes les problématiques liées à la confiance et à l'intérêt que portent les utilisateurs aux outils d'IA que vous développez et à la démarche globale que vous avez initiée sur ce sujet. Dans cet ouvrage, nous avons essayé de vous sensibiliser dès les premiers chapitres à l'importance de cet aspect. Car ce qui cause souvent l'échec des projets d'IA, c'est un mauvais « embarquement » des personnes. Néanmoins, il se peut que vous soyez dans une situation où vos utilisateurs n'exploitent pas l'outil comme ils le devraient. Et cela peut avoir un impact direct sur vos indicateurs.

Imaginons par exemple que vous soyez à la tête d'une société de conseil et que vous ayez développé un outil d'IA permettant de rédiger des premières versions de rapports d'audit pour vos clients. Si vos utilisateurs (des consultants), se contentent de prendre les rapports tels quels et de les envoyer aux clients, il se peut qu'ils passent à côté de choses importantes, voire qu'ils laissent passer des « coquilles ». Même s'ils gagnent du temps sur cette tâche, vous risquez donc de perdre des clients mécontents du niveau de vos expertises et cela nuira à la réputation de votre entreprise. Dans cette situation, l'outil n'est pas en cause, car il réalise bien sa tâche (en l'occurrence, construire une ébauche de rapport). Les managers l'ont par ailleurs bien présenté, ont expliqué l'importance de cette tâche pour l'entreprise (même s'ils n'ont peut-être pas assez insisté sur l'importance du contrôle du résultat de l'outil d'IA). Il s'agit ici d'un comportement purement humain : vouloir gagner du temps sur une tâche en négligeant la qualité du rendu. Et cela, comme pour l'aspect managérial, d'une manière qui peut être parfaitement inconsciente.

Pour éviter ce type d'erreur, nous n'avons pas de baguette magique, mais une recette simple que les consultants de la société Yakadata appliquent sans relâche : passez du temps avec vos utilisateurs, de la phase d'appropriation et d'identification des cas d'usage jusqu'à l'utilisation des outils au jour le jour. Cela vous permettra d'expliquer, de comprendre et de réagir au plus vite à ces situations afin de créer de la valeur pour votre entreprise.

7.4 Les éléments clés à retenir

- L'industrialisation permet de rendre possible la phase de déploiement, qui consiste à donner accès aux outils d'IA, et à accompagner et encourager leur utilisation.
- Pour réussir la phase de déploiement, il faut avoir pensé en amont aux éléments de communication et de formation.
- Lors de la phase de déploiement, il faut continuer à mobiliser les équipes techniques pour corriger les bugs ou introduire des évolutions permettant de favoriser l'adoption de vos nouveaux outils d'IA.
- Pour suivre l'adoption et l'engagement des utilisateurs sur les outils d'IA que vous avez développés, placez des capteurs d'usage dans ces derniers. Vous obtiendrez ainsi des informations plus fiables qu'en interrogeant les utilisateurs.
- Planifiez des échanges réguliers avec les utilisateurs et les équipes techniques au lancement des outils afin de créer une dynamique et de montrer à vos utilisateurs qu'ils sont écoutés et que vous cherchez à leur rendre ces outils plus accessibles.
- Pensez à adapter le déploiement à la taille de votre entreprise, par exemple domaine par domaine ou site par site.
- Pour favoriser le déploiement, vous pouvez agir sur trois aspects fondamentaux : technique, humain et managérial.
- Enfin, n'oubliez pas de mesurer l'impact réel de vos nouveaux outils d'IA sur votre activité et de le comparer à ce que vous aviez prévu en début de projet.

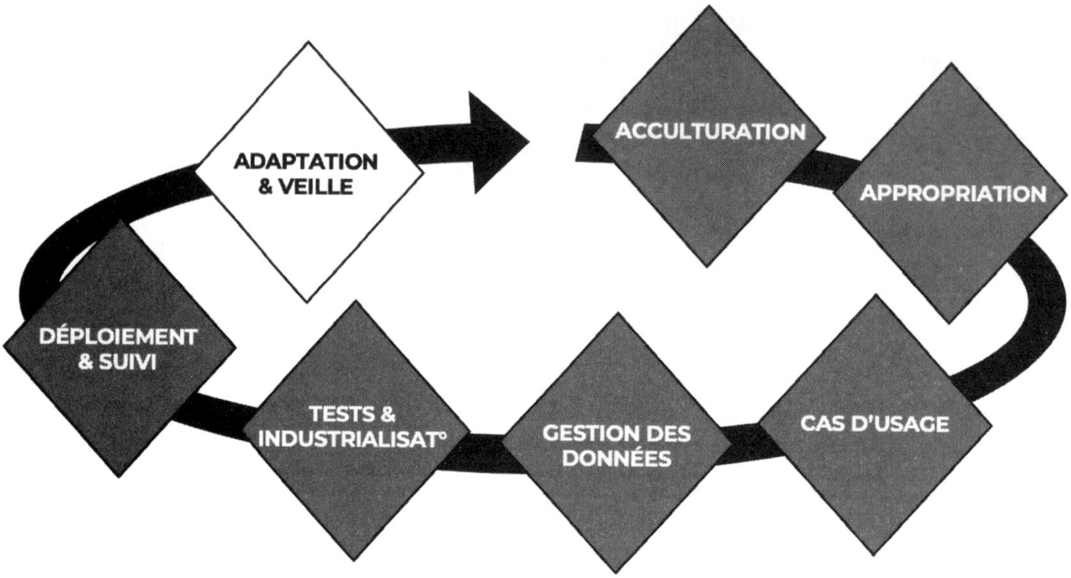
ACCULTURATION
APPROPRIATION
CAS D'USAGE
GESTION DES DONNÉES
TESTS & INDUSTRIALISAT°
DÉPLOIEMENT & SUIVI
ADAPTATION & VEILLE

Chapitre 8

Préparez votre entreprise au futur de l'IA

8.1 Tendances émergentes en IA

À l'heure où nous écrivons ces lignes (été 2024), plusieurs tendances fortes ont fait leur apparition. Beaucoup sont surtout liées à l'IA connexionniste générative, mais aussi prédictive (voir Chapitre 1).

L'IA frugale

Nous avons évoqué précédemment dans cet ouvrage l'AFNOR Spec pour une IA frugale, publiée en juillet 2024. Il s'agit d'un premier pas vers une norme visant à obliger les concepteurs et utilisateurs d'IA à considérer davantage l'impact environnemental de cette dernière.

L'année 2024 a vu apparaître le terme de SLM (*Small Language Model*, petit modèle de langage), par opposition au LLM (*Large Language Model*, grand modèle de langage), avec la volonté de rendre plus accessibles, mais aussi plus frugales les dernières technologies d'IA, autrement dit d'essayer d'avoir des technologies moins énergivores mais avec des performances égales. Cette course à l'IA frugale devrait, pour le bien de la planète et du portefeuille, continuer de s'accélérer dans les années à venir. Soyez vigilant sur les bonnes pratiques à venir afin de faire les bons choix pour demain !

L'IA explicable

L'IA explicable (ou XAI) est un domaine en pleine expansion, au point de devenir de plus en plus cruciale pour certaines entreprises, en vue notamment de l'entrée en vigueur de l'*AI Act* en 2026. L'objectif de la XAI vise en effet à rendre les décisions des modèles d'IA plus transparentes et compréhensibles pour les utilisateurs, ce qui est essentiel pour renforcer la confiance et l'adoption et assurer une utilisation responsable de ces technologies.

Malheureusement, peu d'outils sont encore disponibles pour nous aider à déchiffrer les raisonnements des IA connexionnistes et il est encore et toujours indispensable d'avoir un esprit critique (voir « L'œil de l'expert » ci-dessous).

L'œil de l'expert

Arnault Ioulalalen, P.-D.G. de Numalis : IA et explicabilité

Après deux masters, l'un en recherche informatique en 2007 et l'autre en recherche mathématique en 2009, Arnault Ioualalen a obtenu un doctorat en informatique en 2012. Après une période d'enseignement et de recherche à l'université de Perpignan, il a cofondé en 2015 la société Numalis, spécialisée dans l'édition de logiciels d'explicabilité et de validation de la robustesse d'algorithmes d'IA fondés sur des méthodes formelles. Depuis 2018, il est également éditeur de la série de documents de normalisation ISO/IEC 24029, qui sert de socle au règlement européen sur l'IA (*AI Act*).

« L'adoption de l'IA pose naturellement beaucoup de questions dès qu'il s'agit d'en utiliser dans des contextes critiques (pour un avion, un dispositif médical, une centrale nucléaire, etc.). Mais ces questions n'épargnent pas non plus les Petites et Moyennes entreprises (PME) et les Très Petites Entreprises (TPE), qui, à défaut d'avoir des actifs critiques sous leur responsabilité (encore que !), n'ont pas d'armées d'ingénieurs pour se confronter au problème et y apporter des réponses. Adopter de l'IA dans des processus d'entreprises, c'est d'abord réussir à lui faire confiance. Le cadre proposé par le texte relatif à l'IA (AI Act) donne une partie de la réponse en proposant un règlement et des standards auxquels les fournisseurs de solutions pourront à terme se conformer, et ainsi élever le niveau de sécurité des solutions mises sur le marché de l'Union Européenne.

→

Pour autant, adopter sans comprendre ne fait pas sens. Si la confiance n'enlève pas le contrôle, c'est encore bien aux utilisateurs d'IA d'exercer leur esprit critique et de ne pas appliquer mécaniquement les recommandations produites par la machine. Il en va in fine de leur responsabilité en tant que salarié en cas de problème.

Comprendre, c'est avant tout se poser les questions, dès le début d'un projet, de ce que l'on cherche à faire avec cet outil qu'est l'IA et comment le maîtriser. Une partie de cette maîtrise passe par être en mesure d'expliquer ce que fait l'IA et pouvoir vérifier que, si elle propose effectivement quelque chose qui semble correct, elle le fait pour les bonnes raisons. Cela sous-entend déjà une solide dose d'esprit critique pour pouvoir juger de ce qu'elle produit, mais cela impose aussi une certaine acculturation à ces modes de fonctionnement et aux biais qui peuvent en découler.

En termes scientifiques et techniques, le défi de l'explicabilité n'est pas encore tout à fait réglé et plusieurs approches tentent de fournir le plus d'informations possibles aux utilisateurs sur le fonctionnement interne de l'IA. Elles s'appuient généralement sur des techniques statistiques qui vérifient indépendamment, sur chaque entrée donnée à l'IA, une interprétation (dite locale) de la sortie. Par exemple, si un algorithme de crédit à base d'IA refuse un prêt bancaire à M. Martin, la raison en est uniquement due à la situation de son compte bancaire en août de l'an passé. Cela n'explique pas tout, mais cela permet à un banquier de vérifier si l'information utilisée justifie ou non le rejet. Pour autant, cette justification ne vaut que pour M. Martin, et ne se généralise pas forcément. Ce type d'explication, dite locale, est utile pour se convaincre petit à petit du bien-fondé de chaque décision prise, mais c'est tout au plus une « raison » et non un « raisonnement » à la fois intelligible et généralisable. Ces approches ne font pas pour l'instant l'objet d'un cadre standardisé systématique permettant à toute entreprise d'exiger d'un fournisseur qu'il puisse mettre en œuvre une explicabilité de ses solutions. Elle relève d'un effort individuel encore largement à parfaire et à systématiser de façon industrielle.

Pour atteindre le niveau d'un raisonnement expliquant le fonctionnement d'une IA, il faut travailler plus. Tout d'abord, il faut être en mesure de vérifier que la raison donnée est valable pour plus d'un cas à la fois. Pour cela, des méthodes issues du champ de l'analyse formelle (autrement dit, mathématiques) permettent d'y parvenir. Ici, le but est de prouver mathématiquement que la raison donnée est valide non seulement sur un cas, mais sur un ensemble de cas potentiellement très vaste. Par exemple, est-ce que le prêt de M. Martin est refusé si son revenu passe du simple au double ? Ce type d'approche permet de vérifier la véracité d'une raison pour des cas plus généraux et non plus isolés. Mais ce n'est toujours pas un raisonnement intelligible. Cela nécessite encore des experts pour formuler ces hypothèses de généralisation et pour juger de la qualité des raisons apportées.

L'explicabilité à la fois intelligible et généralisée reste encore en partie inaccessible avec les moyens actuels. Néanmoins, les

→

travaux scientifiques continuent, et chaque jour, de nouvelles approches, et à terme, de nouveaux outils, voient le jour pour résoudre ce problème. En attendant, c'est encore aux utilisateurs d'IA d'exercer leur esprit critique, de se former (ou a minima de s'acculturer) pour pouvoir interagir en toute connaissance de cause avec ces algorithmes. Car, en dépit de toute l'anthropomorphisation que l'on fait de l'IA, il ne s'agit que d'algorithmes. Il n'y a nulle magie ni science-fiction à l'œuvre, seulement des algorithmes qui sont aujourd'hui tellement complexes que notre esprit humain a du mal à les appréhender. Mais d'autres machines, avec d'autres outils que nous construisons, peuvent les analyser, les vérifier et nous permettre d'en avoir, à terme, une explication que nous pouvons comprendre.

En conclusion, il est possible de dire que, si l'IA est effectivement vouée à se déployer dans presque toutes les strates de nos sociétés et de nos entreprises, cela ne se fera pas dans une logique d'utilisation de boîte noire avilissante pour les humains à son contact. Mais, au contraire, en coordination avec des utilisateurs humains qui s'appuieront sur des interfaces permettant d'expliciter (et à terme, d'expliquer) leur comportement. Car si la machine est bien meilleure sur certaines tâches qu'un humain, la combinaison des deux l'est encore plus… Encore faut-il que l'humain ait confiance pour s'y appuyer. »

La législation

En dehors de l'*AI Act*, nous pouvons espérer davantage de clarification sur la propriété intellectuelle des contenus générés par l'IA et davantage de législation. À l'heure où nous écrivons ces lignes, la Californie, le berceau des nouvelles IA, planche à son tour sur une législation à l'image de l'*AI Act*, sous le nom de *Safe and Secure Innovation for Frontier Artificial Intelligence Models Act* (SB 1047). Nous avons fait le point sur ces sujets au Chapitre 5, mais les lignes sont encore amenées à bouger vers davantage de clarification et d'encadrement juridique. Cela permettra d'atténuer plusieurs tensions actuelles, comme le manque de valorisation des artistes ou le risque croissant d'hypertrucages (ou *deepfakes*).

L'agentivité

Avec l'art du *prompting*, l'*agentivité*, dont les premières expériences concluantes ont vu le jour en 2024, devrait continuer de monter en puissance en 2025 et 2026. Il s'agit de faire collaborer plusieurs assistants ou agents d'IA entre eux de façon autonome. Chacun se voit affecter une mission par le biais d'un *prompt system* et dispose ainsi de sa propre « expertise » ou de son propre périmètre ou mode de pensée avec lequel il va devoir collaborer, puis défier les autres assistants IA.

Par exemple, dans le cadre du développement d'un petit programme informatique, nous pourrions imaginer faire appel aux agents d'IA suivants :

- **Agent chef de projet :** pour planifier et coordonner les différents agents entre eux. Ce dernier pourra vous (le client) challenger pour disposer de tous les éléments nécessaires afin de bien réaliser sa mission (disposer par exemple d'un cahier des charges complet) avant de piloter les autres agents.
- **Agent générateur de code :** pour générer le code en question.
- **Agent vérificateur de code :** pour porter un regard critique sur le code généré par l'agent générateur de code.
- **Agent documenteur de code :** pour réaliser un travail poussé de documentation et de clarification du code généré et vérifié par les deux agents précédemment décrits.

L'approche de l'agentivité présente cependant un inconvénient à date : elle est très coûteuse, car elle fait appel simultanément à plusieurs assistants IA pour une requête initiale. Des optimisations futures, comme l'IA frugale ou le couplage à des briques d'automatisation plus standards à base d'IA déterministe, pourraient néanmoins faciliter leur déploiement.

Multimodalité

Des modèles comme GPT-4o ou Kyutai ont beaucoup fait parler d'eux au premier semestre 2024 en donnant un aperçu des futures technologies multimodales que nous pourrons manipuler directement depuis notre smartphone grâce à la voix. Ces modèles seront probablement déjà entre vos mains lorsque vous lirez ces lignes.

Jusqu'en 2024, la majorité des modèles étaient focalisés sur le texte écrit. Or, nous vivons dans un monde avec d'autres modalités que le texte, comme le son, l'image statique et animée, l'odeur, le goût, le toucher... Un modèle multimodal est censé pouvoir écrire, mais aussi voir, entendre (voire, un jour, sentir) le monde tel que nous le vivons afin de pouvoir intégrer davantage d'informations et ainsi être encore plus pertinent.

La multimodalité ouvrira la porte à l'intelligence émotionnelle, la machine devant intégrer davantage cette composante propre aux humains et aux animaux.

L'exemple de SPooN

L'entreprise française SPooN co-fondée par Jérôme Monceaux, Aymeric Masurelle et Thibault Hervier, vise à offrir depuis 2015 un visage aux machines en intégrant la multimodalité dans l'interaction entre l'humain et la machine (IHM). Les « créatures artificielles » (comme ils les appellent) ainsi développées vont intégrer différentes capacités d'interaction sémantique, mais aussi primaires et émotionnelles afin de répondre à la règle des 3V[1]. Cette règle établie par le professeur de psychologie Albert Mehrabian détermine que 93 % de la communication est non verbale, et donc non textuelle. Une communication serait composée comme suit :

- 7 % de communication verbale, par le texte.
- 38 % de communication vocale via l'intonation, la prosodie et l'émotion dans la voix.
- 55 % de communication visuelle via les expressions du visage et le langage corporel.

Il est donc primordial de prendre en compte cette forme de communication non verbale, pourtant complètement ignorée dans les interactions entre l'humain et la machine depuis l'avènement de l'informatique dans les années 1940. SPooN, avec ses personnages interactifs et expressifs, vise justement à se concentrer sur ces 55 % qui sont aujourd'hui complètement ignorés dans l'interaction avec la machine.

Figure 8.1 : Les créatures artificielles de SPooN.

Il est à noter que les annonces de GPT-4o et de Kyutai permettent désormais de toucher du doigt les 38 % de communication vocale, avec des avancées considérables dans l'intonation, la prosodie et l'émotion dans la voix et des possibilités accrue sur la capacité de ces IA à mener une conversation synchrone (et non asynchrone comme c'était le cas jusqu'en 2024). Toutes ces nouvelles avancées permettront notamment d'améliorer l'inclusion numérique en permettant à toute personne mal à l'aise avec un clavier et une souris d'accéder aux contenus et services numériques.

1 Communication verbale, vocale, visuelle.

JEPA

Le concept de JEPA (*Joint Embedding Predictive Architecture*) développé par Yann Le Cun, directeur de l'IA chez META, vise à se positionner comme la prochaine révolution après les LLM.

Selon l'ingénieur français, les LLM, malgré leurs nombreuses applications, présentent des limites qu'ils ne pourront pas franchir malgré toute la puissance de calcul d'aujourd'hui et de demain. Les LLM, même multimodaux, ont appris notre monde à travers du texte. Ce dernier est certes très conséquent, de l'ordre de 10 téraoctets, mais, malheureusement, cette quantité colossale ne peut pas, malgré tout, renfermer toutes les subtilités de notre monde. C'est ce qui explique qu'aujourd'hui les LLM ne sont pas capables d'adaptabilité ni de planification autonome. Pour reprendre la démonstration de Yann Le Cun, un enfant de quatre ans peut collecter uniquement avec ses deux yeux et depuis sa naissance l'équivalent de 1 pétaoctet (10^{15} octets) de données, soit cent fois plus que tout ce qu'un LLM a pu ingérer dans sa phase d'apprentissage en 2024 via Internet. Et nous ne prenons même pas en compte dans ce calcul les autres sens de l'enfant (ouïe, toucher et odorat), qui vont chacun de leur côté collecter énormément de données.

Pour remédier à cette limitation des LLM, Yann Le Cun et ses équipes travaillent sur le concept de JEPA, afin que la machine puisse apprendre comme les humains, c'est-à-dire en observant le monde avec différents sens, en parvenant notamment à prioriser les points d'attention de ces observations (par exemple, qu'est ce qui est vraiment important sur cette image ?). La tâche est compliquée, notamment sur la priorisation des observations. L'approche JEPA ne sera peut-être pas la bonne, mais si elle s'avère efficace, elle pourrait être beaucoup plus prometteuse que les LLM actuels et inaugurer une quatrième phase de l'IA.

Pour compléter ces projections, nous avons sollicité Françoise Soulié-Fogelman, experte depuis plus de 40 ans en IA. Françoise a été membre du High Level Expert Group on AI (Groupe d'experts de haut niveau sur l'IA) de la Commission Européenne. Elle est l'auteure de plus de cent-cinquante publications académiques et éditrice de treize ouvrages scientifiques, elle a encadré une vingtaine de thèses en IA dont celle de Yann Le Cun.

Aujourd'hui, Françoise est conseillère scientifique au Hub France IA.

L'œil de l'experte

Françoise Soulié-Fogelman, conseillère scientifique au sein du Hub France IA : l'hiver de l'IA ?

« Tout d'abord, on peut se demander s'il y aura de l'IA dans les entreprises à l'avenir. En effet, depuis les années 1950, l'IA connexionniste (comme d'ailleurs l'IA symbolique) a connu une succession d'« hivers » pendant lesquels la recherche et les développements en entreprise ralentissaient fortement, voire s'arrêtaient : le dernier, entre 1995 et 2012, a été suivi de l'« été » que nous vivons depuis. Aujourd'hui cependant, la situation est très différente de celle de 1995 : il y a des centaines de milliers de chercheurs qui publient tous les jours des articles scientifiques apportant des nouveautés en IA ; 72 % des entreprises ont déployé de l'IA alors qu'elles n'étaient que 20 % en 2017[2]. Goldman Sachs[3] prévoit qu'elles investiront dans les années à venir plus d'un billion (un million de millions) de dollars, 67 % prévoyant d'augmenter leurs investissements dans les trois ans à venir d'après McKinsey. L'offre de moyens de calcul et de data centers est massive (NVIDIA, qui vend les GPU nécessaires à l'IA générative, a vu son action passer de 15 $ fin 2022 à environ 125 $ aujourd'hui). Les volumétries de données disponibles sont énormes (multipliées par trente en dix ans). Enfin, les librairies de logiciels open source sont désormais très développées et permettent un accès facile à des technologies sophistiquées. Cette accélération dans tous les domaines semble désormais impossible à arrêter. L'IA est devenue une commodité, comme l'informatique : il ne devrait donc plus y avoir d'hiver de l'IA.

La productivité de l'IA

D'après McKinsey, l'IA connexionniste, prédictive et générative, apporte des réductions de coût ou des augmentations de revenu dans tous les secteurs. Les entreprises vont donc continuer à déployer des applications IA dans un nombre croissant de fonctions métiers : 50 % des entreprises ont aujourd'hui déployé l'IA dans au moins deux fonctions métiers, alors qu'elles étaient moins d'un tiers en 2023. L'usage de l'IA générative en particulier se développe : 65 % des entreprises l'utilisent aujourd'hui pour au moins une fonction métier contre 33 % en 2023. On doit donc s'attendre à une croissance continue des applications d'IA déployées : de plus en plus de fonctions métiers seront impactées dans un nombre accru d'entreprises.

---

2 Alex Singla, Alexander Sukharevsky, Lareina Yee, Michael Chui, Bryce Hall. *The state of AI in early 2024: Gen AI adoption spikes and starts to generate value. QuantumBlack, AI by McKinsey*, McKinsey, 30 mai 2024, `https://www.mckinsey.com/capabilities/quantumblack/our-insights/the-state-of-ai#/`

3 *Gen AI: too much spend, too little benefit?*, 27 juin 2024, `https://www.goldmansachs.com/insights/top-of-mind/gen-ai-too-much-spend-too-little-benefit`

→

Cependant, cette croissance ne se fera pas sans une profonde transformation des entreprises : refonte des processus et, probablement, des architectures du SI, travail détaillé sur l'identification des cas d'usage adaptés et formation massive des collaborateurs. Sans ces efforts de transformation de l'entreprise, l'apport de l'IA y restera marginal, voire négatif !

Les nouvelles technologies

Le déploiement croissant de l'IA dans les entreprises, et notamment dans les PME, s'appuiera sur plusieurs facteurs :

- ***La commoditysation de l'IA :*** *des librairies open-source de composants pré-entraînés, labellisés (en conformité avec l'AI Act) et des bibliothèques de prompts permettront de développer rapidement des applications par simple assemblage en mode (presque) no code.*
- ***L'hybridation :*** *des solutions intégrant l'IA prédictive et générative permettront de développer des applications plus riches. Les solutions comprendront des systèmes d'IA générative multimodale, des systèmes d'IA prédictive, mais aussi des modules d'optimisation, de calcul… Les systèmes à base d'agents vont certainement contribuer à ce mouvement.*
- ***L'hyperpersonnalisation*** *: l'abondance de données disponibles va permettre de produire des modèles d'IA prédictive de plus en plus précis, fournissant des réponses différentes et adaptées à chaque utilisateur.*
- ***La maîtrise des coûts :*** *le mouvement de l'IA frugale, avec notamment les Small Language Models, va se développer, pour obtenir des modèles plus petits, plus spécialisés, donc moins chers (à entraîner et à exploiter). La capacité à porter les modèles d'IA sur chip (edge computing) se développera, permettant des applications en temps réel, directement à la source de la donnée. Des techniques de mesure des coûts (total cost of ownership) seront développées et permettront de comparer les systèmes.*
- ***La mesure des performances :*** *des benchmarks standardisés et étalonnés seront mis en place pour comparer les performances des systèmes d'IA générative de façon industrielle.*
- ***La sécurisation de l'IA :*** *les cyberattaques sur les applications d'IA sont en train d'attirer l'attention des communautés cyber et IA. Des méthodes de conception et de développement d'IA secure by design vont apparaître, ainsi que des techniques de détection-défense contre les attaques adversarielles (par exemple, la détection des fakes).*

Comme on le voit, l'IA, capable de gains de productivité très significatifs, doit faire partie de la feuille de route des PME : quel que soit leur secteur, l'IA peut y être déployée et apporter des bénéfices très rapides. Bien sûr, chaque PME doit se préparer pour accueillir l'IA : d'abord réussir un premier projet d'IA, puis identifier et prioriser des cas d'usage adaptés, et enfin lancer des formations pour les collaborateurs. Idéalement, le premier projet d'IA aura permis à la PME de rencontrer un réalisateur de confiance pour l'accompagner dans cette transformation ! »

8.2 Quels regards porter sur l'impact de l'IA sur le travail ?

Lors de toutes nos interventions, une question revient très régulièrement : quelle est la place de l'IA dans le travail et quel est son impact présent et surtout futur ? Pour aborder cette question délicate, nous avons sollicité Yann Ferguson, sociologue du travail à Inria. Yann a commencé à étudier l'intégration d'applications dans les environnements de travail dès 2016, en collaborant pendant trois ans avec l'équipe IA d'EDF. Lauréat de la Fondation des Sciences Sociales, il a été nommé par la France pour rejoindre le groupe « Avenir du travail » du Partenariat Mondial en IA (PMIA) où il a piloté la réalisation d'un catalogue mondial de cas d'usage.

Aujourd'hui, Yann est directeur scientifique du LaborIA, un programme du ministère du Travail consacré à l'observation et à la compréhension de l'intégration de l'IA au travail.

L'œil de l'expert

Yann Ferguson, directeur scientifique du LaborIA, Inria : IA et travail

« Lorsqu'au début des années 2010 l'IA renaît autour du deep learning, des travaux tels que ceux de Frey et Osborne[4] ou de McAfee et Brynjolfsson[5] entrevoient des destructions massives d'emplois.

À leurs yeux, la capacité de l'approche neuronale à élaborer ses propres règles à partir de données est le chaînon manquant de l'employabilité de l'IA : elle permettrait de formaliser la dimension tacite du travail, c'est-à-dire ce que le professionnel est incapable de décrire consciemment, le fameux « paradoxe de Polanyi[6] ».

Ces machines « intelligentes » s'empareraient dès lors de la plupart des routines. Le travailleur du futur devra se concentrer sur des tâches qui font appel à des formes d'intelligence « proprement humaines » : la dextérité, la créativité, la sociabilité. L'avenir du travail appartiendrait aux humains

4 Carl Benedikt Frey et Michael A. Osborne, "*The Future Of Employment: How Susceptible Are Jobs To Computerisation?*", 17 septembre 2013.

5 Andrew McAfee et Erik Brynjolfsson, *Des machines, des plateformes et des foules*, Odile Jacob, 2018.

6 Théorie, nommée en l'honneur du philosophe anglo-hongrois Michael Polanyi, selon laquelle la connaissance humaine du fonctionnement du monde et de nos propres capacités dépasse largement notre compréhension explicite.

→

capables manuellement, intellectuellement et socialement de s'adapter à des situations nouvelles et incertaines, c'est-à-dire ne pouvant être traitées statiquement faute de données : les artisans, les managers, les ingénieurs, les artistes, les soignants…

Dix ans plus tard, tout a changé. L'étude de l'OCDE[7] (2023) portant sur les progrès scientifiques les plus significatifs (les jeux vidéo en temps réel, les jeux de stratégie abstraite, la traduction, la reconnaissance d'images, le traitement du langage, etc.) met en lumière cinq « compétences » de l'IA :

- l'ordonnancement de l'information ;
- la mémorisation ;
- la vitesse de perception ;
- la vitesse ;
- la flexibilité de structuration.

Les métiers qui utilisent le plus ces compétences sont les directeurs généraux, les managers et les ingénieurs. 2023 est également l'année de l'IA générative, dont les applications grand public provoquent un étrange phénomène : l'IA au travail devient moins une initiative d'employeurs que d'employés. Elle change consécutivement d'échelle : elle concernerait désormais près de 20 % des actifs contre moins de 1 %. Auparavant concentrée dans les grandes entreprises, les collectivités et les administrations, elle s'infiltre – clandestinement – dans les TPE, les PME, les associations, les communes, les écoles, etc.

L'IA s'invite à la « machine à café », et la nouvelle stratégie française d'acculturation à l'IA de 50 millions de Français, annoncée en mai 2024, ne s'y trompe pas (nom de code : « Café IA »).

L'orientation pratique de ces usages de l'IA au travail est révélatrice. Au-delà des gains de productivité et de l'automatisation des tâches répétitives, on note également des gains en matière de créativité, d'analyse et de synthèse de données, de résolution de problèmes, d'inspiration et d'innovation, à savoir des gains sur des tâches cognitives de haut niveau et non répétitives.

Est-ce la revanche des cols bleus ? La modalité de la production de valeur de l'IA change aussi. On passe du use-case (cas d'usage) où la valeur est définie en amont, au user-story (un usage bricolé depuis le terrain) où la valeur émerge par les pratiques du métier. Ce glissement n'est pas acceptable pour toutes les activités, notamment critiques, où les processus nécessitent un haut niveau de définition et de certification. Les dix années d'expérimentation du deep learning dans l'industrie, rarement concluantes, ont montré que si ce dernier permet d'obtenir des résultats probants et rapides sur des activités qui échappaient aux approches classiques, le dernier kilomètre, la fiabilité, l'explicabilité, la stabilité, la certificabilité, ne sont toujours pas assurés. En revanche, les activités qui ne sont pas soumises à ces contraintes de « hard quality » s'accommodent mieux de ces limites. On parle alors moins d'automatisation que d'assistance,

→

7 https://www.oecd.org/fr/publications/perspectives-de-l-emploi-de-l-ocde-2023_aae5dba0-fr.html

d'aide, voire de « compagnon », de « copilote ».

De nombreuses organisations prévoient à court terme d'investir dans ces IA d'assistance. Elle s'adresse à des agents, des techniciens, des cadres, des managers, des ingénieurs sur un mode « human in the loop ». Le travailleur est prompteur, instructeur, vérificateur, correcteur. Il est un peu moins producteur et davantage éditeur, avec un risque de perte de sens et de passivité que la promotion de l'esprit critique doit palier (on attend encore ses déclinaisons pratiques). À moyen terme, il s'agira de développer des « IA de confiance », capables notamment d'automatiser tout ou partie des tâches à « haut risque », pour reprendre la terminologie de l'AI Act : des tâches exposant l'intégrité physique (la santé) ou morale (les droits fondamentaux) des humains, travailleurs et/ou utilisateurs. On parlera probablement d'« IA hybride », dont la stabilité sera assurée par des règles définies et la performance marginale par des méthodes d'apprentissage. Le travailleur sera « on the loop » : il supervisera des processus productifs, ce qui correspond peu ou prou à son rapport actuel à l'automate. À plus long terme, on espère l'« IA de bon sens », moins prosaïquement Advanced Machine Intelligence, Graal de l'IA. Ici, l'IA n'aura plus besoin de prompteur ni de superviseur. Le travailleur sera « out of the loop » : il fera tout simplement autre chose. L'IA saura planifier, gérer. Selon Yann Le Cun, directeur de la recherche de Meta, qui recommande aux chercheurs d'abandonner l'IA générative pour se consacrer à l'IA de bon sens : « Elle aura sa propre représentation de l'état du monde et va combiner cette information avec celles dont elle dispose en mémoire. Cela viendra alimenter un modèle qui va prédire ce que sera l'état du monde lorsqu'une série d'actions aura été exécutée ». Dix années au moins seraient nécessaires pour obtenir de premiers résultats. Cette IA de bon sens qui succèderait à l'IA d'assistance et de confiance est aussi une IA de patience ! ”

8.3 Préparation pour l'avenir : comment appréhender la vitesse d'évolution des nouvelles technologies

Une accélération exponentielle

La figure 8.2 illustre le rythme d'apparition des grandes innovations technologiques ces mille dernières années. Nous retrouvons par exemple au début du précédent millénaire la lente généralisation sur plusieurs siècles en Europe de l'utilisation de la poudre à canon, la grande révolution technologique inventée dans les années 800 en Chine.

- 600 ans plus tard, la nouvelle grande révolution technologique fut l'imprimerie de Gutenberg dans les années 1400.
- Puis 200 ans plus tard, ce fut au tour de l'invention du thermomètre, du téléscope et du microscope.
- Puis 100 ans plus tard, ce fut l'invention de la machine à vapeur,
- Puis 20 ans plus tard, le télégraphe !

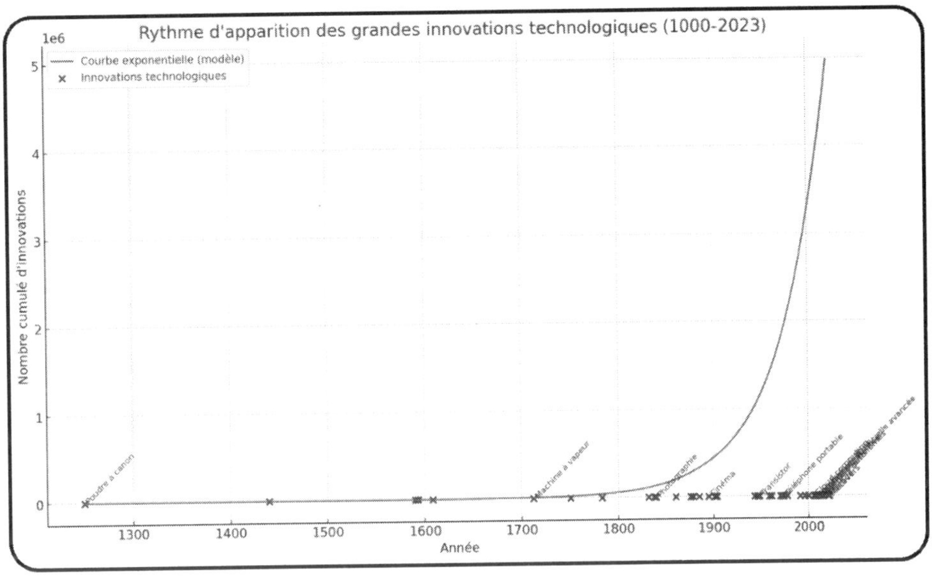

Figure 8.2 Rythme d'apparition des grandes innovations technologiques des mille dernières années.

Plus nous nous rapprochons de notre époque actuelle, plus le rythme d'apparition des nouvelles technologies semble s'accélérer à un rythme exponentiel. En 2024, une nouvelle innovation apparaît, pour un secteur donné, quasiment *tous les mois* !

Or, en mille ans, nous n'avons pas particulièrement évolué sur le plan biologique – nous n'avons toujours qu'un seul cerveau ! Mais nous devons digérer beaucoup de nouveaux outils, qui viennent transformer nos métiers à un rythme effréné.

Les outils ont de tout temps occupé une place centrale dans nos métiers. Ces derniers se construisent même souvent autour des outils déjà disponibles et sur lesquels il faut monter en expertise pour pouvoir correctement exercer ledit métier.

Ces outils évoluant, nos métiers évoluent en conséquence.

Nous sommes persuadés qu'il n'y a jamais eu ni destruction ni création d'emploi, mais bien des transformations plus ou moins profondes de nos métiers liées à l'évolution de nos outils.

Nos besoins n'ont par ailleurs jamais changé : nous avons toujours eu besoin d'eau, de chaleur, de moyens de locomotion ou d'informations. Néanmoins :

- **Le porteur d'eau,** avec l'arrivée de l'eau courante, a eu l'opportunité de devenir plombier.
- **L'allumeur de réverbère,** avec l'arrivée de l'électricité, est devenu électricien.
- **Le maréchal-ferrant,** avec l'arrivée de l'automobile, est devenu garagiste.
- **L'archiviste,** avec l'arrivée des données numériques, est devenu data scientist.

Les outils, façonnés par la technologie, sont au cœur de la transformation de nos métiers, et il nous faut suivre leur évolution et nous y former en permanence de plus en plus régulièrement.

Faire ou attendre que ce soit fait

Comme nous l'avons dit, les outils apparaissent à un rythme très rapide. À tel point que nous entendons de plus en plus souvent cette question : « Est-il utile que j'investisse dans un projet d'IA avec des développements, sachant que demain, un outil qui fait ce que je veux pourrait sortir à un coût beaucoup plus faible et de façon plus performante ? » Nous sommes convaincus que la question est mal posée. La vraie interrogation est de savoir si le sujet que vous pouvez traiter par l'IA va apporter de la valeur à votre entreprise et à ses salariés. Et il faut alors revenir aux fondamentaux.

Imaginons un cas d'usage IA qui peut vous faire économiser 30 000 € par an, par exemple en permettant de réduire votre perte de matière grâce à un module d'analyse d'images réalisé par IA. Si vous payez 60 000 € pour développer la solution, vous aurez équilibré la dépense au bout de deux ans et commencerez à rentabiliser votre investissement dès la troisième année.

Si, au contraire, vous décidez d'attendre, vous ferez un pari. Et comme avec tout pari, vous pourrez le gagner ou le perdre. S'il est gagné et qu'au bout de six mois un produit qui réponde exactement à vos besoins voit le jour, profitez-en un maximum.

Cependant, il y a de fortes chances que le pari soit perdu. En effet, il est rare qu'un produit d'IA prêt à l'emploi s'intègre sans effort dans une entreprise. Vous aurez donc très probablement, et ce même si la technologie évolue, à assumer un coût d'intégration pour l'implémentation de la solution. Et en attendant, en ne bougeant pas, vous vous privez d'une économie de 30 000 € par an.

Nous nous comportons tous différemment face à ce type de pari. Et loin de nous l'idée de culpabiliser ceux qui ont une aversion pour le risque ou au contraire un goût très prononcé pour ce dernier. Nous vous conseillons plutôt d'adopter une approche logique centrée sur vos besoins et sur l'impact potentiel des cas d'usage. Si un cas d'usage a un impact potentiel fort et que son délai de rentabilisation est assez faible, réfléchissez sérieusement à faire l'investissement nécessaire. Si une technologie similaire apparaît, la seule chose que vous risquez, c'est finalement d'avoir payé un peu plus cher au départ pour l'avoir, mais vous réaliserez l'économie attendue quoi qu'il arrive. Si le cas d'usage présente un potentiel plus faible, il peut être intéressant d'attendre et de voir si de nouvelles technologies permettront de faire baisser le coût de l'investissement initial pour rendre le cas d'usage plus rentable pour l'entreprise.

Des compétences bien humaines

Face à l'accélération de l'apparition de tous ces nouveaux outils venant tantôt bouleverser notre façon de travailler, tantôt automatiser une partie de notre travail, une demande croissante de nouvelles compétences est apparue. Et contrairement à certaines idées reçues, ce sont moins des compétences en informatique (*hard skills*) que des compétences dites « douces » (*soft skills*) et notamment celle de **l'adaptabilité** et de **l'esprit critique**. Comme le montre la Figure 8.3, les recherches sur Google du terme « soft skills » sont en augmentation constante ces dernières années, proportionnellement à l'évolution de l'IA.

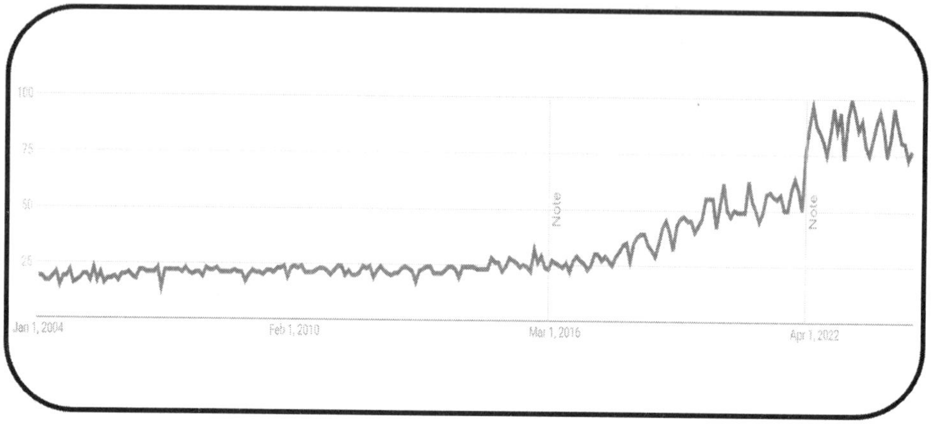

Figure 8.3 Évolution de la recherche sur Google du terme « *soft skills* » ces vingt dernières années.

La capacité d'esprit critique, pour faire le tri face à l'abondance de nouveaux outils et la capacité d'adaptabilité pour renouveler tous les six mois une partie de ses outils, et donc de ses méthodes de travail, seront des compétences primordiales dans les années à venir afin de rester en phase avec les évolutions technologiques de son métier et adopter toujours les bonnes pratiques. Nous parlons également du concept d'« anti-fragile » voire de « proactivité adaptative », des capacités permettant, par-delà la résilience, de « surfer » sur la vague des transformations actuelles et à venir et d'en faire une force pour rester compétitif.

Être à la fois au four et au moulin

Pour illustrer ces capacités d'adaptabilité, nous aimons bien l'expression populaire « être au four et au moulin », que nous avons revisitée en 2024. Cette expression date de l'époque féodale où les paysans utilisaient successivement un moulin et un four pour fabriquer leur pain. Ils ne pouvaient donc pas être aux deux endroits en même temps. Nous pouvons voir aujourd'hui le *four* comme étant le quotidien, la routine, dans laquelle nous avons facilement la « tête dans le guidon », pour reprendre une autre expression imagée bien connue. Le *moulin* est, quant à lui, un moment privilégié où nous allons prendre du recul sur notre quotidien, sur notre façon de travailler lorsque nous sommes au four, sur nos outils. Le moulin est un très bon moment pour chercher des « inspirations » pour améliorer notre quotidien : confort, autonomie, liberté, créativité… de telle façon que lorsque nous retournerons au four, nous serons plus productifs et créatifs.

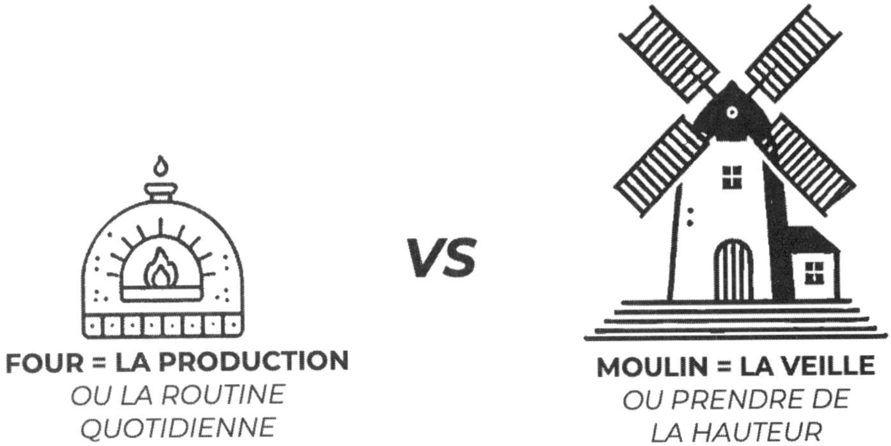

Figure 8.4 Dilemme du four et du moulin.

Il peut malheureusement arriver, que dans notre quotidien, lorsque nous sommes au four, nous oubliions de prendre du recul et nous rendions compte quelques mois, voire des années plus tard, que nos méthodes de travail sont désuètes par rapport à l'état de l'art, que nous sommes décalés et bien moins compétitifs.

Rituels d'inspiration

Pour éviter ces décalages, nous vous recommandons de mettre en place des « **rituels d'inspiration** », des événements récurrents dans votre agenda qui vous forcent à lever la tête pour « aller au moulin ». Nous avons identifié six types de rituels d'inspiration :

- **Un exercice de veille régulière.** Par exemple, lire une newsletter hebdomadaire, consulter un livre, écouter une série de podcasts, parcourir des fils LinkedIn alimentés par des groupes et influenceurs soigneusement sélectionnés... Privilégiez la régularité minimale à l'abondance ponctuelle : mieux vaut lire une newsletter à un rythme hebdomadaire qu'ignorer tous les jours une newsletter quotidienne en considérant qu'elle pollue votre boîte de réception.

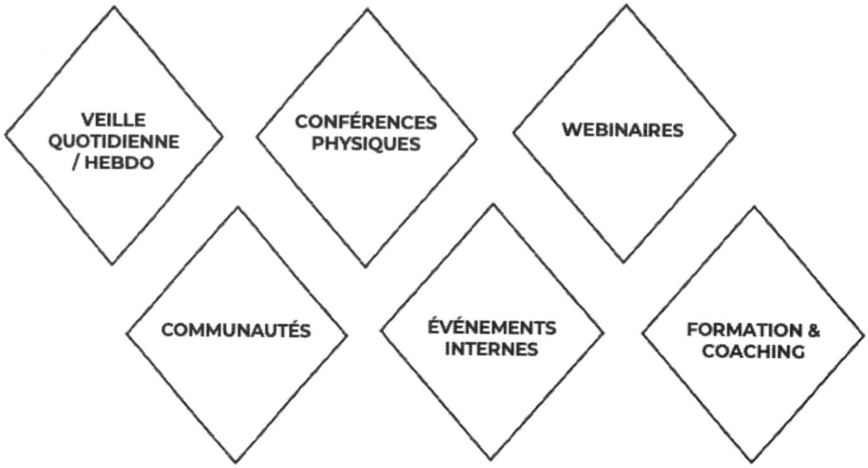

Figure 8.5 Les six rituels d'inspiration pour stimuler l'innovation.

- **Participer à des conférences** (idéalement avec des collègues). Une conférence vous force à sortir de votre routine. La préparation, le déplacement, le déroulement de la journée, les rencontres et le débrief sont autant de moments de déconnexion, d'inspiration et de découvertes de nouvelles pratiques utiles pour votre quotidien. En revanche, il conviendra d'y participer activement : essayez de retranscrire ce qui vous inspire dans votre quotidien, notez les éléments les plus marquants, etc.
- **Assister à des webinaires.** Cette pratique s'est accélérée avec l'épidémie de Covid. Si cette formule permet moins de « déconnecter » qu'une conférence en présentiel, elle présente plusieurs avantages (si votre emploi du temps est très chargé) : déconnexion (à condition de ne pas regarder ses e-mails en parallèle !), découverte de nouvelles personnes, pratiques et sessions de questions-réponses auxquelles vous vous devez de participer.
- **Rejoindre des communautés.** Il peut s'agir d'un cluster d'entreprises ou d'un pôle de compétitivité. Souvent organisées sous forme de groupes de travail ou de commissions, autour d'un thème central, ces communautés permettent de rencontrer des pairs et de partager des retours d'expériences riches de mises en pratique. Ces groupes de travail vous imposeront d'inscrire des rendez-vous récurrents dans votre agenda, souvent mensuels ou hebdomadaires, ce qui vous permettra de

prendre du recul et de faire de la veille active. Cette action vous donnera également l'occasion d'étendre votre réseau professionnel, ô combien important pour votre carrière professionnelle[8] !

- **Organiser des événements internes.** Au sein même de votre entreprise, vous pouvez imposer des rendez-vous récurrents à vos salariés. Par exemple, réserver le vendredi après-midi, souvent peu productif, à de la veille, de la formation, des interventions externes ou des expérimentations. Vous pouvez aussi bloquer dix minutes lors de chaque point d'équipe hebdomadaire pour partager la veille réalisée sur une thématique donnée. Vous pouvez encore ritualiser à la fin de chaque jalon majeur un événement de rétrospective, le fameux RETEX (voir Chapitre 6) dans lequel vous vous interrogez avec vos collègues sur la manière dont vous auriez pu mieux faire. Enfin, vous pouvez organiser un hackathon ou un séminaire semestriel consacré à l'innovation. L'important est que ces événements soient récurrents (comme tous les autres rituels, d'ailleurs), et sanctuarisés, même en période de rush ! Et comme ces créneaux sont souvent les premiers à sauter en cas de surcroît d'activité, vous pouvez accepter de les décaler d'une semaine ou deux, mais ne les supprimez surtout pas.
- **Coaching et/ou formation.** Nous avons tous besoin, tout au long de notre carrière professionnelle, de nous former et idéalement d'être coachés chaque année. Le coaching est certes plus onéreux mais comme il est individuel et adapté à votre cas personnel, il pourra s'avérer plus efficace qu'une formation. C'est un très bon moyen de développer des compétences douces (*soft skills*) ou fondamentales (*hard skills*) et de vous imaginer dans des situations réelles. La présence du coach permet d'avoir un recul intéressant, car il vous posera des questions et vous amènera à identifier d'autres solutions possibles par vous-même.

8 C'est d'ailleurs au sein de la communauté du Hub France IA que les deux coauteurs du présent livre se sont rencontrés.

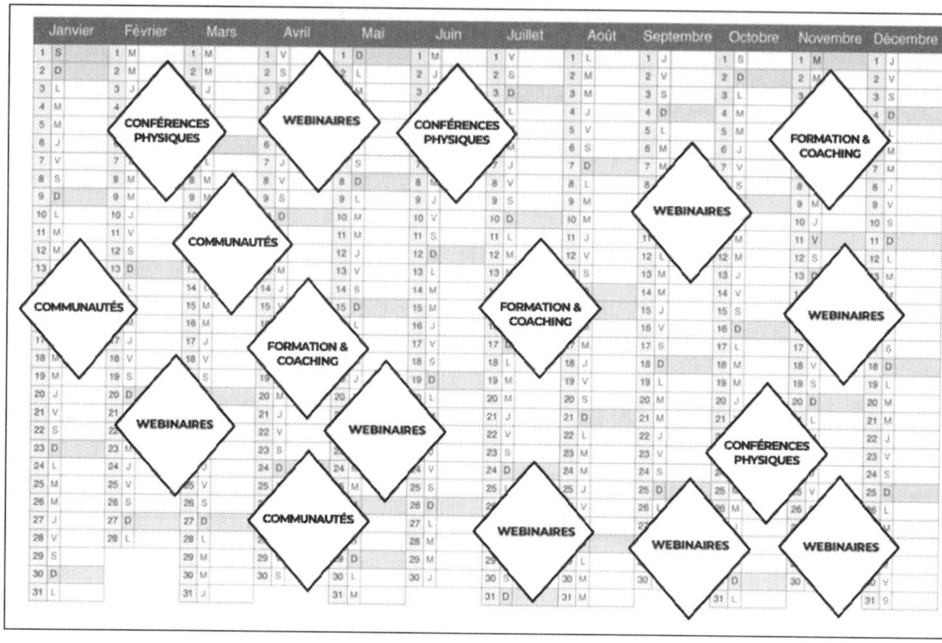

Figure 8.6 Intégrez les rituels dans votre agenda.

Maintenant, à vous de compléter votre agenda en y inscrivant ces différents rendez-vous. Pour les formations, les conférences ou les webinaires, fixez-vous un objectif à atteindre chaque année, à l'image des résolutions de début d'année. Par exemple : deux formations, trois conférences et six webinaires par an, et adaptez ces objectifs pour l'année suivante en fonction de ce que vous aurez vraiment réussi à faire.

Veillez néanmoins à ne pas être trop ambitieux. Si vous prévoyez trop de rituels d'inspiration, vous risquez de ne pas y arriver et de vous décourager. Commencez plutôt en diversifiant les formats, et lorsqu'un ou deux vous conviennent, sanctuarisez-les et essayez de vous y tenir.

8.4 Les éléments clés à retenir

- Nous avons identifié six grandes tendances émergentes en IA :
  - l'IA frugale ;
  - l'explicabilité, encore timide, comme l'a expliqué Arnault Ioualalen (voir l'encadré « L'œil de l'expert » en début de chapitre) ;

- l'évolution de la législation ;
- l'agentivité ;
- la multimodalité, avec l'IA émotionnelle ;
- de nouveaux modèles, comme JEPA.

- Françoise Soulié-Fogelman nous a aidés à compléter cette liste avec la *commoditysation* de l'IA, son hybridation, sa capacité croissante d'hyperpersonnalisation, une maîtrise des coûts accrue, une facilité de mesure des performances et une plus grande sécurisation de l'IA.
- « L'IA de bon sens qui succèderait à l'IA d'assistance et de confiance est aussi une IA de patience » selon Yann Ferguson, directeur scientifique du LaborIA de l'Inria.
- Le rythme d'apparition des nouvelles technologies s'accélère de façon exponentielle. Ces technologies modifient les outils qui transforment eux-mêmes nos métiers et nous forcent à être « proactivement adaptables ».
- L'apparition accélérée de ces nouveaux outils nous pousse à être à la fois au *four* et au *moulin* et à nous imposer des *rituels d'inspiration* dans nos agendas pour ne pas manquer les nouveaux outils à adopter dans nos métiers.
- Nous avons dénombré six rituels d'inspiration à intégrer dans notre emploi du temps annuel :
  - la veille ;
  - les conférences ;
  - les webinaires ;
  - les communautés ;
  - les événements internes à l'entreprise ;
  - le coaching et la formation.

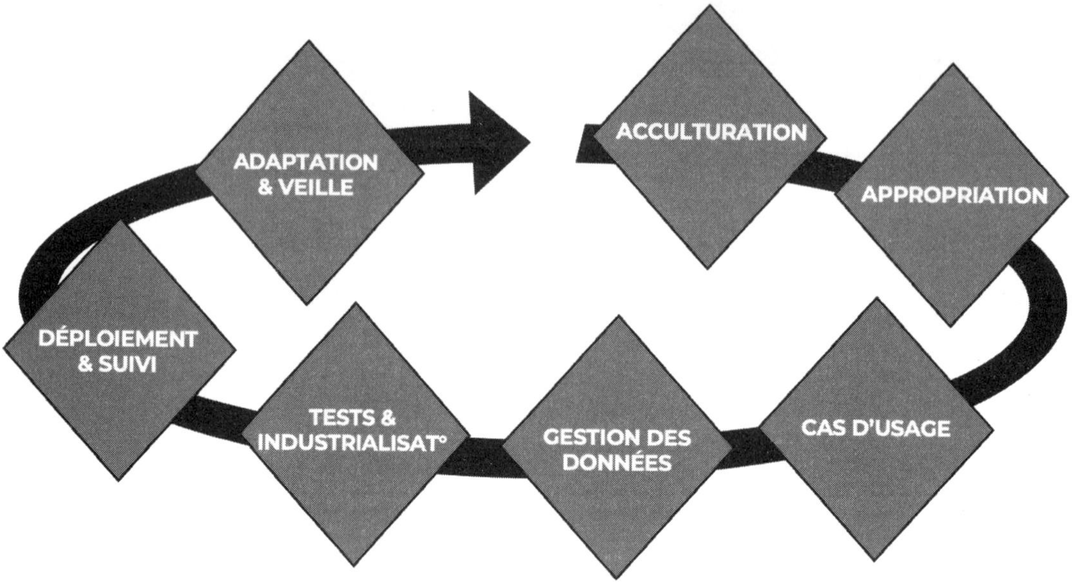
ACCULTURATION
APPROPRIATION
CAS D'USAGE
GESTION DES DONNÉES
TESTS & INDUSTRIALISAT°
DÉPLOIEMENT & SUIVI
ADAPTATION & VEILLE

Conclusion

Loin des fantasmes que peut inspirer l'intelligence artificielle, nous vous avons exposé dans ce livre une vision, selon nous, réaliste de ce qu'elle est vraiment et de la manière de l'intégrer dans votre entreprise. Nous nous sommes aussi efforcés de donner des éléments concrets pour vous permettre de vous lancer et de pérenniser une démarche IA dans votre entreprise. Enfin, nous avons essayé de vous donner des clés de lecture concernant l'avenir de l'IA. Reprenons ici les messages essentiels que nous souhaitions vous faire passer dans cet ouvrage.

Ce qu'est réellement l'IA

Rappelons-le une nouvelle fois ici, l'IA, ou plutôt dire les systèmes d'intelligence artificielle (SIA) ont connu plusieurs phases :

- l'IA déterministe ;
- l'IA connexionniste prédictive (avec les réseaux de neurones profonds) ;
- et aujourd'hui, l'IA connexionniste générative.

Au cours de ces évolutions, plusieurs domaines différents sont apparus. Car, au-delà des chiffres, l'IA a pu progressivement relever des défis liés aux images, aux textes, aux sons, aux vidéos et à une grande quantité de documents et de formats différents.

L'avènement de l'IA générative a permis une avancée majeure : la possibilité de passer de l'IA en *mode projet* (qui nécessitait beaucoup de temps de codage) à de l'IA en *mode Netflix* (avec des abonnements à des outils dotés de fonctionnalités prédéterminées et pré-entraînées, le plus souvent à l'aide d'assistants en langage naturel). Ce nouveau mode est particulièrement utile pour tester de nouvelles choses à moindre coût et représente une bonne façon de tester la valeur ou la faisabilité d'un cas d'usage IA sans avoir à investir dans une phase potentiellement longue de développement informatique.

Il nous semble important que les personnes de votre entreprise qui seront particulièrement concernées par l'IA soient sensibilisées à ce sujet afin de réduire tout fantasme sur cette technologie. À ce titre, les Chapitres 1 et 2 ont permis de découvrir de manière déjà assez détaillée le fonctionnement de l'IA, sans tomber dans un discours trop technique d'un point de vue mathématique ou informatique. Ils nous semblent suffisants pour une personne ayant un profil métier. S'agissant d'une personne de votre entreprise qui souhaiterait mettre en place des systèmes d'intelligence artificielle, nous recommandons très fortement de consulter d'autres ouvrages plus techniques sur les notions de ***data science*** et d'architecture data, mais aussi de suivre les formations pertinentes pour pouvoir correctement réaliser les tâches qui lui incombent. Le Chapitre 2 a également permis d'introduire la manière dont l'IA peut s'avérer utile en entreprise, en posant un certain nombre de bases et en présentant quelques cas concrets.

Mettez en place les bases de la transformation IA

Pour démarrer correctement une transformation IA, vous devrez franchir plusieurs étapes. L'une des plus importantes est la préparation de la transformation. Cette dernière devrait vous permettre de trouver une réponse liée à votre activité à la question « Pourquoi lancer une transformation IA ? » Il s'agit en fait de lier cette transformation à un objectif ou à un enjeu business fort qui permettra de la légitimer, mais aussi d'embarquer vos équipes pour qu'ils fassent les efforts nécessaires. Lors de cette phase de préparation, vous devrez notamment convaincre vos équipes, leur expliquer ce qu'est l'IA et pour quelles raisons vous avez décidé de traiter ce sujet. Vous devrez également gérer les émotions des personnes face à ces annonces et à cette transformation (méthode ADKAR).

C'est aussi un moment où vous pouvez prendre le temps de vous équiper pour gagner du temps par la suite, notamment avec un certain nombre d'outils présentés dans le Chapitre 3. Nous recommandons également d'analyser correctement la maturité de votre entreprise sous trois aspects :

- maturité technique et technologique ;
- maturité des salariés et des dirigeants ;
- maturité liée à l'innovation et au changement.

En couplant cette approche avec l'identification de sponsors et d'ambassadeurs IA dans votre entreprise (avec la règle simple d'un ambassadeur pour vingt à trente salariés), vous poserez des bases solides pour la transformation. Il est notamment important d'obtenir l'aval du COMEX pour pérenniser la démarche. Enfin, nous vous conseillons d'estimer un budget que vous souhaitez investir sur le sujet en fonction des moyens dont vous disposez et d'étudier attentivement les possibilités de financement qui s'offrent à vous (« IA Booster France 2030 » de Bpifrance, Pack IA avec le Hub France IA et la région Île-de-France...).

Il s'agit ensuite, comme expliqué au Chapitre 4, d'identifier les cas d'usage pertinents. C'est un sujet pour lequel nous recommandons un travail en groupe car cela permet de faciliter la création d'idées et l'échange sur ces dernières. Nous conseillons également dès le départ de réfléchir à la valeur des cas d'usage et de rentrer dès le début dans une logique d'identification et d'estimation de leur valeur espérée. Pour pouvoir les prioriser correctement, il est fort possible que vous ayez besoin de faire appel à des prestataires externes, notamment pour évaluer les coûts potentiels. Pensez bien à inclure le maximum d'éléments possibles dans cette analyse : équipes métiers, UX, *AI Act*, juridique, informatique (en vous informant notamment de la présence des équipes en charge du digital), afin d'éviter d'oublier des éléments qui pourraient impacter le coût de la solution plus tard. Ce sera autant de temps gagné pour la suite.

Une fois les cas d'usage identifiés, il va falloir vous assurer que les données à utiliser sont correctement gérées, de leur création à leur suppression en passant par leur utilisation. Pour cela, tel que décrit au Chapitre 5, vous devrez mettre en place une gouvernance des données. Elle va s'articuler autour de processus, d'outils et de rôles bien définis. Pour ces trois éléments, nous vous recommandons d'avoir une approche progressive et adaptée aux efforts que vous pouvez fournir et à la valeur que vous en retirez. Mieux vaut démarrer avec de petites victoires, qui demandent des efforts faibles et créent de la confiance que chercher de grandes victoires longues à obtenir, qui peuvent générer de la frustration. Parmi les éléments que vous aurez à gérer ici, il y a notamment la création d'un dictionnaire de données ou encore la gestion de l'accès aux données et de leur qualité. Pour tous les sujets que vous lancerez, réfléchissez à la manière de mesurer et de montrer les progrès pour motiver l'équipe. En effet, les tâches liées à la gouvernance des données ne sont souvent pas les plus appréciées ni les plus reluisantes en entreprise. Or il est important de mettre en valeur les contributeurs.

Réalisez, industrialisez et déployez

Une fois les cas d'usage identifiés, il est l'heure de les tester, puis de les industrialiser. Dans le Chapitre 6, nous avons décrit les bénéfices de certains formats de travail tels que les hackathons pour réaliser rapidement des prototypes en mélangeant des profils IA et des profils métiers. Nous rappelons aussi l'importance d'agir en boucle courte en recueillant les feedbacks des utilisateurs afin d'éviter de passer du temps sur des sujets qui ne correspondent pas à de vrais besoins ou de faire des mauvais choix d'implémentation. Lors de cette phase, vous pouvez là encore soit choisir une implémentation interne via un alternant ou une personne de votre entreprise ayant des compétences data et IA, soit choisir de travailler avec des prestataires externes. Il sera ici essentiel d'avoir des indicateurs clés à suivre concernant la réussite des différents cas d'usage identifiés, et ce, à la fois pour les tests et pour l'industrialisation. À propos de cette dernière, nous vous avons expliqué que l'User eXperience (ou UX) jouait un rôle très important. Veillez donc à la soigner. Et pensez bien à réaliser lors de l'industrialisation des tests d'évaluation et des tests de charge pour vous assurer de la réussite de cette phase.

Après l'industrialisation, vous pourrez entrer dans la phase de déploiement, décrite dans le Chapitre 7. Là encore, adoptez une démarche progressive et ne cherchez pas nécessairement à déployer pour toute l'entreprise au même moment (surtout si cela concerne plusieurs dizaines d'utilisateurs). Prévoyez l'accompagnement nécessaire en termes de communication et de formation et n'oubliez pas de mobiliser vos équipes techniques pour pouvoir corriger les bugs qui apparaîtront lors de cette phase. Cela permettra de rassurer vos utilisateurs et d'éviter leur frustration. Favorisez ensuite l'adoption et l'engagement des utilisateurs. Pour cela, mettez en place un suivi de ces indicateurs, puis prévoyez des échanges réguliers afin de définir des actions de bons niveaux pour ces indicateurs. Pensez bien à valoriser les efforts consentis par les personnes dans cette phase. Enfin, c'est le moment de valider (ou d'invalider) la valeur de vos cas d'usage et de les adapter si besoin en gérant trois aspects :

- technique ;
- managérial ;
- humain.

Une fois ceci réalisé, vous pouvez passer aux cas d'usage suivants et pérenniser la démarche.

Anticipez le futur de l'IA

L'IA évolue très vite et nous avons voulu au Chapitre 8 vous donner les clés de lecture de ses évolutions en cours à l'heure où nous rédigions cet ouvrage. Parmi celles-ci, l'IA frugale va vous inciter à avoir les systèmes d'IA les moins consommateurs d'énergie possible. Les questions d'explicabilité vont entraîner l'avènement de nouvelles techniques permettant de mieux expliquer les résultats de l'IA. L'agentivité va consister à faire collaborer plusieurs assistants IA les uns avec les autres. La multimodalité va permettre de faire travailler l'IA sur des documents, du son, de la vidéo et de bouleverser nos modes d'interaction avec cette technologie, la rendant encore plus accessible. Tous ces changements vont encore transformer le monde du travail, et les entreprises comme la vôtre devront notamment s'adapter en fournissant aux employés les clés de lecture (et éventuellement les formations) nécessaires pour les appréhender.

Face à tous ces changements en cours et futurs, nous vous conseillons deux choses simples. La première consiste à penser à l'humain : quelles nouvelles compétences doivent acquérir les employés ? Quels *soft skills* sont nécessaires pour s'adapter aux évolutions en cours ? La seconde correspond à toujours « prendre le taureau par les cornes ». Nous voulons dire par-là que vous devez vous centrer sur les besoins de votre entreprise et sur ce qui est pertinent pour elle. Si vous avez un sujet critique pour votre entreprise sur laquelle une IA peut déjà aider, n'attendez pas qu'une nouvelle IA moins chère ou plus puissante arrive (peut-être que cela n'arrivera jamais), mais faites-le dès que possible. N'hésitez pas non plus à faire une veille active sur les sujets IA en participant à des conférences, des webinaires, des communautés ou encore à avoir recours à du coaching ou à des événements sur la data et l'IA (les six rituels d'inspiration présentés dans le Chapitre 8).

À vous de jouer, mais nous sommes là pour vous aider

À partir de maintenant, c'est à vous de jouer pour réaliser la transformation IA de votre entreprise. Nous espérons que le contenu de cet ouvrage, les témoignages de PME que nous y avons ajoutés, ainsi que les encadrés « L'œil de l'expert(e) » réalisés par des spécialistes reconnu(e)s du domaine vous seront utiles et vous apporteront les éclairages suffisants pour faire face à la complexité d'une telle transformation.

Bien entendu, chaque entreprise est différente et il convient d'adapter nos propos à votre contexte. Nous n'avons pas non plus la prétention d'affirmer que nos conseils fonctionnent à coup sûr mais ils ont été éprouvés dans bon nombre de contextes différents avec une certaine réussite.

Pour poursuivre nos échanges et nos réflexions autour de ce livre, nous serions ravis d'avoir vos retours pour améliorer ce dernier en vue d'une possible future édition ou tout simplement pour répondre à vos questions. N'hésitez surtout pas à nous contacter, par e-mail à l'adresse suivante : `livre-ia-pme@yakadata.com`

Bonne transformation à vous !

Annexe A Questionnaire rapide pour identifier une typologie d'innovateur

Les réponses à ce questionnaire vous indiqueront une tendance sur la capacité de la personne interrogée à être idéateur, clarificateur, actionneur ou implémenteur (*scaler*).

Lorsque vous soumettrez ce questionnaire à vos collaborateurs, pensez à retirer la réponse entre parenthèses à la fin de chaque choix.

Notez que ce test (gratuit) n'est pas aussi complet et précis que les tests payants que vous pourriez trouver en ligne.

Question 1 : Comment préférez-vous aborder un nouveau projet ?

A. Je commence par générer autant d'idées que possible, sans me limiter. *(Idéateur)*

B. Je recueille toutes les informations nécessaires et m'assure de bien comprendre le contexte. *(Clarificateur)*

C. Je planifie méticuleusement chaque étape et travaille sur les détails. *(Implémenteur)*

D. Je passe rapidement à l'action et commence à exécuter le plan. *(Actionneur)*

Question 2 : Quelle est votre approche pour résoudre un problème complexe ?

A. Je développe des solutions détaillées et teste chaque option pour trouver la meilleure. *(Implémenteur)*

B. Je cherche des idées novatrices et non conventionnelles. *(Idéateur)*

C. Je commence par analyser les faits et les données disponibles pour bien cerner le problème. *(Clarificateur)*

D. Je mets immédiatement en œuvre des actions pratiques pour résoudre le problème. *(Actionneur)*

Question 3 : Comment gérez-vous les obstacles imprévus dans un projet ?

A. J'analyse la situation pour comprendre exactement ce qui pose problème. *(Clarificateur)*

B. Je trouve rapidement des moyens de contourner l'obstacle et continue d'avancer. *(Actionneur)*

C. Je pense à des solutions alternatives créatives. *(Idéateur)*

D. Je réévalue et j'ajuste le plan de manière méthodique. *(Implémenteur)*

Annexe B Fiche projet

Check-list des sujets à préciser et des informations à organiser pour démarrer un projet.

Contexte et enjeux du projet

- **Origine.** Qu'est ce qui a été à l'initiative du projet ?
- **Contexte.** Dans quel contexte s'inscrit ce projet ?
- **Ambition du projet.** Quelle est la situation que l'on cherche à atteindre à l'issue du projet ?
- **Gains visés.** Quels sont les bénéfices et les opportunités du projet ?
- **Risques et points d'attention.** Quels sont les grands risques à prendre en considération ?
- **Description du projet.** En quoi consiste le projet, quel est son périmètre, qu'est ce qui est hors périmètre ?
- **Dépendances à d'autres projets.** Y a-t-il des dépendances à d'autres projets, si oui comment vont-elles être gérées ?

Indicateurs de succès

- **Indicateurs de production.** Ils répondent à la question : « Qu'avons-nous produit ? ». Exemple : 100% du site vitrine a été développé.

  Préciser la source du KPI (indicateur clé de performance), son objectif, la fréquence à laquelle il est calculé.

- **Indicateurs de résultat.** Ils répondent à la question : « Quel est le résultat de nos actions ? » Exemple : Notre taux de conversion sur le site vitrine a augmenté de 10 %.

  Préciser la source du KPI (indicateur clé de performance), son objectif, la fréquence à laquelle il est calculé.

Organisation et planification

Les personnes

- **Équipe projet.** Y a-t-il un sponsor du projet ? Quels sont les principaux acteurs clés du projet, ont-ils un rôle ou des responsabilités particulières ?
- **Parties prenantes.** Quelles sont les parties impactées ? Quels sont les autres contributeurs du projet ?

Le macro-planning

- **Date de début de projet.** [Mois Année]
- **Date de fin prévisionnelle.** [Mois Année]
- **Principaux jalons.** Définissez les macro-activités, les jalons et les livrables associés.

L'organisation

- **Rituels.** À quelle fréquence et sous quel format l'équipe fait-elle part de l'avancement du projet ? Y a-t-il besoin de mettre en place des comités de pilotage ?
- **Outillage projet.** Quel est l'environnement choisi pour partager les informations du projet (Sharepoint, Teams, Notion, autres ?)

Technonologie, data

- **Technologie, outils.** Des systèmes/applicatifs existants devront-ils être modifiés ?
- **Data management.** Ce projet affecte-t-il le suivi d'indicateurs, de tableaux de bord ? Si oui, des contributeurs data ont-ils été définis ?

Besoins en formation

- **Formation.** Y aura-t-il des changements dans les outils/process ; quels sont les contenus/formations prévus ?

Sécurité, RGPD, impact RSE

- **Sécurité des données.** Ce projet soulève-t-il des questions sur la sécurité des données ? Si la réponse est oui, assurez-vous que les parties impactées ou les contributeurs incluent les ressources du service Informatique interne.
- **RGPD.** Ce projet soulève-t-il des questions sur la gestion des données personnelles ? Si la réponse est oui, assurez-vous que les parties impactées ou les contributeurs incluent les ressources du service Juridique.
- **Impact RSE.** Ce projet a-t-il un impact positif ou négatif en termes de RSE ? Si la réponse est oui, assurez-vous que les parties impactées ou les contributeurs incluent les ressources RSE.

Merci à Florence Desarnaud, Project Management Officer et Responsable RSE chez Eurécia.

Annexe C GPT & prompting Academy

Cette annexe vous présente les nouveaux assistants IA et les techniques de *prompting* à connaître pour les utiliser correctement.

Les assistants

Aujourd'hui, les nouveaux assistants IA évoluent tous les mois. Pour suivre les meilleurs du marché en termes de performance « universelle », vous pouvez vous référer au classement Arena : https://leaderboard.lmsys.org/.

Au moment de la rédaction de ces lignes (en septembre 2024), le trio de tête des assistants IA librement accessibles en Europe, était le suivant :

- ChatGPT de OpenAI (`https://chatgpt.com/`, accessible également via https://copilot.microsoft.com/, mais avec une surcouche Microsoft) ;
- Claude de Anthropic (`https://claude.ai/`) ;
- Gemini de Google (`https://gemini.google.com/`).

Ces trois solutions sont américaines. Mistral (`https://chat.mistral.ai/`) est une alternative française, mais moins puissante (voir ci-dessous).

ChatGPT

- Permet d'analyser du texte, des images et tout autre type fichier (.docx, .pdf, .xlsx...).
- La version 4-o est accessible gratuitement pour quelques conversations. Une fois vos crédits gratuits utilisés, vous serez rebasculé vers la version 3.5, beaucoup moins performante et non connectée à Internet.
- Vos crédits sont renouvelés toute les *x* heures suivant la sollicitation du service.
- La version 4-o permet d'effectuer des recherches sur le Web (avec le moteur Bing de Microsoft).
- La version o1 intègre nativement la technique du *chain-of-thought prompting* (enchaînement de pensées, voir plus bas).

- Permet d'accéder à des GPT spécialisés (`https://chatgpt.com/gpts`), des assistants créés par OpenAI ou par la communauté afin de remplir efficacement une tâche spécifique, par exemple rédiger un post LinkedIn pour le Rocket club (`https://chatgpt.com/g/g-oInQElZO1-post-rs`) ou recevoir des conseils sur l'entretien de ses plantes (https://chatgpt.com/g/g-6PKrcgTBL-planty).

Pour préserver la confidentialité de vos échanges, pensez à créer des chats éphémères (l'équivalent de la navigation privée sur les navigateurs Web).

Figure C.1

Dans les paramètres, pensez à désactiver l'option *Améliorer le modèle pour tous* afin de vous assurer que vos données ne seront pas utilisées pour le réentraînement du modèle et ne tomberont pas alors dans le domaine public.

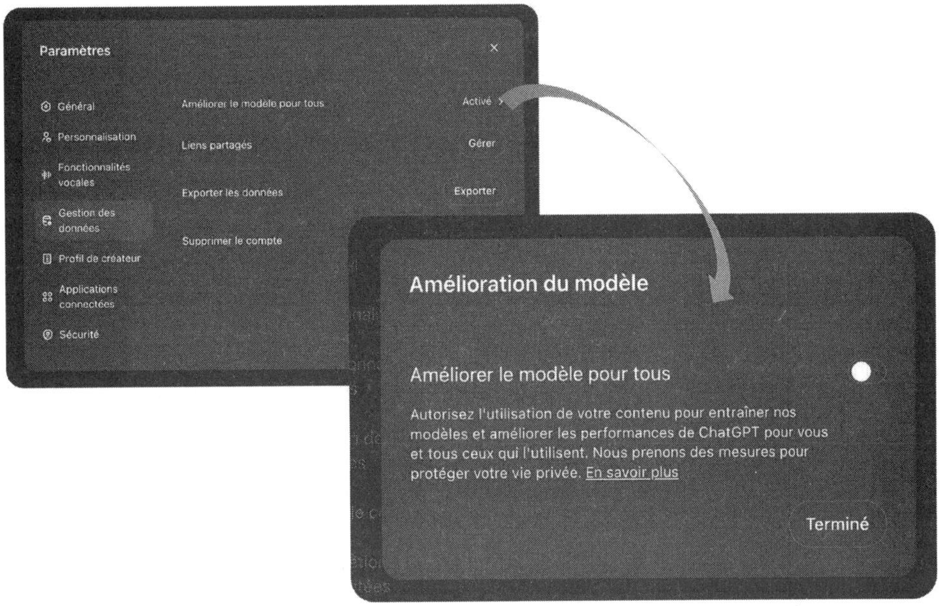

Figure C.2

Copilot

- Propose des fonctionnalités très semblables à ChatGPT. En août 2024, c'est encore le modèle 4 et non 4-o qui est disponible sur copilot.microsoft.com.
- Si vous possédez un compte d'entreprise, vous disposez automatiquement de la protection des données personnelles (Figure C.3).

Figure C.3

Claude

- Offre des performances semblables à la version 4-o de ChatGPT, à la différence que Claude n'est pas connecté à Internet pour vérifier ses sources. À noter que les modèles qui ne sont pas capables de vérifier leurs sources sur Internet sont davantage susceptibles de produire des hallucinations[1]. Ce modèle reste cependant très performant pour traiter les données que vous lui communiquez et pour lesquelles il y aura peu de risque d'hallucination.
- Comme avec la version 4-o de ChatGPT, vous bénéficiez d'un nombre de crédits limité avec la version gratuite avant d'être bloqué. Les crédits se renouvellent également après *x* heures suivant la sollicitation du service.

Gemini

- Le modèle Gemini de Google est réputé très rapide. Il n'est cependant pas facile de l'utiliser pour construire des *chain-of-thought* (enchaînement de pensées), l'une des techniques de *prompting* les plus importantes.
- D'expérience (mais à vérifier), Gemini est plus propice aux hallucinations lors de ses recherches d'informations.
- Depuis août 2024, il permet de générer des images.

Mistral

- Le champion français. Malheureusement, comme Claude, il n'est pas connecté à Internet.
- De nombreuses personnes affirment qu'il offre une meilleure qualité de rédaction en français que ses homologues américains, car ces derniers, contrairement à Mistral, ont été entraînés exclusivement avec du contenu en anglais.

Récapitulatif

Vous venez de voir les principaux outils qui pourraient vous assister sur de nombreux cas d'usages.

---

1 Réponses fausses générées par l'assistant mais données sur un ton très convaincant et affirmatif, pouvant vous induire en erreur.

Cependant, face à leur montée en puissance, d'autres outils ont été créés par des fournisseurs indépendants. Nous les qualifierons d'outils « sur étagères » destinés à des métiers spécifiques (commercial, marketing, communication, développement, etc.). Ils reposent sur ces modèles fondateurs (très souvent celui d'OpenAI) et offrent des fonctionnalités métiers supplémentaires.

Par exemple :

- Pour les commerciaux, Praiz ou Modjo facilitent le reporting et le suivi des entretiens commerciaux.
- Pour les experts SEO, Semji facilite la rédaction et le reporting des articles de blogs.
- Pour les RH, Skeeled facilite l'analyse et la sélection des CV.
- IntelliJ IDEA de Jetbrains facilite le développement de code.

Il devient de plus en plus nécessaire de remettre en question, une fois par an, ces outils du quotidien, car certains parviennent à monter en puissance et en fonctionnalités plus rapidement que d'autres, et vous pouvez alors avoir tout à gagner en changeant d'outil.

Quels usages ?

On observe deux principaux freins à l'usage de nouveaux assistants :

- l'impossibilité de bien les utiliser ;
- la méconnaissance de leurs usages.

Pour le premier point, vous trouverez ci-dessous plusieurs techniques de *prompting*, qui vous aideront à bien les prendre en main.

Pour le second point, les trois grands usages de ces nouveaux assistants portent sur :

- la recherche d'informations ;
- la génération de contenu ;
- l'analyse de documents.

Ces trois grands usages permettent de couvrir beaucoup de pratiques professionnelles et personnelles.

Partager entre collègues les nombreuses possibilités d'usage de ces assistants peut être inspirant et permet de faciliter l'adoption d'un nouveau réflexe, celui de l'utilisation de GPT à la place de Google.

L'art du prompting

En effet, s'entretenir avec un assistant comme ChatGPT n'a pas grand-chose à voir avec une recherche Google :

- Avec Google, vous effectuez une recherche en utilisant quelques mots-clés pour obtenir plus de 300 000 000 résultats, des sites Web créés avant votre requête, le tout en 0,30 seconde. Vous faites alors vos choix et parcourez différents sites Web présentant chacun une structure qui lui est propre, à la recherche de votre réponse.
- Avec ChatGPT, vous menez une conversation afin de coconstruire votre réponse. Cette dernière n'existe pas au préalable : vous la construisez littéralement. Si vous formulez mal votre demande dans la conversation, vous obtiendrez une réponse médiocre. La qualité de la réponse dépend donc en grande partie de celle de votre demande et de sa formulation. C'est ce qu'on appelle *l'art du prompt*.

Anatomie d'un prompt

Il est recommandé de préciser quatre informations dans un prompt :

- **L'expertise à envisager dans la réalisation de la réponse.** Suivant l'action demandée, il sera pertinent de demander à l'assistant d'endosser un rôle particulier (celui d'un responsable marketing ou d'un responsable RH, par exemple) afin qu'il puisse bien aborder le problème en disposant de l'expertise adéquate. Par défaut, il risquerait de répondre de manière inadaptée à une question nécessitant une expertise spécifique.
- **L'action** que doit réaliser l'assistant doit être claire et concise.
- **Le format de sortie** doit être précisé. Si vous demandez le résumé d'un document de deux-cents pages, doit-il contenir cent mots, deux pages, cinq-cents mots ? (Les différents formats de sortie sont présentés plus bas.)

- **Le contexte.** C'est la partie la plus importante. Plus vous fournirez d'éléments de contexte, plus l'assistant sera précis et pertinent par rapport à votre demande. Si vous pensez que vous oubliez des éléments de contexte, vous pouvez utiliser la technique de *l'auto-questionnement* pour compléter votre contexte (voir Figure C.4).

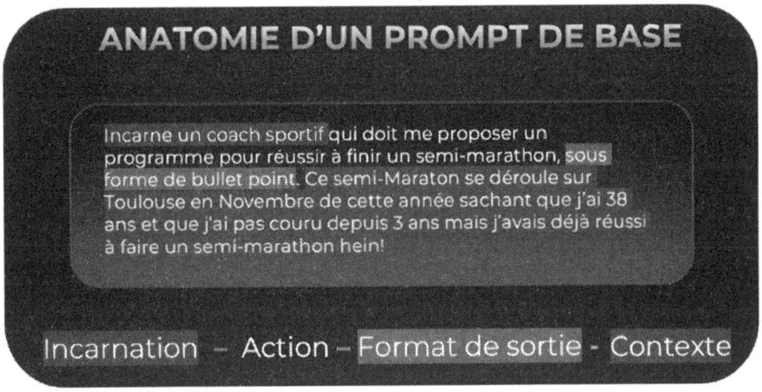

Figure C.4

Chain-of-thought

L'*enchaînement de pensées* est la technique la plus importante à connaitre et celle qui illustre le mieux le fonctionnement d'un assistant.

Lorsque vous sollicitez un assistant, il faut savoir qu'il a un temps de réflexion et d'exécution limité dans le temps (de quelques secondes à deux minutes). Aussi, si vous lui demandez de générer « un post LinkedIn sur les bienfaits de la randonnée en entreprise pour renforcer le team building », il fera de son mieux dans son temps de réflexion limité. Malheureusement, l'assistant étant universel, il ne pourra pas gagner beaucoup en expertise sur un laps de temps aussi restreint (voir Figure C.5).

You

tu es un expert en social selling, prends une bonne respiration et rédige moi un post linkedin engageant et captivant sur les bienfaits de la randonnée en entreprise pour renforcer le teambuilding

Bonjour à tous !

Dans un monde où la rapidité et le stress sont souvent au centre de nos journées de travail, il devient crucial de trouver des moyens efficaces pour renforcer les liens au sein de nos équipes. Aujourd'hui, je souhaite partager avec vous une pratique exceptionnelle qui a le pouvoir de transformer non seulement la dynamique de votre groupe, mais aussi d'enrichir chaque individu : **la randonnée en entreprise.**

Pourquoi la randonnée ?

La randonnée n'est pas seulement une activité physique bénéfique ; c'est une expérience immersive qui permet de :

- **Développer la cohésion** : en parcourant ensemble des sentiers, les équipes tissent des liens forts, apprennent à s'entraider et à partager des moments uniques loin du cadre formel du bureau.
- **Améliorer la communication** : la nature inspire et ouvre des voies de communication plus authentiques et profondes entre les collègues.
- **Augmenter la créativité** : s'éloigner de l'environnement habituel stimule la pensée créative, encourageant ainsi l'innovation au sein de l'équipe.
- **Renforcer la résilience** : faire face ensemble aux défis physiques et mentaux d'une randonnée renforce la résilience collective et individuelle.

Un investissement dans le bien-être

Investir dans des activités comme la randonnée, c'est investir dans le bien-être et la satisfaction de vos employés. Un esprit sain dans un corps sain mène à une performance accrue, une diminution de l'absentéisme et, ultimement, à la réussite de votre entreprise.

Nous avons expérimenté la transformation positive qu'une simple randonnée peut apporter à une équipe. La nature a le pouvoir incroyable de remettre les choses en perspective, de réduire le stress et de raviver la passion pour notre travail et notre mission commune.

Je vous encourage à envisager la randonnée comme un outil de teambuilding pour votre équipe. Les bénéfices vont bien au-delà de la journée passée ensemble ; ils s'inscrivent dans la durée, renforçant les fondements mêmes sur lesquels votre équipe est bâtie.

Et vous, avez-vous déjà tenté l'expérience de la randonnée en entreprise ? Quels impacts cela a-t-il eu sur votre équipe ? Partagez vos expériences et vos conseils dans les commentaires !

Figure C.5

C'est là que la technique de l'*enchaînement de pensées* intervient. Elle consiste à diviser un prompt en plusieurs parties afin de faire gagner l'assistant en expertise à chaque prompt.

Dans notre exemple, cela donne le découpage présenté aux Figures C.6 à C.8.

You

tu es un expert en social selling, quelles sont les bonnes pratiques pour rédiger un post linkedin engageant et convaincant ?

ChatGPT

Rédiger un post LinkedIn engageant et convaincant est crucial pour réussir dans le social selling. Voici quelques bonnes pratiques à considérer :

1. Connaissez votre audience

- Comprendre qui sont vos followers et ce qu'ils recherchent vous aidera à créer du contenu qui résonne avec eux. Les posts doivent apporter de la valeur à votre audience cible.

2. Titre accrocheur

- Commencez par un titre ou une première ligne captivante qui incite à la lecture. Posez une question, partagez une statistique surprenante ou introduisez un aperçu intéressant de votre post.

3. Contenu de valeur

- Apportez de la valeur à travers votre contenu. Cela peut être des insights de l'industrie, des études de cas, des conseils pratiques, des histoires personnelles inspirantes ou des tendances à connaître. La valeur incite non seulement à l'engagement mais aussi au partage.

4. Utilisation de visuels

- Intégrez des images, des vidéos, ou des infographies pour rendre votre post plus attractif et engageant. Les contenus visuels ont tendance à obtenir une meilleure portée et interaction.

5. Formatage clair et lisible

- Utilisez des paragraphes courts, des puces ou des listes numérotées pour rendre la lecture plus facile et plus agréable. Les gros blocs de texte peuvent décourager les lecteurs.

6. Appel à l'action

- Terminez votre post par un appel à l'action clair. Encouragez vos lecteurs à interagir avec votre post en posant une question, en les invitant à partager leurs expériences ou en les dirigeant vers un lien pour en savoir plus.

7. Interaction avec votre audience

- Lorsque des personnes commentent votre post, engagez-vous avec elles en répondant à leurs commentaires. Cela montre que vous êtes à l'écoute et encourage davantage d'interactions.

8. Hashtags pertinents

- Utilisez des hashtags pertinents pour étendre la portée de votre post au-delà de votre réseau immédiat. Ne surchargez pas votre post avec des hashtags ; sélectionnez-en quelques-uns qui sont le plus pertinents pour votre sujet.

9. Timing de publication

- Publiez lorsque votre audience est la plus active. Cela varie selon les industries et les régions, donc expérimentez avec différents horaires pour trouver ceux qui génèrent le plus d'engagement.

10. Authenticité

- Soyez authentique et transparent dans vos posts. Les gens sont attirés par les histoires authentiques et les expériences réelles. L'authenticité favorise la confiance et l'engagement.

En suivant ces conseils, vous serez mieux équipé pour rédiger des posts LinkedIn qui non seulement captivent l'attention de votre audience, mais aussi encouragent l'interaction et renforcent votre présence dans le social selling.

Figure C.6 Premier *prompt*.

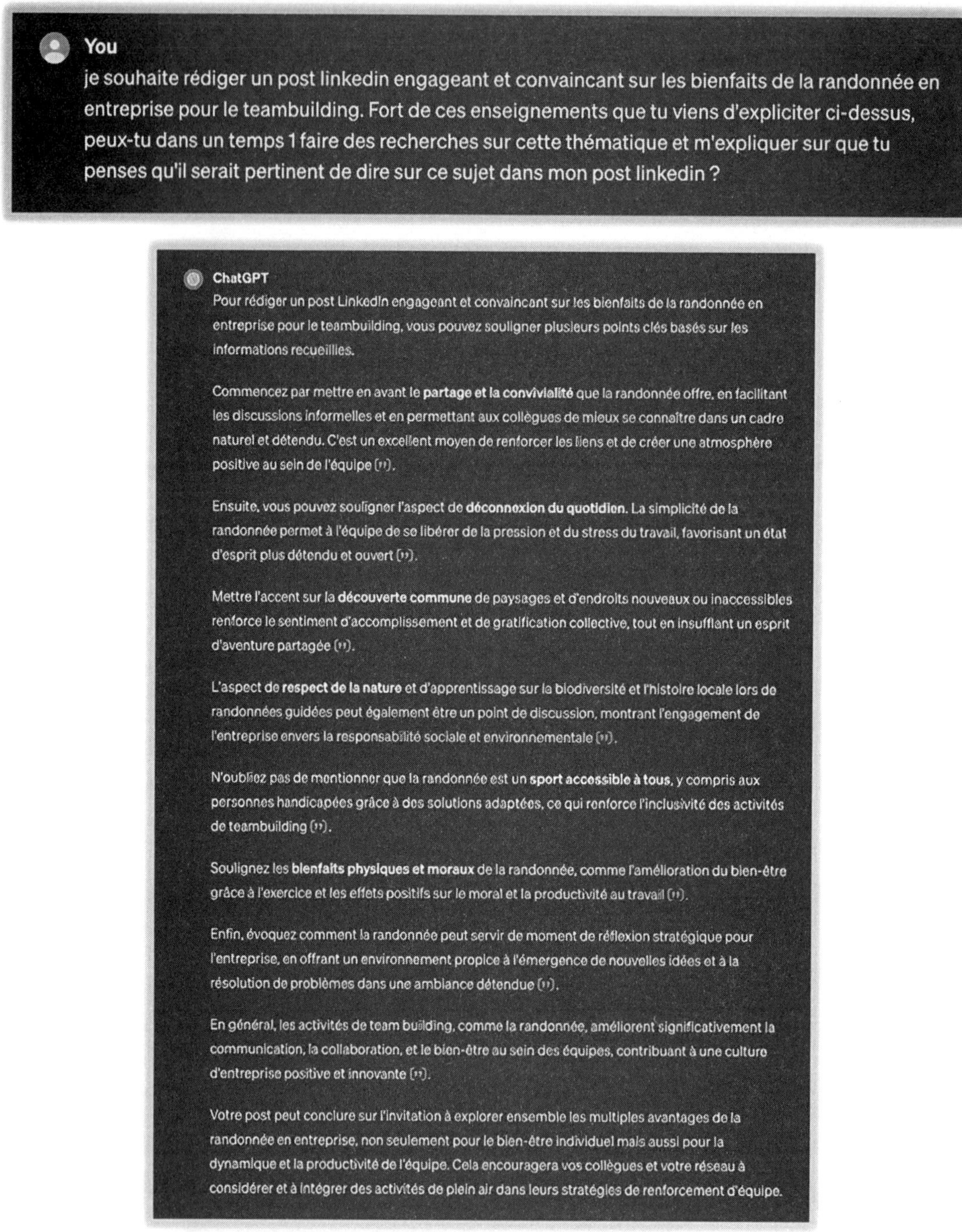

You
je souhaite rédiger un post linkedin engageant et convaincant sur les bienfaits de la randonnée en entreprise pour le teambuilding. Fort de ces enseignements que tu viens d'expliciter ci-dessus, peux-tu dans un temps 1 faire des recherches sur cette thématique et m'expliquer sur que tu penses qu'il serait pertinent de dire sur ce sujet dans mon post linkedin ?

ChatGPT
Pour rédiger un post LinkedIn engageant et convaincant sur les bienfaits de la randonnée en entreprise pour le teambuilding, vous pouvez souligner plusieurs points clés basés sur les informations recueillies.

Commencez par mettre en avant le **partage et la convivialité** que la randonnée offre, en facilitant les discussions informelles et en permettant aux collègues de mieux se connaître dans un cadre naturel et détendu. C'est un excellent moyen de renforcer les liens et de créer une atmosphère positive au sein de l'équipe (").

Ensuite, vous pouvez souligner l'aspect de **déconnexion du quotidien**. La simplicité de la randonnée permet à l'équipe de se libérer de la pression et du stress du travail, favorisant un état d'esprit plus détendu et ouvert (").

Mettre l'accent sur la **découverte commune** de paysages et d'endroits nouveaux ou inaccessibles renforce le sentiment d'accomplissement et de gratification collective, tout en insufflant un esprit d'aventure partagée (").

L'aspect de **respect de la nature** et d'apprentissage sur la biodiversité et l'histoire locale lors de randonnées guidées peut également être un point de discussion, montrant l'engagement de l'entreprise envers la responsabilité sociale et environnementale (").

N'oubliez pas de mentionner que la randonnée est un **sport accessible à tous**, y compris aux personnes handicapées grâce à des solutions adaptées, ce qui renforce l'inclusivité des activités de teambuilding (").

Soulignez les **bienfaits physiques et moraux** de la randonnée, comme l'amélioration du bien-être grâce à l'exercice et les effets positifs sur le moral et la productivité au travail (").

Enfin, évoquez comment la randonnée peut servir de moment de réflexion stratégique pour l'entreprise, en offrant un environnement propice à l'émergence de nouvelles idées et à la résolution de problèmes dans une ambiance détendue (").

En général, les activités de team building, comme la randonnée, améliorent significativement la communication, la collaboration, et le bien-être au sein des équipes, contribuant à une culture d'entreprise positive et innovante (").

Votre post peut conclure sur l'invitation à explorer ensemble les multiples avantages de la randonnée en entreprise, non seulement pour le bien-être individuel mais aussi pour la dynamique et la productivité de l'équipe. Cela encouragera vos collègues et votre réseau à considérer et à intégrer des activités de plein air dans leurs stratégies de renforcement d'équipe.

Figure C.7 Deuxième *prompt*.

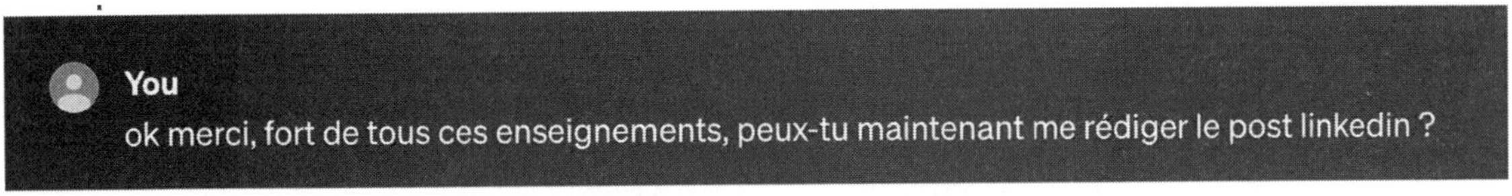

You
ok merci, fort de tous ces enseignements, peux-tu maintenant me rédiger le post linkedin ?

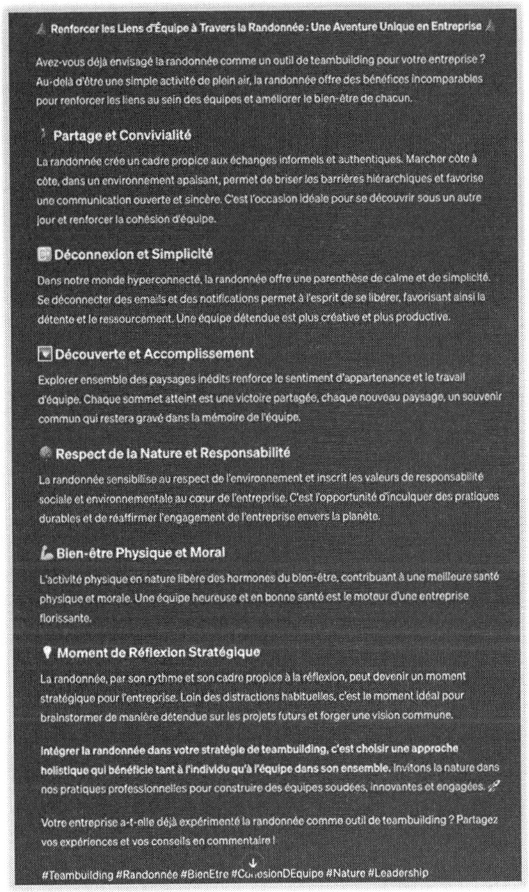

Renforcer les Liens d'Équipe à Travers la Randonnée : Une Aventure Unique en Entreprise

Avez-vous déjà envisagé la randonnée comme un outil de teambuilding pour votre entreprise ? Au-delà d'être une simple activité de plein air, la randonnée offre des bénéfices incomparables pour renforcer les liens au sein des équipes et améliorer le bien-être de chacun.

Partage et Convivialité

La randonnée crée un cadre propice aux échanges informels et authentiques. Marcher côte à côte, dans un environnement apaisant, permet de briser les barrières hiérarchiques et favorise une communication ouverte et sincère. C'est l'occasion idéale pour se découvrir sous un autre jour et renforcer la cohésion d'équipe.

Déconnexion et Simplicité

Dans notre monde hyperconnecté, la randonnée offre une parenthèse de calme et de simplicité. Se déconnecter des emails et des notifications permet à l'esprit de se libérer, favorisant ainsi la détente et le ressourcement. Une équipe détendue est plus créative et plus productive.

Découverte et Accomplissement

Explorer ensemble des paysages inédits renforce le sentiment d'appartenance et le travail d'équipe. Chaque sommet atteint est une victoire partagée, chaque nouveau paysage, un souvenir commun qui restera gravé dans la mémoire de l'équipe.

Respect de la Nature et Responsabilité

La randonnée sensibilise au respect de l'environnement et inscrit les valeurs de responsabilité sociale et environnementale au cœur de l'entreprise. C'est l'opportunité d'inculquer des pratiques durables et de réaffirmer l'engagement de l'entreprise envers la planète.

Bien-être Physique et Moral

L'activité physique en nature libère des hormones du bien-être, contribuant à une meilleure santé physique et morale. Une équipe heureuse et en bonne santé est le moteur d'une entreprise florissante.

Moment de Réflexion Stratégique

La randonnée, par son rythme et son cadre propice à la réflexion, peut devenir un moment stratégique pour l'entreprise. Loin des distractions habituelles, c'est le moment idéal pour brainstormer de manière détendue sur les projets futurs et forger une vision commune.

Intégrer la randonnée dans votre stratégie de teambuilding, c'est choisir une approche holistique qui bénéficie tant à l'individu qu'à l'équipe dans son ensemble. Invitons la nature dans nos pratiques professionnelles pour construire des équipes soudées, innovantes et engagées.

Votre entreprise a-t-elle déjà expérimenté la randonnée comme outil de teambuilding ? Partagez vos expériences et vos conseils en commentaire !

#Teambuilding #Randonnée #BienEtre #C[illegible]esionDEquipe #Nature #Leadership

Figure C.8 Troisième *prompt*.

Grâce à ce découpage, l'assistant va prendre plusieurs temps de réflexion (trois au total dans cet exemple) pour gagner en compétences sur les différents domaines d'expertise nécessaires à la rédaction du post LinkedIn ; lequel sera, tant sur la forme que sur le fond, plus réussi que lors de la première itération avec un seul prompt (voir Figure C.9).

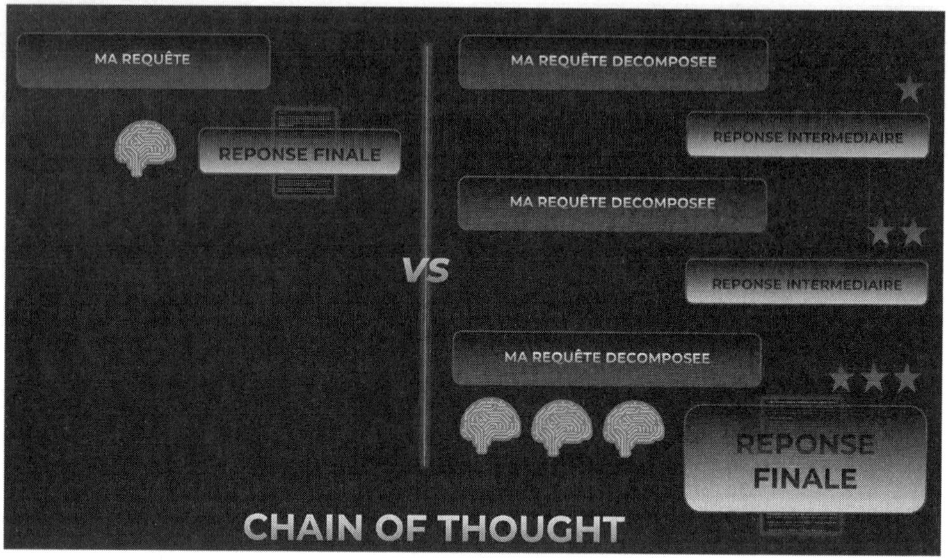

Figure C.9

Il est important de comprendre qu'en septembre 2024 (au moment de la rédaction de ces lignes), les assistants ne sont pas doués de raisonnement. Ils ne font que copier/coller des raisonnements assimilés lors de leur phase d'apprentissage, qui a consisté à « ingérer » le contenu du Web public.

Pour bien comprendre la nuance entre « penser » un raisonnement ingurgité et le « copier », voici une devinette. Un loup, un mouton et une laitue se trouvent sur la berge d'une rivière. En respectant les trois contraintes suivantes, comment leur faire traverser la rivière sur une barque ?

- Le loup ne doit pas se retrouver seul dans la barque avec le mouton.
- Le mouton ne doit pas se retrouver seul dans la barque avec la laitue.
- La barque ne peut contenir que deux protagonistes à la fois.

Si vous demandez à un assistant de résoudre cette énigme, il y parviendra car elle a été largement documentée et expliquée sur le Web public.

Mais si vous remplacez le loup par le père Fouettard, le mouton par un enfant gourmand et la laitue par un panier de bonbons, l'assistant se montrera incapable de trouver la solution, alors que les logiques de raisonnement sont les mêmes ! Comme personne sur Internet n'a jamais posé cette énigme avec ces protagonistes, l'assistant n'a pas pu copier/coller ce raisonnement.

Début septembre 2024, OpenAI a sorti le modèle o1, qui intègre nativement le *chain-of-thought*, et il se peut qu'il parvienne prochainement à résoudre l'énigme telle que nous l'avons posée ci-dessus. Mais ce n'est pas encore le cas à l'heure où sont écrites ces lignes.

Si votre requête fait appel à un raisonnement connu, l'assistant pourra le reproduire. Autrement, il ne pourra pas le faire.

En résumé, la technique du *chain-of-thought* vous force à prendre du recul et à identifier les raisonnements et expertises à détenir pour résoudre correctement le problème.

Technique du curseur

La technique du curseur consiste à utiliser la capacité impressionnante des assistants à reformuler un contenu suivant une ou plusieurs dimensions (formelle, informelle, technique, courte, longue, humoristique, sérieuse, etc.).

Opérez pour cela en deux temps :

1. Proposez un premier texte à reformuler et évaluez-le suivant la ou les dimensions à prendre en compte. Par exemple : « si je devais donner une note sur 10 pour le côté formel et technique de cet e-mail, je lui donnerais 8/10 pour le côté informel et 2/10 pour la technicité. »
2. Demandez à l'assistant de reformuler le texte suivant une nouvelle note. Par exemple : « reformule cet e-mail pour qu'il obtienne 2/10 pour le côté formel et 9/10 pour sa technicité. » Vous obtiendrez alors un e-mail beaucoup moins formel et beaucoup plus technique.

Vous pouvez aussi demander plusieurs reformulations d'un coup pour ensuite faire votre choix. Exemple : « reformule cet e-mail avec une note de 6, 7, 8 et 9/10 pour le côté formel ». Cela vous permettra de piocher dans les différentes formulations afin de faire votre propre composition.

Vous pouvez combiner plusieurs dimensions à la fois.

Soyez précis dans votre formulation, par exemple « une note de 5/10 pour le côté humoristique » sera vague, car l'humour n'est pas universel. Précisez par exemple le type d'humour souhaité (humour noir, blagues Carambar, dans le style des sketchs de Florence Foresti ou de Jean-Marie Bigard...).

Auto-questionnement

L'*auto-questionnement* (*flipped interaction* en anglais) consiste à demander à l'assistant quels sont les éléments de contexte qui lui manquent pour apporter une réponse encore plus pertinente. Il se peut en effet que l'on ait parfois du mal à identifier les éléments de contexte à lui fournir.

Voici une formulation efficace pour entrer dans un mode questions/réponses avec l'assistant afin de compléter vos éléments de contexte :

« Pose moi des questions pour compléter les éléments de contexte concernant ma demande. Pour ce faire, tu me poseras une question à la fois et, en fonction de ma réponse, tu adapteras ta question suivante. »

Cette formulation permet d'éviter que l'assistant vous liste cinq questions d'un coup, ce qui pourrait être décourageant. Il est en effet plus léger et agréable de ne traiter qu'une question à la fois. Par ailleurs, l'adaptation de la question suivante en fonction de votre réponse rendra cette complétion du contexte encore plus efficace.

Reverse prompting

Le *reverse prompting* est une méthode permettant de copier un style que vous aimeriez reprendre pour un texte ou une image, mais qui est difficile à formaliser. Par exemple, parvenir à reproduire l'humour de Florence Foresti, s'inspirer du ton d'un post LinkedIn existant, ou encore décrire une image que vous aimeriez créer.

La technique du *reverse prompting* consiste tout simplement à fournir à l'assistant l'exemple servant de source d'inspiration (texte de sketch, post LinkedIn ou image pour reprendre nos exemples précédents) et à lui demander de décrire ce qu'il voit pour ensuite réutiliser cette description et l'adapter à vos besoins.

Vous pouvez aussi lui demander de reproduire directement ce style pour vos besoins spécifiques. Mais nous vous recommandons de passer tout de même par l'étape de description pour bien décomposer ce travail : vous obtiendrez un meilleur résultat (en utilisant le système du *chain-of-thought*).

Format de sortie

Comme vu dans l'anatomie d'un prompt, il est important de préciser le format de sortie. Cela vous forcera à y réfléchir en amont et vous garantira d'obtenir une réponse plus pertinente, digeste et agréable à lire.

Les formats de sortie sont très variés. Demandez à l'assistant de vous les détailler (Figure C.10).

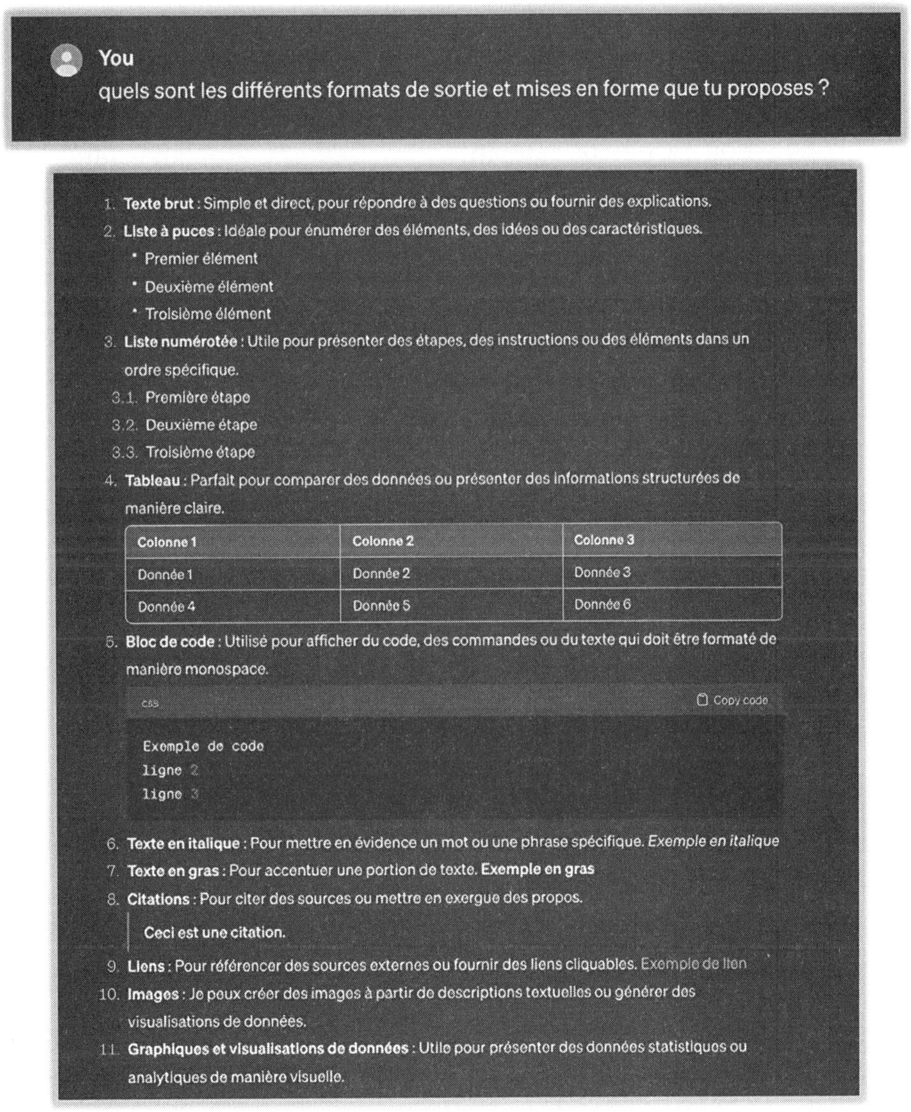

Figure C.10

Navigation Web

Les assistants sont de plus en plus connectés à Internet pour compléter leur réponse, notamment en ce qui concerne les sujets d'actualité, qui n'auraient pas été utilisés dans leur phase d'apprentissage.

Lors de sa phase d'apprentissage en effet, un assistant va ingurgiter l'équivalent de la totalité du Web, soit énormément d'informations.

Quand vous lui demandez quelque chose, l'assistant va regarder en priorité dans sa base de connaissances, qui est déjà très vaste. Ce n'est que s'il juge que son information n'est pas assez fraîche ou si vous lui demandez explicitement d'effectuer une recherche sur Internet qu'il le fera. Lorsqu'il doit rechercher sur Internet, il adopte le même comportement qu'un être humain :

1. Il va identifier la requête en quelques mots (cinq ou six mots-clés) à taper dans un moteur de recherche comme Bing ou Google.
2. Il va se limiter aux trois ou cinq premiers résultats qu'il va parcourir.
3. Il va réaliser une synthèse de ces résultats et vous répondre.

Dans certains cas, il peut être pertinent de lui demander d'aller chercher sur Internet, mais il faut garder en tête qu'il a dans sa base de connaissances, plus d'informations sur un sujet donné que ce que nous pouvons retrouver sur les trois ou cinq premiers sites Web d'une recherche Bing ou Google.

Pour obtenir la réponse la plus exhaustive possible, il sera parfois plus pertinent (mais plus long) de demander à l'assistant de chercher dans sa base, puis de compléter sa réponse avec une recherche en ligne et de réaliser une synthèse des deux, soit deux prompts au total.

Remerciements

Nous ne pouvions terminer cet ouvrage sans remercier un certain nombre de personnes. Tout d'abord, nous souhaitons vous remercier d'avoir pris le temps de lire ce livre et nous vous savons gré par avance si vous prenez le temps de nous contacter pour échanger sur son contenu et, pourquoi pas, pour l'enrichir dans le futur avec le contexte de votre PME.

Nous sommes très reconnaissants envers toutes les PME qui nous ont permis d'enrichir ce livre de propos issus de la « vraie vie » : PAC, MEGA International, Big Happy, Largier Technologie, Odécia, B:bot:, Eurécia.

Poursuivons nos remerciements avec d'autres contributeurs clés : nos experts. Grâce à eux, vous avez pu bénéficier d'éléments concrets dans différents domaines : IA de confiance, *AI Act*, éthique de l'IA, cybersécurité, prochaines tendances, explicabilité de l'IA, monde du travail et l'IA, financement… Merci donc à Caroline Chopinaud, Pierre Monget, Magali Germond, Françoise Soulié-Fogelman, Gaël Philippe, François-Marie Lesaffre, Arnault Ioulalalen, Yann Ferguson, Damien Lescos.

Dès que nous avons décidé de consacrer un livre à l'IA pour les PME, nous avons cherché des personnes qui pourraient nous donner un éclairage pertinent sur ce thème. Nous exprimons toute notre gratitude à Vincent Criquebec, responsable du programme « IA Booster France 2030 » de Bpifrance, pour nos différents échanges. Nous remercions également Matthieu Heslouin, directeur exécutif en charge de l'activité d'accompagnement de Bpifrance d'avoir accepté de signer notre préface.

Nous remercions les Éditions First et notamment Julien Templier et Jean-Pierre Cano qui nous ont fait confiance et nous ont permis d'améliorer notre travail d'écriture grâce à leurs commentaires.

Merci au Hub France IA, à Bpifrance, à Digital 113 et à d'autres organismes, qui ont facilité notre travail, notamment dans la recherche de témoignages.

Enfin, écrire un livre est une entreprise prenante, qui empiète parfois sur notre rythme familial. Merci à Pauline, Jules, Adrien, Alicia, Eliot, Andy et Dylan, et de manière générale à tous nos proches pour leur compréhension et leur soutien qui nous ont aidés à finir d'écrire ce livre dans les temps.

Index

A

B

C

D

E

J

L

M

N

O

P

Q

R

S